Cadik »Braco« Danon

Der Geruch von Menschenfleisch

Ein Überlebender des
Konzentrationslagers Jasenovac berichtet

Herausgegeben von
Peter Priskil

SISTEM USTAŠKIH LOGORA PODRUČJA JASENOVAC

THE SYSTEM OF USTASHI CAMPS IN THE JASENOVAC AREA

LEGENDA - KEY TO THE MAPS

Logori
Camps

Logorske ispostave, prihvatni i prelijevni logori
Camp stations, admission and transfer camps

Put smrti
Death passage

Skela smrti
Death ferry

Masovne grobnice
Mass graves

Grobna polja sa 105 istraženih masovnih grobnica
Grave fields with 105 investigated mass graves

Predziđa logora
Camp antemural space

Granica između Republike Srpske Krajine i Republike Hrvatske
Frontier between the Serbian Border Republic and the Republic of Croatia

Granica između Republike Srpske Krajine i Republike Srpske
Frontier between the Serbian Border Republic and the Republic of Serbia

Veća naseljena mesta
Higher populated areas

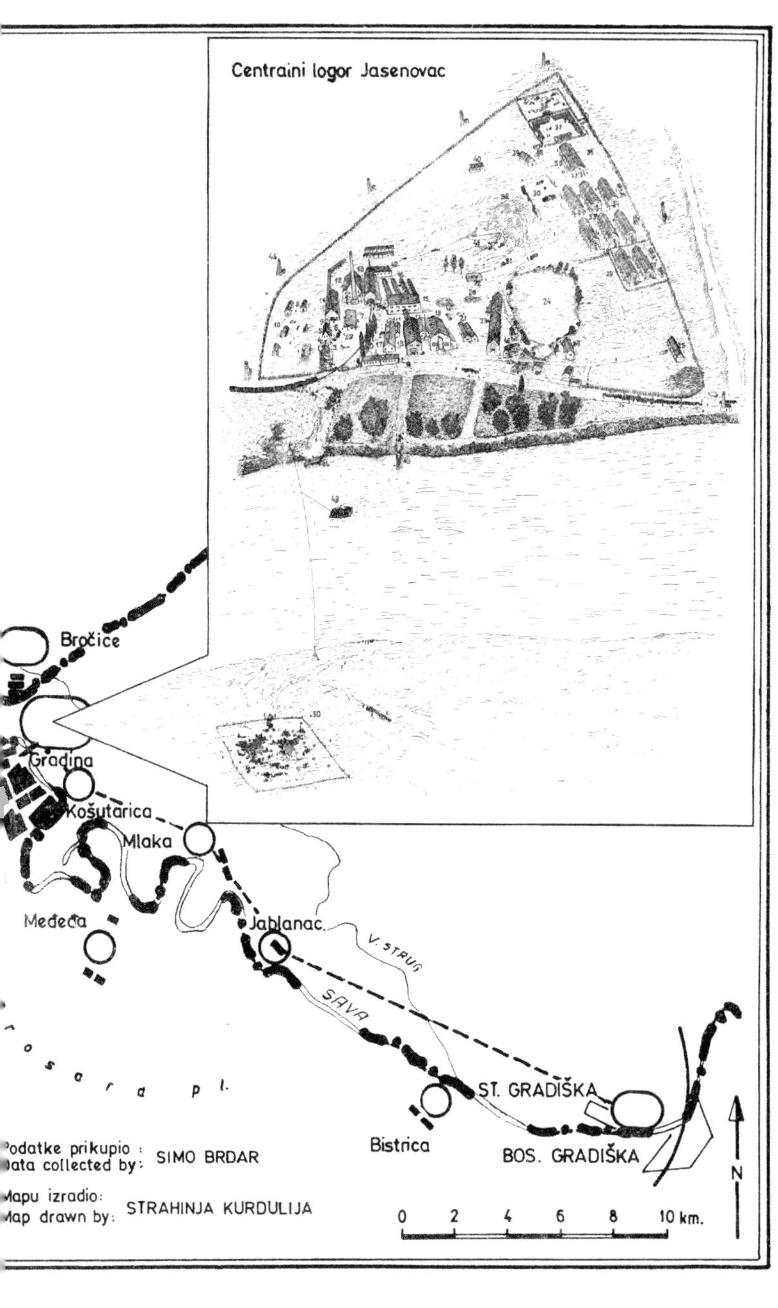
Centraini logor Jasenovac
Bročice
Gradina
Košutarica
Mlaka
Međeđa
Jablanac
V. STRUG
SAVA
...rosara pl.
ST. GRADIŠKA
Bistrica
BOS. GRADIŠKA
N
0 2 4 6 8 10 km.
Podatke prikupio:
Data collected by: SIMO BRDAR
Mapu izradio:
Map drawn by: STRAHINJA KURDULIJA

Cadik »Braco« Danon

Der Geruch von Menschenfleisch

Ein Überlebender des
Konzentrationslagers Jasenovac berichtet

Herausgegeben von
Peter Priskil

AHRIMAN-Verlag
Unser Programm ist die
Wiederkehr des Verdrängten

Bibliographische Information der Deutschen Nationalbibliothek
Die deutsche Nationalbibliothek verzeichnet diese Publikation in der Deutschen Nationalbibliographie; detaillierte bibliographische Daten sind im Internet über ›http://dnb.d-nb.de‹ abrufbar.

CADIK »BRACO« DANON

Der Geruch von Menschenfleisch

Ein Überlebender des
Konzentrationslagers Jasenovac berichtet

Herausgegeben von
PETER PRISKIL

AHRIMAN-Verlag GmbH
Postfach 6569, D-79041 Freiburg
Tel. 0761/502303, Fax 0761/502247

www.ahriman.com

**Der Verlag bedankt sich bei Dr. N. Pavić
für die Vermittlung des Textes.**

Bestellungen per e-mail: ahriman@t-online.de oder
einfacher über den Warenkorb auf unserer Homepage.
(Bitte geben Sie bei e-mail-Bestellungen Ihre vollständige Postanschrift an.)

ISBN 978-3-89484-833-0

Gedruckt auf säurefreiem und alterungsbeständigem Papier.

Bestellungen an den Verlag werden innerhalb einer Woche bearbeitet.
Nichtantwort beweist NATO-Postzensur.
(In diesem Falle Bestellung per Einschreiben wiederholen – Lektion für
fdGO- und Zufallsgläubige, ein Nachhilfeunterricht in Staatsbürgerkunde.)

Zu diesem Buch

1999 – im Jahr des völkerrechtswidrigen NATO-Bombardements, das elf Wochen währte, dem Zigtausende von Jugoslawen, vornehmlich Serben, zum Opfer fielen und das ein mit DU-Munition radioaktiv verseuchtes Land hinterließ – verlieh die Vereinigung jüdischer Gemeinden in Jugoslawien im Rahmen des 43. Wettbewerbs für Arbeiten über das Judentum dem Manuskript von Cadik I. Danon mit dem Titel »JASENOVAC – Geschichte eines Überlebenden«, das hier erstmalig in deutscher Sprache vorliegt, den ersten Preis der Schriften in der Kategorie ›Geschichte und Memoiren‹. Mitglieder der Jury waren Simha Kabiljo Šutic, Predrag Palavestra und Filip David.

Die Photographien aus Jasenovac in diesem Buch wurden freundlicherweise vom Museum für die Opfer des Völkermordes in Jugoslawien zur Verfügung gestellt. Sie stammen von Amateurphotographen aus den Reihen der Ustascha und entstanden während der Zeit, als das Massenvernichtungslager Jasenovac »in Betrieb« war, also zwischen 1941 und 1945.

Die Photographien der Familie Danon sind Eigentum der überlebenden Mitglieder dieser Familie.

Die Karte des vorderen Vorsatzes stammt aus der Veröffentlichung von Milan Bulajić: ›Tudjman's »Jasenovac Myth«‹, Belgrad 1994.

*

Das Buch von Braco Danon gehört einer mittlerweile so gut wie ausgestorbenen, weil nicht mehr erwünschten Literaturgattung an: dem autobiographischen Bericht von Zeitzeugen der faschistischen Greuel, die einen *authentischen Eindruck* von dieser finsteren Epoche vermittelt, einer Zäsur, die das Ende der bürgerlichen Demokratie, mithin der Moderne einleitete.

Statt des Sozialismus hat, spätestens seit der Kapitulation der stalinistisch verkrebsten Sowjetunion, die Barbarei in Gestalt des weltumspannenden US-Imperialismus gesiegt, dessen heroischer Vorläufer der vielgeschmähte Kriegsverlierer Hitler war. Unerwünscht ist diese Literaturgattung, weil sie Vergleiche ermöglichen würde, an deren Ende die Erkenntnis stehen könnte, daß der historische Faschismus und der technisierte Neobyzantinismus der Gegenwart entscheidende Strukturanalogien aufweisen – in ihrer Summe die Negation von 1789, von Vernunft und Selbstbestimmung. Also muß der Faschismus aus der Geschichte genommen, isoliert und zum Mythos umgewandelt werden, auf daß niemand den Hitler in einem Bush oder Obama erkenne oder Anstoß daran nähme, daß heute diejenigen als »Faschisten« denunziert und verfolgt werden, die unter Hitler ins KZ gesteckt worden wären. Die nahezu risikolose Massentötung von Irakern, Syrern und Serben erscheint so als Ausfluß reinster Menschenrechte, ins Werk gesetzt mit fortgeschrittenster Mordtechnik.

Dieses Buch wurde veröffentlicht, um diese gedankliche Perversion zu erschweren. Die im Anschluß an Cadik Danons Zeitzeugenbericht hier veröffentlichten Analysen mögen dessen hochbrisante, oder besser mörderische Aktualität illustrieren.

Freiburg, im September 2017 *Peter Priskil*

Inhalt

Vorwort

Sechs Millionen europäischer Juden, eher sieben nach dem ebenso unverdächtigen wie sorgfältigen Autor Raul Hilberg, wurden während des Holocausts (Shoa) ermordet. Diese Zahl enthält auch die der Juden aus Jugoslawien, die während dieses Völkermords zu Tode kamen. 82000 Juden lebten 1941 im Königreich Jugoslawien, 67000, das heißt 82%, wurden in der Zeit von 1941 bis 1945 ermordet.

In Jasenovac und seinen Nebenlagern (Stara Gradišca) wurde der größte Teil der Juden aus Kroatien (einschließlich der Einwohner von Zemum, Sremska, Mitrovica und Ruma) sowie der jüdischen Einwohner Bosniens umgebracht, meist auf abscheuliche Weise. In der »Halle der Erinnerungen« in »Yad Vashem« in Jerusalem hängen Tafeln mit den Namen der berüchtigtsten Todeslager der Nazis. In dieser Halle befindet sich auch eine eigene Tafel für Jasenovac. Im Verhältnis zu Auschwitz, Treblinka und Sobibor gab es in Jasenovac zwar weniger Tote; was aber die Greueltaten betrifft, die in dieser Vernichtungsstätte begangen wurden, bleibt Jasenovac schwerlich hinter den anderen Todeslagern zurück. Jasenovac wurde ausschließlich mit dem Ziel eingerichtet, alle Juden und andere Insassen – neben den Kommunisten waren dies überwiegend orthodoxe Serben – zu ermorden. Im Unterschied zu den Nazi-Vernichtungslagern in Deutschland, Österreich und Polen waren die Verwalter und Mörder in Jasenovac keine Deutschen, sondern ausschließlich Angehörige der Ustascha, der kroatischen Klerikalfaschisten. Der Autor dieses Buches – das, wenn auch nicht sehr umfangreich an Text, so um so reicher an erschütternden Beobachtungen und Erfahrungen ist – ist einer der wenigen Lagerinsassen, die das Massenmorden überlebt haben.

Alle diejenigen, die Jasenovac entronnen waren, sind Zeugen der Schrecken, die über sie selbst, ihre Angehörigen und das jüdische Volk im allgemeinen hereinbrachen. Ihr einziges Vergehen bestand darin, Mitglieder einer Religionsgemeinschaft zu sein, welche die Nazis und ihre Vasallen zur Vernichtung vorgesehen hatten. Einige Überlebende schrieben ihre Erinnerungen und widmeten sie ausschließlich ihren Familien. Die Mehrzahl der Überlebenden aber konnte die Kraft nicht aufbringen, ihre Erlebnisse zu Papier zu bringen; sie hatten nicht einmal die Kraft, ihre Geschichte im beschränkten Kreis der eigenen Familie zu erzählen.

Der Verfasser dieses Buches, Cadik »Braco« Danon, brachte den Mut auf, in fortgeschrittenen Jahren seine Erinnerungen an Jasenovac und an die Qualen, die er selbst und seine Familie dort erlitten hatten, niederzuschreiben. Er ging einen Schritt weiter als seine Leidensgenossen und reichte sein Manuskript bei einem anonymen literarischen Wettbewerb ein, veranstaltet von der Vereinigung jüdischer Gemeinden, bei dem er den ersten Preis unter einer beträchtlichen Anzahl von Berufsschriftstellern gewann. Die Jury hielt Darstellung und Inhalt seines Werkes für äußerst anerkennenswert und befand, daß seine Erinnerungen auf jeden Fall veröffentlicht werden sollten.

Ich bin kein Literaturkritiker und kann daher die literarischen Verdienste dieses Werkes nicht beurteilen. Als einer der wenigen Überlebenden des Holocaust, der selbst eine lange Reihe von Gefängnissen und Konzentrationslagern in Ungarn und Deutschland hatte miterleben müssen (Auschwitz und Flossenbürg), kann ich jedoch die Schrecken eines deutschen Konzentrationslagers durchaus mit den Verbrechen vergleichen, die sich in Jasenovac ereignet haben.

Die Deutschen ließen die Juden zunächst von Exekutionskommandos erschießen. Später mordete man in Gaskammern. Dies war wirklich eine »industrielle« Art des Tötens, minutiös nach einer ausgefeilten Technologie ausgeführt. Es gab praktisch keinen Kontakt zwischen Opfern und Tätern.

Im Unterschied dazu wurde in Jasenovac »von Hand« getötet, wenn man so will »auf handwerkliche Art«. Die Angehörigen der Ustascha hatten direkten Kontakt mit dem Opfer und töteten es »mit Leidenschaft«; ihr »Handwerkszeug« waren Messer, Knüppel, Dolch oder Kugel. Der Unterschied lag nur in der Methode, das Ergebnis war immer dasselbe – alle Lagerinsassen erwartete der sichere und qualvolle Tod.

Man könnte sich fragen, ob es gerechtfertigt ist, diese Erinnerungen heute, fast sechs Jahrzehnte nach den tragischen Ereignissen, zu veröffentlichen. Leider müssen wir diese Frage uneingeschränkt mit »Ja« beantworten. Es gibt gewichtige Gründe hierfür – und das ist nicht nur die Meinung von uns Überlebenden oder die des jüdischen Volkes im allgemeinen. Auf dem internationalen Forum zum Holocaust, das im Januar 2000 in Stockholm abgehalten wurde, fanden sich hochrangige Vertreter aus 41 Ländern (darunter 22 Staatspräsidenten und Premierminister) ein. Die Versammlung veröffentlichte eine Erklärung, in welcher die Regierungen der Teilnehmerstaaten das Versprechen abgaben, gegen Völkermord, ethnische Säuberungen, Rassismus, Antisemitismus und Fremdenhaß zu kämpfen, und stellte fest: »Wir alle sind verpflichtet, die schreckliche Wahrheit über den Holocaust immer wieder kundzutun im Unterschied zu jenen, die ihn leugnen.«

Dieses Buch über Jasenovac, geschrieben auf der Grundlage eigener Erinnerung, beteiligt sich nicht an politischen Auseinandersetzungen. Es legt Zeugnis ab von der Tatsache, daß Jasenovac eines der gräßlichsten Schlachthäuser für Serben, Roma und vor allem Juden war. Der Inhalt und die Veröffentlichung des Buches entsprechen in jeder Hinsicht der erwähnten Erklärung des Stockholmer Holocaust-Forums. Zugleich ist es die angemessene Antwort auf all diejenigen, welche die Rolle von Jasenovac im Rahmen des Genozids auf dem Gebiet des Unabhängigen Staates Kroatien, in dessen Verlauf ganze

Familien, vom Säugling bis zum Greis, bis ins letzte Glied ausgerottet wurden, kleinreden oder gar leugnen wollen.

Es ist bedauerlich, daß die Schrecken von Jasenovac in der jüngeren Generation kaum mehr bekannt sind. Überdies weiß vor allem im Ausland fast niemand über Jasenovac Bescheid. Meiner Meinung nach wäre es äußerst nützlich und der Sache der Aufklärung förderlich, dieses Buch, ein über jeden Zweifel erhabener Zeugenbericht über die Verbrechen der Vergangenheit, ins Englische zu übertragen.

Aca Singer
Präsident der Vereinigung
jüdischer Gemeinden in Jugoslawien
Belgrad, im Juni 2000

Vernichtet und ausgelöscht: der Familienstamm der Danons

Es war nachmittags an einem trüben Herbsttag im Jahre 1961. Ich hörte die Türglocke in meiner Einzimmerwohnung in der Maxim-Gorki-Straße in Belgrad läuten. Ich öffnete, und vor mir stand Milan, ein Angestellter der Gemeindeverwaltung Vračar. Ich kannte ihn, weil wir beide in derselben Parteiorganisation Mitglieder waren. Er schaute mich an und sagte überrascht:

»Ach, du bist es. Ich wußte nicht, daß du hier wohnst.«

Auf meine Frage, weshalb er mich zu Hause aufsuchte, sagte er mir, daß man Daten über die Opfer des faschistischen Terrors sammle. Er verteilte Fragebögen, die man ausfüllen sollte. Auf meine Frage nach dem Grund dieser Aktion erklärte er mir, daß die diplomatischen Beziehungen zwischen der Volksrepublik Jugoslawien und der Bundesrepublik Deutschland wieder aufgenommen worden seien; sie waren abgebrochen worden, weil Jugoslawien die DDR anerkannt hatte. Man plante nun, für die Opfer des faschistischen Terrors eine Wiedergutmachung zu verlangen. Er fragte mich, ob jemand aus meiner Familie umgekommen sei. Als ich bejahte, öffnete er seine Tasche und reichte mir einen Fragebogen.

»Für wie viele Personen ist dieser Fragebogen?«

»Für ein Opfer.«

Ich sagte ihm, daß ich sehr viele Fragebögen benötigte, und er öffnete wieder seine Tasche und zählte, wie viele er noch bei sich hatte. Es waren sechs. Er gab sie mir, und ich sagte, daß ich weit mehr bräuchte. Er schaute mich überrascht an, als ich ihm sagte, daß ich mindestens dreißig benötigte. Er machte große Augen und konnte nicht glauben, daß es mir damit ernst war.

»Brauchst du wirklich so viele?« fragte er.

Ich sagte noch einmal, daß ich weit mehr bräuchte, daß ich aber die genaue Anzahl noch nicht wüßte. Ein paar Minuten lang schwieg er, dann bat er mich, am nächsten Morgen zur Stadtverwaltung auf der anderen Straßenseite zu kommen, damit er mir die Fragebögen geben könne. Dann verabschiedeten wir uns, und er ging rückwärts aus der Tür.

Ich saß an meinem Zeichentisch und begann zu überlegen, wie ich all meine nächsten Verwandten väterlicher- und mütterlicherseits, die im letzten Krieg grauenhaften Verbrechen zum Opfer gefallen waren, erfassen sollte. Ich nahm den Fragebogen zur Hand und überflog die Spalten, die ausgefüllt werden sollten: Vorname, Nachname, Geburtsjahr und -ort, Beruf usw. In der letzten Spalte war gefragt, wo, wann und durch wen die Person zu Tode gekommen war. Es waren eine Menge Fragen, und ich begriff, daß sie nicht so einfach zu beantworten waren. Deshalb beschloß ich, es sei für mich als Architekten das beste, ein großes Blatt Zeichenpapier zu nehmen, es zu liniieren und alle Spalten darauf zu übertragen.

Ich setzte mich hin, breitete das Papier aus, nahm Lineal und Stift und begann, analog zum Fragebogen, senkrechte und waagrechte Linien zu ziehen. Ich fing mit der Familie meines Vaters an, denn fast alle ihre Mitglieder waren umgekommen. Mein Großvater Avram Danon und seine Frau Sara aus Bijeljina hatten dreizehn Kinder, fünf Töchter und acht Söhne. Von ihnen war niemand am Leben geblieben, sie waren alle seinerzeit schon in fortgeschrittenem Alter gewesen und hatten alle Frauen und Kinder, die ihrerseits wieder jeweils einige Kinder ihr eigen nannten, ebenso Schwiegersöhne, Schwiegertöchter und Enkel.

Ich machte mich an die Arbeit. Ich fing mit der ältesten Schwester meines Vaters an, Rufka Altarac, die in Bijeljina gewohnt hatte, und machte weiter. Ich schrieb alle Daten, die

Im Dezember 1941 war ich 18 Jahre alt. Die Ustascha hatte in Tuzla etwa 130 erwachsene jüdische Männer ins Gefängnis geworfen und sie ins Konzentrationslager Jasenovac im Unabhängigen Staat Kroatien verschleppt. Ich war der einzige, der überlebte.

ich wußte, in die Spalten; am schwierigsten waren die Angaben zum Ort des Todes, zur Todesart und zu den Mördern. Bei einigen Verwandten fehlte mir jede Information. Ich begann zu schreiben, die Spalten auszufüllen, erinnerte mich und beschrieb die Schicksale meiner Angehörigen, meiner ganzen Familie, und ich wurde immer trauriger. Denn während ich auf mein Zeichenpapier schrieb, auf dem ich sonst immer Gebäude entwarf, sah ich noch einmal die Gesichter meiner Verwandten, die nicht mehr lebten, und durchlebte ihre Schicksale. Einer nach dem anderen zog vor meinem geistigen Auge vorüber, ihre Zahl schien endlos und wollte gar nicht mehr aufhören. Ich füllte die Spalten für zehn Namen aus, dann für zwanzig und für dreißig, aber immer noch gab es welche, die noch nicht erfaßt waren. Mich erfaßte eine solche Traurigkeit, daß mir die Tränen über die Wangen liefen. Am Ende kam ich auf fünfundvierzig Personen. Das bedeutete, daß fünfundvierzig Leben durch die Hände von Verbrechern, Übeltätern, Unmenschen vernichtet worden waren, nur weil es sich um Juden handelte.

Ich konnte schließlich nicht mehr schreiben, meine Hand zitterte, ich bekam einen Weinkrampf und verlor das Bewußtsein.

Als ich in der Morgendämmerung erwachte, lag ich noch immer über den Zeichentisch gebeugt. Die Zahl von fünfundvierzig Opfern ging mir nicht mehr aus dem Kopf, sie brannte wie eine Wunde, und ich fragte mich, was ich tun sollte. Meine Entscheidung lautete: Ich konnte nicht zulassen, daß dies alles in Vergessenheit geriet. Ich nahm mir vor, alles aufzuzeichnen, was ich über meine nächsten Verwandten väterlicher- und mütterlicherseits wußte, zu beschreiben, was ihnen zugestoßen war und was ich selbst gesehen und erlebt hatte. Es sollte ein Zeugnis für die gegenwärtige und die zukünftigen Generationen sein.

An diesem Morgen ging ich direkt zur Stadtverwaltung und suchte Milan auf. Er saß zusammen mit einem weiteren Angestellten in einem Büro, jeder hinter seiner Schreibmaschine. Nachdem wir uns begrüßt hatten, fragte er mich, wie viele Fragebögen ich bräuchte. Als ich sagte: »Fünfundvierzig!« sprang er von seinem Stuhl auf und ging verwirrt zur Tür, als ob er im Nebenraum etwas Dringendes erledigen müßte. Dann sagte er zu mir:

»Die Fragebögen liegen auf dem Tisch. Nimm davon, so viele du brauchst.«

Der andere Angestellte begann unruhig auf seinem Stuhl herumzurutschen und ging dann auch weg. Mir war klar, daß die große Zahl der Opfer beide zutiefst erschüttert hatte. Ich setzte mich an den Tisch und zählte fünfundvierzig Fragebögen ab. Ich nahm sie an mich und wollte gerade gehen, als der Abteilungsleiter das Zimmer betrat. Er sprach mich äußerst respektvoll an, reichte mir die Hand, stellte sich vor und fragte dann:

»Sind wirklich so viele Mitglieder Ihrer Familie umgekommen?«

Ich bejahte, worauf er mir noch einmal die Hand drückte und mir voller Anteilnahme sein Beileid aussprach.

Ich nahm die Fragebögen mit nach Hause. Ich mußte Kraft sammeln, um sie auszufüllen. Ich brauchte ganze zehn Tage, bis ich all die schrecklichen Fakten über meine Familie eingetragen hatte. Während der Arbeit faßte ich den festen Entschluß, bis zum Ende durchzuhalten und alles, was ich über diese Menschen wußte, niederzuschreiben. Ich wollte auf diese Weise eine Art Totenmesse für meine Angehörigen halten, die mir lieb und teuer waren.

Die Tatsache, daß die Familie meines Vaters einen wesentlich höheren Blutzoll entrichten mußte als die Angehörigen meiner Mutter, lag ausschließlich an geographischen Gegebenheiten. Es stellte sich heraus, daß der jeweilige ständige Wohnort von entscheidender Bedeutung war. Die Verwandten meines Vaters lebten vorwiegend in Belgrad, außerdem in Bijeljina, Tuzla und Sarajevo. Wie allgemein bekannt, begannen die Deutschen unmittelbar nach ihrer Ankunft in Serbien damit, die Juden zu registrieren und sie nach der Bombardierung von Belgrad zur Zwangsarbeit zu schicken. Es sollte weiterhin bekannt sein, daß die Juden in Serbien und im Unabhängigen Staat Kroatien zu den ersten in Europa zählten, die dem Völkermord durch Hitlers Schergen, allen voran Gestapo und SS-Verbände, zum Opfer fielen.

Es war für die Verwandten meines Vaters schwieriger, in die italienische Besatzungszone zu fliehen. Der Familie meiner Mutter, die in Sarajevo gelebt hatte, gelang es, von dort zu flüchten und unmittelbar nach dem Einmarsch der Wehrmacht nach Mostar zu entkommen, das von den Italienern besetzt war. Die Italiener hatten nicht die Absicht, die Juden auszurotten. Als sich Mussolinis Truppen schließlich aus Mostar zurückzogen und die Stadt den Ustaschen übergaben, erhielten alle Juden italienische Pässe, mit denen sie sich nach Dalmatien begeben konnten. Einige Angehörige meines Vaters hatten versucht, sich bis zur italienischen Besatzungszone durchzuschlagen, waren jedoch gescheitert. So hatte sich zum Beispiel mein Onkel Haim zusammen mit seiner Frau Batševa und seinem zweijährigen Sohn Albert aufgemacht, um über Zagreb nach Split zu gelangen; aber sie wurden in Zagreb gefangengenommen. Vom Onkel verlor sich jede Spur; seine Frau sandte uns nach Tuzla eine Postkarte aus dem Konzentrationslager Lobograd, wo sie und ihr Sohn interniert waren, und bat uns, ihr ein Paket mit Nahrungsmitteln zu schicken. Das Paket wurde aufgegeben, aber auch von diesen beiden gab es kein Lebenszeichen mehr. Der Bruder meines Vaters, Mihael – wir nannten ihn Mika –, wollte nach Dubrovnik, wo sich seine Frau und seine Tochter aufhielten, aber er geriet in die Fänge seiner Mörder und verschwand für immer. Ein weiterer Bruder meines Vaters, Onkel Jakob, hatte mit seiner Frau Čikula versucht, über Sarajevo in die italienische Besatzungszone zu fliehen. Wir hatten keinerlei Informationen über ihren Verbleib – bis ich in den siebziger Jahren das Jüdische Museum in Sarajevo besuchte. Zu meinem größten Erstaunen entdeckte ich unter den Ausstellungsstücken zufällig Photographien von ihnen; ihre Namen waren darunter vermerkt. Es waren die üblichen Polizeiphotos: Profilaufnahmen von rechts und von links, dann ein weiteres von vorn. Ich hatte große Mühe, sie zu erkennen, sie sahen so ausgemergelt und erschöpft aus. Der Ausdruck ihrer Gesichter hat sich mir ins Gedächtnis gebrannt; ich werde sie bis an mein Lebensende nicht vergessen. Die Schwester meines Vaters, Sipura, ihr Mann Majer Baruh, beider Tochter Rašel, ihre Söhne Isidor und Bern sowie Onkel Sado schafften es, nach Skopje durchzukommen, das von bulgarischen Truppen besetzt war. Im Mai 1943 wurden sie jedoch von ihren vermeintlichen Rettern zusammen mit dreizehntausend Juden aus Mazedonien und Südserbien interniert. Man raubte sie alle aus, vergewaltigte die Frauen und übergab sie dann den Deutschen. Diese verfrachteten sie in Güterzüge nach Polen. Endstation der Transporte war das berüchtigte Konzentrationslager Treblinka, das keine Baracken zur Unterbringung der Gefangenen besaß. Unmittelbar nachdem die Unglücklichen aus dem Zug geprügelt worden waren, trieb man sie in die Krematorien zur Vergasung. Ich sehe noch heute das Gesicht meiner Kusine Rašel – von uns Šelika genannt – deutlich vor mir. Sie war eine ausgesprochene Schönheit, gerade mal siebzehn Jahre alt. Man hat sie vergewaltigt und auf grausame Weise ermordet.

Die Eltern meiner Mutter: Cadik Danon und meine Großmutter Simha hatten neun Kinder, acht Töchter und einen Sohn. Dieses Photo wurde 1910 in Gracanica in der Nähe von Tuzla aufgenommen. Zu diesem Zeitpunkt waren es sieben Kinder, später kamen zwei weitere Töchter hinzu. Der einzige Sohn, Moric, kam als Partisan 1943 ums Leben. Meine Mutter Dona (obere Reihe rechts) heiratete 1916. Mein Großvater Cadik starb 1922 und ließ seine Familie mittellos zurück. Auf seinem Totenbett bat er meinen Vater, sich seiner großen Familie anzunehmen. Mein Vater kam diesem Wunsch bis zu seinem gewaltsamen Tod nach.

Meine eigene Familie – mein Vater Isidor, meine Mutter Dona, meine Schwester Sida und ich – hatte es ein paar Tage nach dem Einmarsch der Deutschen in Belgrad gerade noch geschafft, nach Tuzla zum Bruder meines Vaters, Moše Danon, durchzukommen. Meine ältere Schwester Sarina und ihr Mann waren ins Landesinnere Serbiens geflohen und hatten sich den

Partisanen angeschlossen, die dort den Aufstand gegen die Besatzer vorbereiteten. Ende 1941 traf eine moslemische Frau aus Mostar bei uns ein; sie war von unseren dortigen Familienangehörigen mit Pässen für meinen Vater und meine Mutter ausgestattet worden und sollte die beiden nach Mostar bringen; Sida und ich hatten vor, nach Majevica zu den Partisanen zu gehen, doch unser Plan scheiterte. Aber die moslemische Frau war zu spät gekommen. Mein Vater und ich befanden uns schon im Gefängnis und wurden kurz darauf ins Lager Jasenovac verbracht. Meiner Mutter glückte indessen die Flucht; unter dem Schutz eines Schleiers gelangte sie nach Mostar, gefolgt von meiner Schwester Sida.

Die einzigen Familienmitglieder von meines Vaters Seite, denen es gelungen war, nach Dalmatien zu fliehen, waren der Bruder meines Vaters, Moša, sein Sohn Albert, genannt Berti, und seine Frau Ančika. Die Italiener hielten sie und andere Juden auf der Insel Rab fest. Nach der Kapitulation Italiens (1943) machten sich viele der Juden von Rab auf, um sich den Partisanen anzuschließen.

Es wurde ein jüdisches Bataillon aufgestellt, in dem Berti, der Sohn meines Onkels, kämpfte. Später erfuhr ich, was ihm zugestoßen war. Während eines Gefechts mit Ustascha-Truppen wurde er mit einem Kameraden von ihrer Einheit getrennt und gefangengenommen. Dann fingen die Ustaschen mit ihrem Schlachtfest an: Erst schnitten sie Berti beide Ohren ab, dann die Nase und schließlich den Penis, den sie ihm in den Mund steckten. Als der andere Kämpfer sah, was geschah, rannte er los. Unter einem Hagel von Ustascha-Kugeln gelang es ihm, den Wald zu erreichen und sich zu seinen Mitkämpfern durchzuschlagen. Auf diese Weise erfuhren wir, auf welch gräßliche Weise Berti gestorben war. Onkel Moša und seine Frau Ančika überlebten den Krieg und kehrten nach Tuzla zurück. Erst zu diesem Zeitpunkt erfuhr Moša, was seinem einzigen Sohn widerfahren war. Dieser Schlag war tödlich; er starb an gebrochenem Herzen.

Mit großer Trauer rufe ich mir all jene ins Gedächtnis, die im Mahlstrom des Faschismus umgekommen sind. Aber den heftigsten Schmerz ruft die Erinnerung an den kleinen Albert wach. Ich sehe ihn als zweijähriges Kind mit großen schwarzen Augen, lockigem Haar und einem Gesicht, aus dem sein freudiges, sorgloses, lebensfrohes Lachen nie verschwand. Er fand den Tod als Märtyrer, obwohl sein Leben doch kaum begonnen hatte.

Meine Eltern heirateten im Dezember 1916 im Kaiserreich Österreich-Ungarn. – Zu diesem Zeitpunkt herrschte wegen des Todes von Kaiser Franz Joseph Staatstrauer, so daß sie ihre Hochzeit ohne Musikbegleitung feiern mußten.

Ich erinnere mich lebhaft an meinen Vater Isidor, den die Ustaschen ebenfalls grausam ermordeten – in Stara Gradišca töteten sie nur mit Keulen und Dolchen. Vor meinem geistigen Auge ersteht ferner mein jüngster Onkel Gedaj, ein sehr hübscher junger Mann. Als ich ihn in Jasenovac wieder traf, war er so ausgemergelt und entkräftet, daß ich ihn nicht mehr erkannte. Nach wenigen Tagen starb er an Hunger.

Alle meine Verwandten, von denen ich nicht weiß, wo sie begraben sind, starben an den verschiedensten Orten in ganz Europa: von Sajmište und Jajinci bei Belgrad über Jasenovac,

Stara Gradišca und Djakovo bis Auschwitz, Treblinka, Dachau und anderen Nazi-Konzentrationslagern. Dies sind Schicksale, die man nicht vergessen kann und darf, denn die Gefahr einer Wiederholung besteht immer. Möge diese Niederschrift also ein Auftakt zu den Erinnerungen sein, die ich niederschreiben muß. Denn in diesen schlaflosen Nächten blieb mein entwurzelter Familienstammbaum auf dem Papier: mit fünfundvierzig Zweigen. Auf meines Vaters Seite blieben nur fünf von uns am Leben. Vielleicht sind fünf von uns genug, damit der Familienstammbaum der Danons wieder wächst und gedeiht.

Der erste Tag

Der Zug verlangsamte seine Fahrt, und das durchdringende Pfeifen, mit dem der Dampf aus der Maschine entwich, verhallte nach und nach. Schließlich hielt der Zug an. Durch einen dünnen Spalt in der Wand des Viehwaggons konnte man erkennen, daß draußen finstere Nacht war. Plötzlich wurde die Tür des Waggons aufgerissen, und wir wurden stehend gegeneinander gedrückt. Die frische, kalte Luft zog sofort in den Waggon. Man hörte laute, barsche Stimmen:

»Raus hier!«

Wir sprangen schnell ins Freie und warteten, was als nächstes geschehen würde. Jeder hatte die paar Siebensachen in der Hand, die er hatte mitnehmen können. Man brachte uns zu einem großen, hölzernen Schuppen neben den Schienen. Die Ustaschen schrien, wir sollten in den Schuppen gehen, und schlugen uns mit ihren Gewehrkolben auf den Rücken. Wir wurden eng nebeneinanderstehend in den Verschlag gedrückt. Die Tür wurde hinter uns geschlossen, und ein Riegel quietschte. Hier war es viel kälter als im Viehwaggon, denn ein kalter Februarwind blies durch die Ritzen zwischen den Brettern. Wir zitterten vor Kälte, während wir draußen die Schritte der Ustaschen, unserer Bewacher, hörten. Die Zeit schien stehenzubleiben, es dauerte lange, bis es dämmerte. Da rief ein junger Mann:

»Wir erfrieren hier noch, laßt uns raus!«

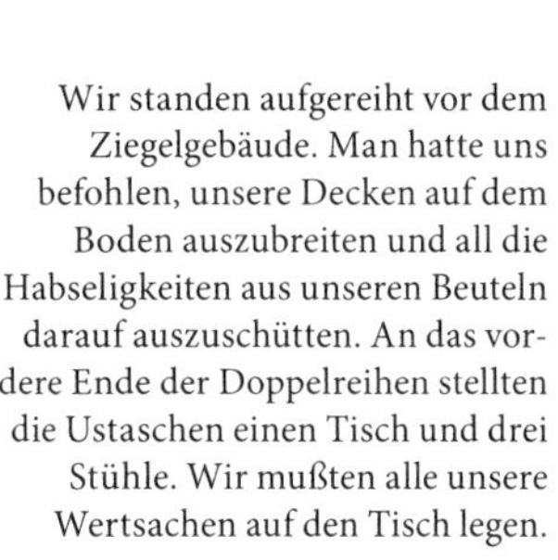

Wir standen aufgereiht vor dem Ziegelgebäude. Man hatte uns befohlen, unsere Decken auf dem Boden auszubreiten und all die Habseligkeiten aus unseren Beuteln darauf auszuschütten. An das vordere Ende der Doppelreihen stellten die Ustaschen einen Tisch und drei Stühle. Wir mußten alle unsere Wertsachen auf den Tisch legen.

Von draußen hörte man die rauhe Stimme eines Ustaschen voller Hohn:

»Ihr glaubt doch wohl nicht, daß ihr hierher auf Urlaub gekommen seid, oder?«

Wir waren zu durchgefroren, um erleichtert zu sein, als der Morgen eines kalten, nebligen Tages heraufkroch. Der Riegel quietschte abermals, und das Tor des Schuppens wurde plötzlich aufgerissen, gefolgt von bellenden Befehlen der Ustascha, schleunigst herauszukommen. Wir Jüngere verließen rasch den Schuppen, während es den Älteren sehr schwerfiel, ihre

Gliedmaßen zu bewegen. Man hieß uns in zwei Doppelreihen aufzustellen. Mein Vater neben mir trug einen Beutel, ich hatte den Proviantsack auf dem Rücken. Es gab viele alte Leute; ein kranker und erschöpfter Greis blieb auf einer Bahre liegen. Wir wollten ihn tragen, aber die Ustaschen befahlen uns, ihn zurückzulassen. Zur Linken sah man ein Flußbett; den Namen des Flusses wußte ich damals noch nicht, denn ich hatte keine Ahnung, wo wir uns befanden. Rechts war ein dichter Stacheldrahtzaun. Die Ustaschen schlugen uns ohne Unterlaß auf Kopf und Rücken, so daß einige von unserer Gruppe auf dem Weg zusammenbrachen. Diese Unglücklichen wurden mit den Gewehrkolben erschlagen. Nach hundert Metern befanden wir uns vor einem großen Doppeltor, das mit Stacheldraht durchflochten war. Über dem Tor, hinter dem Ustascha-Zeichen ›U‹ stand in schwarzen Lettern geschrieben: ARBEITSDIENST – USTASCHA VERTEIDIGUNGS- UND SAMMELLAGER No. III. Unmittelbar neben dem Tor ragte ein etwa zehn Meter hoher, mit Brettern verkleideter Holzturm empor.

Rechts vom Lagertor in Jasenovac stand der hohe Holzturm mit dem Beobachtungsposten, in dem die ganze Zeit über die Wache mit den Scheinwerfern und einem Maschinengewehr postiert war. Es gab viele solcher Wachtürme rund um das Lager, in denen Tag und Nacht der Tod auf Anschlag lag.

An der Spitze des Turmes befanden sich an jeder Seite Öffnungen für die Wachen, die mit Gewehren und Scheinwerfer ausgestattet waren. Das Tor öffnete sich, und wir schauten auf ein Gelände, das einem riesigen Innenhof ähnelte; es war auf drei Seiten von Gebäuden flankiert. Auf der rechten Seite stand eine Ziegelfabrik mit Säulen und Arkaden im unteren Teil, links lagen niedrige Gebäude. Man brachte uns vor die Ziegelei, und wir mußten uns vor den Bogengängen aufstellen. Im Hof lungerten zahlreiche Ustaschen herum, und weitere kamen aus einem der Gebäude, in dem anscheinend die Büros untergebracht waren. Einige Ustascha-Offiziere hatten sich vor uns aufgepflanzt, und einer von ihnen, mit rundlichem Kopf, glattem Haar und Brille, offenbar der Kommandant, näherte sich uns und befahl, ihm die Strafurteile zu übergeben, die man uns an der Bahnstation von Tuzla vor der Abfahrt des Zuges in die Hand gedrückt hatte.

Die Strafen lauteten auf ein Jahr Arbeitsdienst im Sammellager Jasenovac. Als sie die Strafurteile eingesammelt hatten, riefen sie einen von uns heraus, der zu drei Jahren Lageraufenthalt verurteilt worden war. Ich kannte seinen Fall.

Noch während wir im Gefängnis von Kreka, in unmittelbarer Nähe von Tuzla, festgehalten wurden, war ein Polizist gekommen und hatte uns einzeln ins Anstaltsbüro gerufen. Ich wurde beschuldigt, mit den Partisanen kollaboriert zu haben, und man legte mir zur Last, ich hätte Informationen und Vorräte für sie gesammelt. Ich stritt alles ab, aber der Beamte bestand nicht einmal auf einem Geständnis meinerseits. Nach mir wurde ein alter Kaufmann aufgerufen, der mir beim Verlassen des Büros mitteilte, wessen man ihn bezichtigte. Die Anklagen gegen uns glichen sich wie ein Ei dem anderen. Ich begriff, daß es sich um eine reine Formalität, um eine willkürliche Pauschalbeschuldigung handelte, denn einen Monat zuvor hatte ich in den kroatischen Zeitungen gelesen, daß Ante Pavelić, der Führer des »Unabhängigen Staates Kroatien«, ein Gesetz erlassen hatte, wonach niemand ohne Gerichtsverfahren verurteilt werden durfte. Die Frau eines der Mitgefangenen war Ungarin, und er war felsenfest davon überzeugt, daß sie ihn rausholen würde. Sie kam auch häufig vorbei, und da die Zellen im Erdgeschoß lagen, konnten wir uns durch die Gitterstäbe unterhalten. Sie versicherte ihm ein ums andere Mal, daß sie ihn aus dem Gefängnis befreien würde. Aber als man uns zur Bahnstation brachte und uns die Strafurteile ausgehändigt wurden, war er der einzige, dessen Strafe lautete: drei Jahre!

Durchsuchung von neuen Gefangenen.

Als sie den Namen eben jenes Lagerinsassen verlesen hatten, der zu drei Jahren verurteilt worden war, befahlen sie ihm, vorzutreten; er glaubte nach wie vor unbeirrt an die Versprechungen seiner Frau. Nun stand er vor dem Lagerkommandanten Ljubo Miloš und lächelte ihn an, in der festen Überzeugung, in die Freiheit entlassen zu werden. Der Kommandant hielt das Strafurteil in der Hand und befahl ihm, etwas weiter seitlich stehen zu bleiben. Ein Ustascha-Soldat kam näher und führte ihn in ein Büro ab. Später erfuhr ich, daß eine Dreijahresstrafe die sofortige Exekution bedeutete. Seine Frau hatte offenkundig alle Anstrengungen unternommen, um sicherzugehen, daß er nie wiederkehren würde. Wir hatten ihn auch nie wieder gesehen.

Wir standen nach wie vor in Reih und Glied vor der Ziegelfabrik. Man befahl uns, unsere Decken auf dem Boden auszubreiten und den Inhalt unserer Beutel darauf auszuleeren. Vor den Reihen stand ein Tisch, an dem drei Ustaschen saßen. Sie sagten uns:

»Ihr müßt jetzt alle eure Wertsachen hier ablegen: Uhren, Füller, Gold, Messer und was ihr sonst noch so bei euch habt.«

Zuerst schüttelten wir unsere Beutel aus. Alle enthielten Brot und andere Nahrungsmittel, die wir für die Fahrt mitgenommen hatten. Um uns herum standen zahlreiche ältere Lagerinsassen, die uns neugierig betrachteten. Ein kleiner, magerer junger Mann näherte sich uns, schaute mich und meinen Vater an und sagte zu uns:

»Ich bin gar nicht glücklich, euch hier zu sehen. Konntet ihr euch nicht irgendwie aus dem Staub machen?«

Ich schaute ihn an und konnte mich nicht erinnern, ihn je gesehen zu haben. Als er merkte, daß ich ihn nicht wiedererkannte, sagte er zu mir:

»Braco, ich bin Nisim Montiljo aus Kiseljak.«

Da erst erkannte ich, daß mein langjähriger Freund aus den Ferien in Kiseljak vor mir stand. Ganz erstaunt fragte ich:

»Nisim, bist du das?«

Er nickte. Ich sah, daß er am Verhungern und völlig erschöpft war. Er fragte, ob wir vielleicht ein Stück Brot für ihn hätten; wir bejahten es, aber wir hatten schon den ganzen Inhalt unseres Beutels auf die Decke geworfen. Wieder fragte er, zwischen Verzweiflung und Hoffnung schwankend:

»Vielleicht habt ihr noch ein Stück in der Tasche?«

Mein Vater und ich griffen beide in unsere Taschen, aber wir fanden nichts. Ich sah, wie enttäuscht und unglücklich er war.

Wir fragten ihn, wie es im Lager so wäre, und er sagte uns, daß im Augenblick das Regime etwas gelockert worden sei, weil sich vor ein paar Tagen eine internationale Kommission mit Schweizer Repräsentanten hier aufgehalten hätte. Sie sollten natürlich einen guten Eindruck vom Lager mitnehmen, und deshalb waren vor ihrer Ankunft alle Kranken, Erschöpften und Ausgelaugten umgebracht und das Lager einigermaßen in Ordnung gebracht worden. Man wollte der Kommission unter allen Umständen den Eindruck vermitteln, daß es sich nicht um ein Vernichtungs-, sondern um ein Arbeitslager handelte, in dem Ordnung, Arbeit und Disziplin an der Tagesordnung waren. Während er uns das alles erzählte, kam um uns herum plötzlich Unruhe auf. Überrascht blickte ich auf und sah, wie junge Männer – Lagerinsassen – auf die Decken mit den Nahrungsmitteln zurannten, im Laufen Brotstücke aufklaubten und dann das Weite suchten. Ich schaute in die Gesichter von etwa dreißig verzweifelten Männern und ausgemergelten Jugendlichen, die sich auf das Brot stürzten, als ob es ihre einzige Garantie fürs Überleben wäre.

Die Ustaschen zogen hastig ihre Pistolen aus den Halftern und feuerten in schneller Folge auf diese vor Hunger fast verrückten jungen Männer. Einige fielen tot zu Boden, andere wurden verwundet, ein paar wenigen gelang es aber trotz allem, mit dem Stück Brot, das sie ergattert hatten, zu entkommen. Die Ustaschen fanden die Sache unterhaltsam – sie bot ihnen Gelegenheit, ihre Zielsicherheit unter Beweis zu stellen. Als der Ansturm der Hungernden abgeebbt war, gingen sie zu denen, die verwundet auf dem Boden lagen, und beendeten ihr Martyrium mit einer Kugel in den Kopf. Sobald das Schießen eingestellt war, hörte man die lauten Rufe der Ustaschen:

»Totengräber, Totengräber!«

Aus irgendeiner Ecke tauchte eine Gruppe von Totengräbern mit Tragbahren auf. Auch sie waren Lagerinsassen. Die ermordeten Jugendlichen wurden zu einer Stelle neben dem Lagertor gebracht, wo man sie wie Holzscheite neben- und aufeinander legte. Dann rannten die Totengräber zurück, um die anderen Verwundeten zu holen. Die Ustaschen wühlten währenddessen in unseren Habseligkeiten und nahmen sich, was ihnen zusagte. Man befahl uns, unsere Beutel und eine Dekke pro Mann mitzunehmen und in Richtung der Baracken zu marschieren, in denen wir untergebracht werden sollten. Dort mußten wir uns wieder in Reih und Glied aufstellen, und einer der Ustascha-Offiziere sprach in sanften, warmen Worten zu uns: Man würde uns nicht schlecht behandeln, versicherte er, wenn wir die Lagerregeln und Vorschriften einhielten. Er betonte, daß es höchst gefährlich sei, verstecktes Gold und andere Wertsachen bei sich zu behalten, und forderte uns auf, alles sofort herauszurücken, was wir bei uns führten. Alle schwiegen. Nisim stand hinter mir und flüsterte:

»Wer es rausrückt, ist des Todes.«

Der Ustasche wiederholte, daß seine Forderung im Einklang mit unserem eigenen Interesse und es besser für uns sei, ihm zu gehorchen. Daraufhin trat mein Schwager, Haim Romano, der Ehemann von meines Vaters Schwester aus Tuzla, aus der Reihe vor. Offensichtlich schenkte er den Lügen des Ustaschen Glauben und sagte, er habe mehrere Goldmünzen, die in den Gürtel seiner Hose eingenäht seien. Nisim verstärkte seinen Griff an meinem Arm und wisperte:

»Nein, nein, das ist sein Ende!«

Mein Schwager zeigte dem Offizier, wo seine Münzen versteckt waren; der Ustasche schnitt den Gürtel mit seinem scharfen Messer auf und nahm die Münzen heraus. Er lächelte meinen Schwager zufrieden an und befahl ihm, neben ihm stehen zu bleiben, während wir langsam in unsere Judenbaracken hineingingen. Schwager Haim ging dann zusammen mit dem Ustascha-Offizier fort. Wir haben ihn nie wieder gesehen.

Unsere Gruppe aus Tuzla wurde auf drei jüdische Barakken verteilt. Vor dem Eingang zur ersten Baracke stand ein Mann mittlerer Größe mit Stiernacken, rundem Kopf und ausgeprägt groben Gesichtszügen. Er zählte uns durch und wies jedem seinen Platz zu. Als er meinen Vater sah, sagte er überrascht:

»Isidor, du bist aber auch kein besonderer Glückspilz!«

Mein Vater ging auf ihn zu und schüttelte ihm die Hand:

»Bararon, Bararon, wir treffen uns wahrlich an einem schlimmen Ort wieder.«

Aus dieser kurzen Begrüßung zog ich den Schluß, daß die beiden sich von ihrer Jugendzeit her kannten und sich lange Jahre nicht gesehen hatten, denn wir waren ja von Sarajevo nach Belgrad umgezogen.

Unsere Baracke war durch einen schmalen Mittelgang in zwei Hälften geteilt; zu beiden Seiten dieses Gangs standen dreistöckige Brettergestelle. Wir hielten Umschau, wo wir uns niederlassen könnten, während die Stimme Bararons, des Gruppenleiters und Barackenchefs, den Lärm übertönte:

»Im obersten Stockwerk sind die meisten freien Plätze.«

Wir stiegen die Holzleitern zum obersten Stockwerk hoch und fanden tatsächlich einige freie Plätze. Wir breiteten unsere Decken aus, verstauten unsere Habseligkeiten und kletterten schnell wieder hinunter, da wir eine Stimme gehört hatten, die uns zum Mittagessen rief. Wir verließen also die Baracke und folgten den anderen Lagerinsassen zu einem großen dampfenden Suppenkessel. Wir stellten uns in Reih und Glied mit unseren Suppenschüsseln in der Hand auf. Dabei fiel mir ein völlig erschöpfter, ausgemergelter Mann auf, der unter großen Schwierigkeiten auf uns zukam und ein leeres Eßgeschirr in den Händen hielt. Ich wunderte mich, weshalb er uns so zielsicher ansteuerte. Schließlich stand er vor mir und meinem Vater und sagte leise und erschöpft:

»Isidor, Braco, ihr seid also auch hier!«

Ich schaute ihn ganz erstaunt an und konnte nicht begreifen, daß ich nicht in der Lage sein sollte, jemanden zu erkennen, der mich offensichtlich sehr gut kannte. Ich blickte zu meinem Vater hinüber und sah in seinem Gesichtsausdruck die gleiche ungläubige Verwunderung – weder er noch ich erkannten den Mann. Mit schwacher Stimme sagte der Fremde:

»Ich bin Gido, Gedaja, dein Bruder.«

Erst in diesem Augenblick erkannte ich in diesem blassen Gesicht mit den tief eingesunkenen Augen meines Vaters jüngsten Bruder wieder. Er war schon im Sommer 1941 in Bijeljina gefangengenommen und ins Lager verschleppt worden. Da nahm ihn mein Vater plötzlich in die Arme und schluchzte leise, wie um sein Weinen zu unterdrücken; der erbärmliche Zustand, in welchem sich sein jüngster, einst ausgesprochen hübscher Bruder befand und den er von jeher besonders liebte, hatte ihn die Fassung verlieren lassen. Auch mein Onkel legte einen Arm um meinen Vater, aber sein Gesicht zeigte keinerlei Regung. Offensichtlich hatten schreckliche, unausgesetzte Hungerqualen alle Gefühle in ihm absterben lassen. Als sich mein Vater aus der Umarmung löste, ging ich zu meinem Onkel hin und küßte ihn mit einem traurigen Blick auf sein abgezehrtes Gesicht. Um ihn ein bißchen zu trösten, teilte ich ihm mit, daß seine Frau und sein Sohn ihm Grüße schickten. Ich hatte mir das spontan so gedacht und gehofft, es würde ihm Freude bereiten, zu hören, daß seine Frau und sein Sohn am Leben seien, aber sein Gesicht blieb völlig ausdruckslos. Er sagte nur leise:

»Das alles interessiert mich nicht mehr. Was mich einzig noch interessiert, ist, wie ich mich satt essen kann.«

Mein Vater ließ ihn in die Reihe vor uns treten. Wir gingen langsam und näherten uns schweigend dem Suppenkessel. Aus dem Topf quoll ein äußerst unangenehmer Geruch, den ich bislang noch nicht kannte. Der Koch schwang seine große Kelle und füllte unsere Schüsseln mit einer undefinierbaren Flüssigkeit, die wohl Suppe sein sollte. Wir entfernten uns vom Kessel, um unser dürftiges Mahl zu beginnen. Ich nahm einen Löffel von dieser dünnen Flüssigkeit, steckte ihn in den Mund und – ekelte mich; die Brühe stank, warmes Wasser ohne jedweden Geschmack, sie enthielt weder Salz noch Fett, nur ein paar schmutziggelbe Würfel. Ich nahm einen davon in den Mund,

und dann wußte ich, woher dieser eklige Geruch aus dem Suppenkessel stammte: Es waren Viehrübenstücke. Gedaja fischte erst diese Zutaten heraus, hielt dann die Schüssel an den Mund und trank die fade, übelriechende Flüssigkeit in einem Zug aus. Mein Vater und ich standen neben ihm und hielten unsere Schüsseln in der Hand, denn wir wußten genau, daß wir die Brühe nicht runterkriegen würden. Mein Onkel schaute uns ganz erstaunt an und fragte, ob wir nicht essen wollten.

Wir schüttelten beide den Kopf. Da nahm er zuerst die Schüssel meines Vaters, aß und trank den üblen Inhalt und nahm dann auch noch meine Portion. Danach sagte er traurig:

»Ich bin immer noch hungrig.«

Mein Vater fragte ihn, wo er seit seiner Gefangennahme gewesen sei. Er erzählte in aller Kürze, er sei zuerst im Lager Jasenovac und dann in Jasenovac II gewesen, bis er schließlich nach Lager III kam, wo wir uns jetzt befanden. All diese Lager waren sein Golgatha gewesen, seine Schädelstätte, bis schließlich nur noch ein lebender Leichnam von ihm übriggeblieben war. Er war ausschließlich eines einzigen Gefühls fähig: des Hungers.

Wir machten uns wieder in Richtung Baracken auf, um uns ein bißchen auszuruhen und aufzuwärmen. Gedaja, der in der dritten jüdischen Baracke hauste, schleppte sich mühsam dorthin weiter. In unserer Baracke stießen wir auf Nisim. Er hatte während der langen Zeit seiner Haft in den Lagern zahlreiche Erfahrungen gesammelt und begann sofort, uns die Lage, in die wir geraten waren, zu erklären. Als erstes riet er meinem Vater dringend, so schnell wie möglich seinen schmalen Bart abzurasieren; mein Vater hatte ihn sich in Tuzla wachsen lassen, um älter auszusehen. Er hatte gehofft, so der Zwangsarbeit zu entgehen, für die uns die Ustaschen vorgesehen hatten. Als mein Vater fragte, warum er dies tun sollte, antwortete Nisim kurz und bündig:

»Alte und Erschöpfte bringen sie zuerst um.«

Er erzählte uns, daß von den ursprünglich fünf Brüdern nur noch er und zwei weitere Brüder am Leben waren. Auf unsere

Frage, wo die anderen beiden seien, deutete er auf das oberste Stockwerk und erklärte, dort lägen Sado und Sua, sie seien aber krank, ausgezehrt und hilflos und könnten sich seit Tagen nicht von dort oben wegbewegen. Seine übrigen Brüder seien zuvor in einem anderen Lager umgekommen – in Krapje.

Ich wollte Sado und Sua sehen und kletterte auf die oberste Liege. Dort erblickte ich zwei lebende Leichname und konnte die beiden nur anhand einiger charakteristischer Gesichtszüge erkennen. Als sie mich ihrerseits erkannten, sagten sie beide wie aus einem Mund:

»Braco, konntest du denn nicht irgendwo entwischen? Dies hier ist das Ende von allem.«

Ich konnte kaum meine Tränen zurückhalten, stieg die Leiter wieder hinunter und traf meinen Vater im Gespräch mit Nisim an. Ich gesellte mich dazu. Nisim sagte, vor kurzem habe eine internationale Kommission die Lager besucht. Sie sollte Jasenovac als Arbeitslager einstufen und den Eindruck gewinnen, daß die Gefangenen menschlich behandelt würden. Um dieser Vorspiegelung willen hatte die Lagerleitung alle möglichen Maßnahmen ergriffen, um die Hinterlassenschaften ihrer bestialischen Greuel zu beseitigen. Nisims Meinung nach war die Behandlung jetzt tatsächlich etwas besser als zuvor. Ich fragte mich, wie es dann wohl früher zugegangen sein mochte, wo ich doch schon am ersten Tag grauenerregende Szenen gesehen hatte.

Es wurde schnell dunkel, und man schaltete eine trübe Lampe im Mittelgang des Gebäudes an. In einer Ecke der Baracke stand der ›*bubnjara*‹, ein Ofen, der aus einem Gaszylinder gebaut worden war. Er wurde mit Holzabfällen beheizt, die man auf dem Lagergelände gesammelt hatte. Solange das Feuer brannte, wurde es ganz in Ofennähe ein bißchen warm, aber das Holz brannte immer schnell herunter, und wenn das Feuer ausging, war die Kälte umso schneidender. Einige Meter links davon stand ein großer Blecheimer, ebenfalls aus einem abgesägten Gaszylinder gefertigt. In der Nacht mußte man seine

Notdurft dort verrichten. Dieser Eimer verströmte einen fürchterlichen Gestank, weil er keinen Deckel hatte. Die Häftlinge versammelten sich meist um den Ofen in der Hoffnung, etwas Wärme abzubekommen. Sie standen um den Ofen herum und streckten die Hände darüber aus. Ich hielt mich ganz in ihrer Nähe auf und lauschte ihren Gesprächen. Sie drehten sich am häufigsten um die Lieben zu Hause – Ehefrauen, Kinder und Eltern. Auch das Essen war ein unerschöpfliches Thema. Ich hörte zwei Männern zu, die am Verhungern waren. Aus ihrem Akzent schloß ich, daß sie aus Zagreb stammen mußten und daß es sich um gebildete Menschen handelte. Der eine sprach davon, was er gerne zum Abendessen haben würde, und erging sich in allerlei Einzelheiten: Vorspeise, Hauptspeise, Dessert, Salate, Getränke usw. Der andere zeigte sich mit dem erwähnten Menu nicht einverstanden und führte an, was er zu essen vorziehen würde: Statt paniertem Kalbskotelett bevorzugte er Hühnchen mit Kartoffeln und Erbsen, und statt Pfannkuchen hätte er lieber heiße Krapfen gehabt. Sie verteidigten ihre Phantasiegerichte vehement, und es schien ihnen offensichtlich nicht mehr klar gewesen zu sein, daß es sich ja nur um eine Fata Morgana handelte. Sie taten mir leid, und sie kamen mir zugleich lächerlich vor; ich konnte ihren fehlenden Realitätssinn nicht begreifen. Aber ich war zu der Zeit ja auch nicht am Verhungern. Es war mein erster Tag im Lager, der erste, lange Tag.

Mein Vater und ich lagen nebeneinander auf der Liege, jeder in seine Decke gehüllt. Ich schlief als erster ein, erschöpft von all den Anstrengungen, der Reise und dem Schock, den ich beim ersten Anblick der sadistischen Exzesse erlitten hatte. Ich wachte auf, weil mein ganzer Körper wie verrückt juckte. Ich begann, mich zu kratzen, aber es nützte überhaupt nichts. Diese Qual hielt mich eine ganze Weile wach, bis ich endlich wieder einschlief. Am nächsten Morgen erzählte ich meinem Vater von meinen nächtlichen Torturen, während wir in den Gang zwischen den Betten hinabstiegen.

»Mein Sohn«, sagte er ruhig, »das sind Läuse, und sie werden uns bis zum bitteren Ende beißen.«

Bararon, der Kapo, rief mit rauher Stimme:

»Los, antreten! Antreten!«

Hastig stellten wir uns vor den Baracken in Reihen auf, bereit für die Arbeit, die uns an diesem Tag erwartete.

Gradina

Ende Februar 1942.

An diesem Morgen lag überall Schnee, die Wolken waren dicht und düster. Wir standen aufgereiht vor unseren Baracken und warteten, wie immer, darauf, daß man uns Arbeit zuwies. Einer der Ustaschen sprach den Kapo an und sagte ihm, er brauche etwa zehn Mann, um in einem Nachbardorf Heu zu schobern. Der Kapo wiederholte die Anforderung und fragte:

»Wer meldet sich freiwillig für diese Arbeit?«

Der Wunsch, zu fliehen, hielt mich ohne Unterlaß in Beschlag; ich hatte die Hoffnung, daß sich bei dieser Arbeit eine Möglichkeit zum Entkommen ergeben könnte. Also meldete ich mich als einer der ersten und trat in die Reihe, die unter der Aufsicht von zwei Ustaschen in Richtung Lagertor marschierte.

Das Lager befand sich direkt am Ufer der Save, die an diesem Februarmorgen an beiden Flußufern mit Eis bedeckt war. Nur in der Mitte war das Flußbett auf einer Breite von etwa zehn Metern eisfrei. Ich schaute vom Ufer auf den Fluß und bemerkte zwei, drei Boote im Wasser, in denen Gruppen von Ustaschen saßen. Wir stiegen das steile Ufer hinab, dann über das Eis bis zum Rand der gefrorenen Fläche und bereiteten uns darauf vor, in eines der Boote zu steigen, das uns auf die andere

Seite des Flusses bringen sollte. Ich bemerkte, daß ein Ustasche vom gegenüberliegenden Flußufer aus Gegenstände ins Wasser warf, dreimal nacheinander. Dumpfe Explosionen waren zu hören, und das Wasser spritzte hoch wie bei einem Geysir. Ich war beunruhigt, weil ich nicht begriff, was hier vor sich ging, aber als die Ustaschen sich daran machten, die Fische, die nach den Sprengungen leblos an der Wasseroberfläche trieben, mit Netzen einzusammeln, war mir das Ganze klar. Wir fuhren mit dem Boot über den eisfreien Teil der Save und kletterten das gegenüberliegende Ufer hinauf. Dort stand eine Gruppe von Ustaschen um ein Feuer; sie wärmten sich und brieten die Fische, die sie gefangen hatten, auf Spießen. Mir fiel auf, daß sie schöne lederne Schirmmützen mit Ohrenklappen aus Pelz trugen. Alle Kopfbedeckungen waren neu und braun, sie erinnerten mich sofort an die Mützen, die zwanzig jungen jüdischen Männern im Gefängnis von Kreka von anderen Juden, die sich noch in Freiheit befunden hatten, geschenkt worden waren. Diese zwanzig Männer waren fünfzehn Tage vor unserer Gruppe ins Lager gebracht worden. Es lag auf der Hand, daß sie alle umgebracht worden waren, denn von ihnen fehlte im Lager jede Spur. Sie waren teils Mitglieder der zionistischen Vereinigung Hashomer Hazair gewesen, teils hatten sie der kommunistischen Jugendorganisation Jugoslawiens angehört. Diese Erkenntnis ging mir durch Mark und Bein und machte mir bewußt, daß ich mich auf dem Exekutionsplatz befand. Einer der Ustaschen mit einer solchen Lederkappe kam auf mich zu, während ich steif und starr vor Angst dastand. In zwei Schritt Entfernung blieb er stehen und starrte auf meine Schuhe. Ich trug ausgezeichnete Skistiefel, die es ihm offensichtlich angetan hatten, denn er verlangte von mir, sie ihm zu geben. Ich wußte nicht, was ich tun sollte – wie sollte ich mit bloßen Füßen durch den Schnee gehen? Ich sagte ihm also, ich würde ihm die Skischuhe geben, wenn er mir im Gegenzug andere Schuhe gäbe. Er meinte, ich solle selber die Dorfhäuser in der Nähe nach Schuhen für mich durchstöbern. Ich schaute mich um und stellte fest, daß sich keine Sterbensseele im Dorf aufhielt, nur ein paar streunende Hunde, die vergeblich nach Fressen suchten.

Gradina war der größte Hinrichtungsplatz des Lagers Jasenovac. Er befand sich auf dem rechten Ufer des Flusses Save und umfaßte eine Fläche von 29 Hektar. Dieses Photo stammt aus dem Sommer 1942.

Ich betrat das erste Haus des Dorfes, und ein grauenhafter Anblick ließ mich erstarren: Die Zimmer waren voller Kleider und Schuhe, sowohl von Männern als auch von Frauen und Kindern, von Menschen aus der Stadt und vom Land. Dies konnten nur Kleider von Opfern der Massenmorde der Ustaschen sein. Ich suchte nach einem Paar Schuhe in meiner Größe, fand aber keine. Daher ging ich ins nächste Haus, in dem sich mir dasselbe Bild bot. Im dritten Haus entdeckte ich ganz oben auf dem Kleiderhaufen den Mantel und den gestrickten Wollschal, der einst dem Mathematikprofessor Salom gehört hatte. Er war gemeinsam mit anderen Juden in Tuzla eingesperrt gewesen, und wir waren zusammen nach Jasenovac gekommen. Zwei oder drei Tage nach unserer Ankunft im Lager hatte ich ihn getroffen, ausgezehrt und sichtlich gealtert, obwohl er nicht älter als fünfzig war. Ich war zu ihm hingegangen und hatte ihn gefragt, wie es ihm ginge. Sehr niedergeschlagen sagte er:

»Es ist grauenhaft! Etwas Grauenhafteres kann man sich nicht vorstellen. Wenn wir gewußt hätten, was uns erwartet, dann hätten wir besser im Gefängnis von Tuzla alle Gift genommen. Es gibt keine Rettung und keinen Ausweg aus dieser Hölle.«

Erschüttert von seinen Worten, schaute ich ihn an. Ich konnte kein Wort des Trostes finden.

Ich ging weiter von einem Haus zum nächsten, bis zum Ende des Dorfes, ohne einen einzigen Dorfbewohner anzutreffen. Statt dessen waren alle Häuser mit den Kleidern der Ermordeten vollgestopft. Nur ein Haus hatte ich noch nicht betreten. Als ich es schließlich inspizierte, fand ich Schuhe, die mir paßten. Beim Verlassen des Hauses schaute ich nach Süden und sah in der Ferne den Berg Kozara. Als ich den Blick zu Boden richtete, entdeckte ich eine langgestreckte schwarze Grube. Ohne zu zögern trat ich näher. Aus dieser Grube stieg in der Kälte Dampf empor – denn in der Grube lagen die Leichen jüngst massakrierter Menschen, übereinander gestapelt auf einem Haufen. Vor lauter Entsetzen blieb ich einen Augenblick reglos stehen. Dann wurde ich mir plötzlich der Gefahr bewußt, in der ich selbst schwebte. Ich drehte mich um, voller Angst, daß ein Ustasche mich bemerkt haben könnte. Glücklicherweise konnte ich niemanden entdecken, bis auf einige in den Boden gegrabene Ustascha-Bunker in gehöriger Entfernung. Ich beeilte mich, diesen Ort des Schreckens so schnell wie möglich wieder zu verlassen.

Ich ging zurück zu den Ustaschen, die sich am Feuer wärmten, setzte mich dort in der Nähe auf die Schwelle eines Hauses, zog meine eigenen Stiefel aus, streifte die gefundenen Schuhe über und begab mich schnell zu dem Ustaschen. Ich händigte ihm meine Stiefel aus. Er nahm sie entgegen und sagte nur:

»Auf an die Arbeit!«

Ich ging zu der Gruppe von Häftlingen, die das Heu in viereckige Stapel preßten. Wir arbeiteten zügig, ständig angetrieben von den zwei Ustaschen, die uns beaufsichtigten.

In der Abenddämmerung fuhren wir mit dem Boot über den nicht gefrorenen Teil der Save zurück und marschierten ins Lager. Ich traf meinen Vater in unserer Baracke; er stand neben dem Ofen, wärmte seine Hände und sprach mit dem Kapo Bararon. Da er sich wegen meines Gesichtsausdrucks sorgte, fragte er mich, wo ich gewesen sei. Ich erzählte ihm in wenigen Worten, was ich erlebt hatte, und Bararon klärte uns auf, daß ich im Dorf Gradina gewesen sei. Er bekannte freimütig, er habe nicht geglaubt, daß ich zurückkommen würde, denn das war der Ort, an dem die größten Massenexekutionen stattfanden. Zahlreiche Häftlingstransporte nach Jasenovac setzten keinen Fuß in das Lager selbst, sondern wurden per Floß direkt über die Save nach Gradina gebracht und dort sofort liquidiert. Im Herbst 1941, so erzählte Bararon, hätten die Ustaschen die Nachricht verbreitet, daß schwächere Personen über die Save in das Dorf Gradina gehen könnten, um dort einfachere Arbeiten zu verrichten. Auf die Frage, was sie dort zu tun bekämen, hieß es, man würde Pflaumen ernten. Viele Lagerinsassen glaubten das und meldeten sich freiwillig. Keiner von ihnen tauchte je wieder im Lager auf.

Die Todessäule aus Eis

Der strenge Winter 1941/42 setzte früh ein und dauerte lange. Er brachte große Not über unser versklavtes Land. Niemand wird jemals die genaue Zahl der Menschen kennen, die in diesem Winter ums Leben kamen, in dem der weiße Tod seinen Tribut forderte und reiche Ernte hielt. Ich war Zeuge seiner zahllosen Opfer in Jasenovac, wo er unter den unmenschlichen Lagerbedingungen erbarmungslos wütete.

Eines der Vorkommnisse, der Tod eines jungen Lagerinsassen, der für den Diebstahl eines einzigen Maiskolbens bestraft wurde, war Folge dieses strengen Frosts, mehr noch allerdings Ausdruck der eiskalten, brutalen Grausamkeit seiner Mörder.

Wir kamen gerade von der schweren Arbeit außerhalb des Lagers zurück, begierig, uns in den hölzernen Liegen zu verkriechen und mit den schäbigen Decken einzumummen, den einzigen, die man uns zum Haftantritt im Lager ausgegeben hatte. Wir marschierten in Zweierreihen. Immer wieder stürzte ein Häftling zu Tode erschöpft zu Boden. Die Ustascha-Wachen eilten dann herbei, hieben mit ihren Gewehrkolben auf ihn ein und gaben ihm den Rest. Als wir bei unseren Baracken ankamen, standen wir dem Lagerkommandanten Ljubo Miloš und seinem Stellvertreter, Pater Filipović-Majstorović, gegenüber. Ihnen zur Seite hielten sich die übelsten Halsabschneider im ganzen Lager bereit. Ich hatte sofort die Empfindung, daß sie sich hier postiert hatten, um ein grauenhaftes Verbrechen zu begehen und ihre niedrigsten Instinkte zu befriedigen. In ihrer Mitte stand ein junger, völlig ausgemergelter Häftling, der einen Maiskolben in der Hand hielt. Auf das Kommando »Antreten!« nahmen wir alle Habachtstellung ein und formierten uns in Zweierreihen. Dann schrie Ljubo Miloš mit krächzender Stimme:

»Bei der Arbeit in der Vorratskammer hat dieser Häftling einen Maiskolben gestohlen. Gemäß den Vorschriften unseres Ustascha-Lagers muß er bestraft werden. Diesmal wird der Winter seine Bestrafung übernehmen.«

Dann befahl er, zwei Eimer Wasser herbeizubringen. Vor den Baracken war ein zwei Meter hoher Pfahl tief in den Boden gerammt worden. Wir wußten zunächst nicht, zu welchem Zweck er sich dort befand, sollten aber bald merken, daß man ihn aus ganz bestimmten Gründen dort plaziert hatte. Der junge Mann wurde zu dem Pfahl geführt, und man befahl ihm in scharfem Ton, sich auszuziehen. Der junge Mann knöpfte seinen Mantel auf und ließ ihn in den Schnee zu seinen Füßen fallen. Der Befehl, sich auszuziehen, wurde wiederholt, und der Junge zog seinen Pullover über den Kopf. Der Befehl, sich auszuziehen, wurde noch mehrmals wiederholt, bis der junge Mann völlig nackt dastand. Schließlich befahl man ihm, auch noch die Schuhe auszuziehen. Nun stand er barfuß im Schnee und hob abwechselnd das eine, dann das andere Bein, denn Schnee und Eis schnitten ihm mit ihrer bitteren Kälte wie mit Messern in die Fußsohlen.

Zwei Ustaschen drückten ihn gegen den Pfahl und banden seine Hände hinter seinem Rücken zusammen. Dann schlangen sie ein Seil um seine Brust und befestigten es an dem Pfahl. Schließlich nahm einer der zwei Ustaschen den Maiskolben, den der junge Mann in der Hand halten mußte, steckte ihn in seinen Mund und sagte: »Da, nimm, und wohl bekomm's!«

Wie auf Kommando gossen die Soldaten nun das Wasser aus den Eimern über den nackten Jungen. Die letzten Sonnenstrahlen trafen auf den bloßen Körper, der sich in Krämpfen wand. Der junge Mann war eigentlich hübsch, aber jetzt verzerrte sich sein Gesicht, seine Augen traten aus den Höhlen und sein Mund war aufgerissen in dem verzweifelten Versuch, einen letzten Atemzug zu tun. Das Wasser, das an seinem Leib herunterrann, gelangte nicht einmal bis zum Erdboden, es fror an ihm fest und bildete richtige Eisschichten. Ein fröhliches Gemurmel erhob sich in den Reihen der Ustaschen, die an diesem Schauspiel eindeutig Gefallen fanden. Der Kommandant befahl seinen Männern, weiter Wasser über den Jungen zu gießen, während einer der Soldaten ihm genüßlich Wasser über den Kopf goß. Es war so kalt, daß das Wasser in den Eimern mit einem Eisfilm bedeckt war, den die Soldaten mit ihren Stiefeln zertreten mußten. Vor unseren Augen wurde der Körper eines Menschen in eine Eisstatue verwandelt. Man sah das Gesicht des Jungen nicht mehr; das Eis bedeckte seine Augen, und wo sein Mund gewesen war, bleckte nun ein Loch im Eis, das letzte stumme Zeichen seines Todeskampfes.

Während der ganzen Tortur hatte der junge Häftling nur einen einzigen Schrei ausgestoßen, in dem Augenblick, als der erste Eimer Wasser über ihm ausgeschüttet wurde.

Man befahl uns, in die Baracken zu gehen. Die meisten eilten zu dem eisernen Ofen und versuchten vergeblich, etwas Wärme in der unerträglichen Kälte zu ergattern.

Als ich am nächsten Tag aus der Baracke kam, schaute ich im hellen Licht des frühen Morgens zu dem Pfahl hin und sah, wie der vereiste Körper des unglücklichen Jungen in der Sonne glitzerte. Der Maiskolben zu seinen Füßen war verschwunden. Einer der ausgehungerten Häftlinge hatte offensichtlich sein Leben riskiert, war während der Nacht zu der Todessäule hingekrochen und hatte sich den Maiskolben geschnappt. Die gefrorene Leiche war immer noch gegen den Pfahl gepreßt, als ob sie auf wärmeres Wetter wartete. Einige Tage später setzte Wind von Süden her ein, und das Eis begann zu schmelzen. Da erst erging die Order an die Totengräber, die Leiche zu entfernen, so wie sie jeden Morgen die Toten der vergangenen Nacht einsammelten. Die Leiche wurde auf eine Fuhre geladen und weggebracht. Der strenge Winter lockerte allmählich seinen Griff. Man fühlte den Frühling in der Luft, der Pfahl jedoch stand immer noch an derselben Stelle.

Wir Häftlinge empfanden ihn keineswegs als Warnung, sondern als stummen Zeugen eines bestialischen Verbrechens.

Der Rotschopf

Unmittelbar nach unserer Ankunft in Jasenovac hatten uns Freunde und Bekannte, die schon länger im Lager waren und Erfahrungen hatten, wie man am ehesten den Gefahren seitens der Ustascha-Verbrecher entgehen konnte, gewarnt, vor wem wir uns besonders in acht nehmen sollten. Der erste Mensch, den wir in der Nähe des Lagertors trafen, war Nisim Montiljo aus Kiseljak bei Sarajevo; er war ein paar Jahre älter als ich. Meine Familie hatte den Sommerurlaub jedes Jahr in Kiseljak verbracht, daher waren Nisim und ich lange Jahre befreundet. Unter den nützlichen Ratschlägen, die er uns im Lager gab, war auch die Warnung, uns vor einem Ustascha-Feldwebel zu hüten, den alle »den Rotschopf« nannten. Damit ich ihn rasch und zweifelsfrei identifizieren konnte, beschrieb Nisim mir sein Aussehen genau und hob als wichtigstes Erkennungsmerkmal sein rotes Haar und den großen, blonden, seitlich abstehenden und gezwirbelten Schnurrbart hervor. Er charakterisierte ihn als Mann mittlerer Größe mit einem Stiernacken und riet mir dringend, vor ihm Reißaus zu nehmen und jeglichen Kontakt mit ihm zu meiden.

Eines Tages um die Mittagszeit war ich gerade dabei, die hier und da verstreuten Ziegel in der Nähe des Brennofens aufzustapeln, als ich einen Ustascha-Feldwebel sah, auf den die Beschreibung des Rotschopfs genau zutraf. Ich hatte soeben einen etwa einen Meter hohen Stapel Ziegelsteine errichtet und war im Begriff, einen zweiten aufzustapeln. Der Rotschopf ging nur in ein paar Meter Entfernung an mir vorbei. Schlagartig wurde mir klar, daß ich in größter Gefahr schwebte, daher suchte ich Schutz hinter den aufgeschichteten Ziegelsteinen. Da nahte ein ausgemergelter und hungriger Häftling in einem langen, schwarzen Mantel; er machte den Eindruck eines gebildeten Menschen. Er bewegte sich schleppend und mit Mühe vorwärts, und als er in die Nähe des Rotschopfs kam, nahm er gemäß den Lagervorschriften Habachtstellung ein und nahm seine Mütze mit der Rechten ab. Der Rotschopf trat näher und musterte ihn düster von Kopf bis Fuß. Dies dauerte eine ganze Weile, bis er seine kratzige, durchdringende Stimme vernehmen ließ. Er fragte den Mann, woher er käme, woraufhin der Häftling ängstlich antwortete, er sei aus Zagreb. Der Rotschopf fragte ihn dann nach Nationalität und Beruf. Der Häftling antwortete mit zitternder Stimme, er sei Jude und Anwalt von Beruf. Da lachte der Rothaarige höhnisch und fiel über den Unglücklichen her:

»Dann bist du also so ein Judenschwein und Blutsaugeranwalt! Du hast uns ausgeraubt und uns das Blut ausgesaugt, wir werden euch alle umbringen!«

Ich beobachtete die Szene von meinem Versteck hinter den Ziegeln. Ich sah, daß der Mann erstarrte. Der Rotschopf befahl ihm, sich umzudrehen und die Hände auf den Rücken zu legen, nahm dann ein Stück schon vorbereiteten Drahts vom Gürtel und fesselte mit raschen Bewegungen die Hände des Mannes. Anschließend befahl er dem Wehrlosen, sich wieder zu ihm umzudrehen, was dieser auch tat. Der Rotschopf packte den Mann an den Haaren und stach ihm mit einer plötzlichen, geschickten Bewegung den Ustascha-Dolch mit dem schwarzen Griff tief in den Hals, so daß die dünne Spitze auf der anderen Seite wieder herausragte. Ganz offensichtlich war der Mörder sehr geübt in dieser Art des Tötens, denn sein Opfer blieb auf den Füßen. Der Rotschopf wollte den Mann nicht einfach nur so abschlachten, deshalb achtete er darauf, daß das Messer weder die Luftröhre noch den Kehlkopf verletzte. Auf beiden Seiten des Halses sprühte das Blut in dünnen Spritzern stoßweise hervor, und der Mörder konnte sich ausreichend Zeit nehmen, um die Todesangst in den Augen seines Opfers zu genießen.

Dieser gräßliche Anblick ließ mich sogar Nisims Warnung vergessen. Gelähmt von dem monströsen Ausmaß an Niedertracht beobachtete ich wie gebannt weiter, was unmittelbar in meiner Nähe vor sich ging. Der bedauernswerte Mann öffnete

Die Söhne des Messers bei der Arbeit: 1942 benutzten die Schlächter von Jasenovac eine Säge, um Branko Jungić, einem jungen Mann aus dem Dorf Grabovac in der Nähe von Bosanska Gradišca, den Kopf abzuschneiden. Diese Säge wird im Museum von Banja Luka aufbewahrt – oder ist sie mittlerweile ebenfalls einer »Säuberung« zum Opfer gefallen?

den Mund, aus dem das Blut strömte. Er stand immer noch da wie eingegraben, während der Rotschopf langsam eine Dose Herzegowina-Tabak aus der Tasche holte, sie öffnete, ein Zigarettenpapier herausfischte, es zwischen zwei Finger der linken Hand nahm und den Tabak gleichmäßig auf dem Papier verteilte, um sich eine Zigarette zu drehen. Nachdem er die Zigarette geformt hatte, leckte er das Papier mit der Zunge ab, nahm sein Feuerzeug aus der Tasche und zündete die Zigarette an. Er sog den ersten Zug ein und begann dann wieder, die Juden und die Anwälte zu verfluchen und ihnen allen die grausamsten Todesarten an den Hals zu wünschen. Langsam und mit Genuß inhalierte er den Rauch und blies ihn dem Opfer ins Gesicht. Als er die Zigarette aufgeraucht hatte, drückte er das glühende Ende auf der Stirn des Mannes aus, der, starr vor Angst, immer noch dastand. Plötzlich ergriff der Ustasche mit einer gleitenden Bewegung der rechten Hand den Griff des Dolches und schlug gleichzeitig mit der Linken gegen die Stirn des Mannes. Mit diesen beiden Bewegungen wurden dem Opfer

Kehlkopf und Halsarterie durchschnitten, und der Gefolterte fiel zu Boden. Aus dem aufgeschlitzten Hals spritzte plötzlich das Blut in hohem Bogen. Während der Mann sich im Todeskampf wand, leckte der Rotschopf das Blut von beiden Seiten der Klinge ab und murmelte im Selbstgespräch vor sich hin:

»Wie süß schmeckt doch Judenblut!«

Nun beugte sich der Rotschopf vor und wischte sein Mordinstrument am Mantel des sterbenden Opfers ab. Als er sich wieder aufrichtete, verbreitete sich ein zufriedenes Lächeln auf seinem Gesicht, und er steckte den Dolch wieder in die Halterung. Dann blickte er sich nach rechts und links um und schrie mit schriller Stimme: »Totengräber, Totengräber!«

Wie aus dem Nichts tauchten zwei Häftlinge mit einer Trage auf, gerade als ob sie schon in Bereitschaft gestanden und im voraus gewußt hätten, wo und wann das Verbrechen geschehen würde. Sie legten den armen Menschen, der immer noch pfeifend atmete, behende auf die Trage und brachten ihn weg. Der Rotschopf schnallte befriedigt seinen Gürtel enger und setzte seinen blutigen Gang durch das Lager festen Schrittes fort, auf der Suche nach neuen Opfern.

Lange Zeit stand ich völlig erstarrt gegen die Ziegel gelehnt. Ich konnte nicht glauben, was ich mit eigenen Augen gesehen hatte. Zum tausendsten Mal fragte ich mich, warum sie so etwas taten und sich die grausamsten Methoden ausdachten, um uns zu vernichten. Ob wir je eine Antwort auf diese Frage finden?

Ustascha-Rekruten

An einem Frühlingsmorgen des Jahres 1942 standen wir aufgereiht vor unseren jüdischen Baracken im Lager

Jasenovac und warteten auf die Ankunft der Ustaschen, die jeden Tag Häftlinge für verschiedene Arbeiten inner- und außerhalb des Lagers aussuchten.

Ich hörte zufällig, wie ein Häftling, der Leiter der Baugruppe, seine Arbeiter aufforderte, sie sollten sich um ihn sammeln. Sie sollten sich zu den Unterkünften der Ustascha begeben und dort Reparaturen ausführen. Bislang hatte ich noch nichts von einem Bautrupp gehört, daher meldete ich mich jetzt freiwillig und sagte dem Leiter, daß ich Student an der Hochschule für Architektur gewesen sei und gerne in seiner Gruppe mitarbeiten würde. Er hieß mich freudig willkommen und bedeutete mir, mich einzureihen. Seit ich die Verhältnisse im Lager vollends begriffen hatte, war mir klar, daß Flucht die einzige Rettung bedeutete und daß eine Gelegenheit dazu sich nur außerhalb des Lagers und seiner Stacheldrahtbegrenzung bot. Ich hatte das Gefühl, daß sich mir eine solche Gelegenheit eröffnen könnte.

Zu zehnt marschierten wir unter der Aufsicht von Ustaschen in Zweierreihen zum Lagertor. Schließlich kamen wir bei den Unterkünften der Ustaschen an, die nicht weit außerhalb des Stacheldrahtzauns lagen. Wir trafen bei den vordersten Baracken ein, und ein Unteroffizier der Ustascha befahl unserem Leiter, einen Raum in mehrere kleinere Sektionen für die Offiziere zu unterteilen. Wir fingen sofort mit der Arbeit an, und mir fiel die Aufgabe zu, Bretter für die Trennwände zurechtzuschneiden. Ich ging hinaus und begann, auf den Eingangstreppen die Bretter mit einer Handsäge zurechtzumachen. Unter dem Druck der Säge rutschte das Brett aber nach rechts und links ab, und ich hatte nicht genug Kraft, es festzuhalten. Das verzögerte meine Arbeit. Irgendwann bemerkte ich, daß jemand das kürzere Ende des Brettes festhielt und meine Sägearbeit dadurch erleichterte. Ich fragte mich, wer das wohl sein könnte, blickte auf und sah einen gut aussehenden, etwa achtzehnjährigen jungen Mann, also genau in meinem Alter. Er trug Bauerntracht und hatte einen weißen Leinenbeutel übergeworfen. Ich lächelte und dankte ihm. Er sagte:

»So ist es einfacher für dich, das macht es dir ein bißchen leichter.«

Er fragte mich, wo ich herkäme, und ich antwortete kurz:

»Aus Bosnien.«

Er lächelte und sagte:

»Dann sind wir Landsleute; ich bin auch Bosnier, komme aus Bihać und heiße Mohammed.«

Ich bemerkte, daß er mit mir reden wollte, und so sagte ich ihm, ich sei aus Sarajevo. Seine Neugier war aber noch nicht befriedigt:

»Was machst du hier?«

Ich antwortete, ich sei Häftling im Lager Jasenovac, und er fragte ganz erstaunt:

»Aber was hast du denn angestellt?«

»Nichts.«

»Wenn du doch nichts verbrochen hast, warum hat man dich dann eingesperrt?«

»Weil ich Jude bin.«

Ich sah an seinem Gesichtsausdruck, daß er nicht verstand.

»Was ist ein Jude?«

Ich versuchte es mit dem Namen, den man uns in Kroatien gibt, und sagte ihm, ich sei ein »Chifut« – so lautete die türkische Bezeichnung für Juden. Erst da verstand er und fragte ungläubig:

»Aber deswegen bist du doch nicht hier, oder?«

Es war offenkundig, daß sich seine Weltkenntnis und sein Informationsstand über die aktuellen Ereignisse in engen Grenzen hielten und es sehr schwer werden würde, ihm alles zu erklären. Deshalb fragte ich ihn statt einer Antwort, was er hier tue und weswegen er hierher gekommen sei. Ich sah, daß er nicht alleine war, sondern ungefähr hundert junge Männer seines Alters mit ihm eingetroffen waren. Es stellte sich heraus, daß er sich als »Freiwilliger« bei der Ustascha gemeldet hatte, also ein »Neuer« war. Ein Werber war mit einer Trommel und in Begleitung mehrerer Ustaschen in sein Bergdorf gekommen und hatte unter Trommelwirbeln die Proklamation des »Unabhängigen Staates Kroatien« (ICS) über die Eintrittsbedingungen in die Ustascha verlesen. Unter viel Tamtam wurde verkündet, wer sich freiwillig zum Eintritt in die Reihen der Ustascha melde, müsse nur ein Jahr dienen, beziehe ein Gehalt, und seine Familie bekomme eine Entschädigung. Wer sich aber nicht freiwillig zur Ustascha melde, müsse zwei Jahre bei den ›Domobrani‹, den Quislings-Streitkräften, dienen, ohne Gehalt und ohne Entschädigung für die Familie.

»Also ist es doch besser, wenn ich mich freiwillig zur Ustascha melde und Sold für mich und Entschädigung für meine Familie kassiere, als zwei Jahre bei den ›Domobrani‹ zu dienen, ohne Sold oder Entschädigung. Deshalb haben sich viele von uns freiwillig zur Ustascha gemeldet, und man hat uns sofort hierher gebracht«, beschloß Mohammed seinen Bericht.

Ich sägte weiter, während er das Brett festhielt. Bald darauf war die Stimme des Ustascha-Feldwebels zu hören, der die jungen »Freiwilligen« zum Mittagessen rief. Mohammed kam mit einer großen Portion dampfender Bohnen zurück; in der anderen Hand hielt er einen ordentlichen Kanten Brot. Er setzte sich auf die Stufen, fing an zu essen und blies von Zeit zu Zeit auf seinen Löffel. Ich schaute mit unverhohlenem Verlangen auf die Bohnen und das Brot; meine Gedärme verkrampften sich vor Hunger. Mohammed aß die Hälfte seiner Portion auf, wandte sich dann an mich und fragte, ob ich den Rest essen wolle. Ich nahm das Angebot an, und er reichte mir das Eßgeschirr und das restliche Brot. Ich nahm hastig meinen Löffel aus der Tasche und machte mich gierig über das Essen her. Als er sah, welchen Heißhunger ich hatte, nahm er seinen Beutel vom Rücken, klaubte Maisbrot heraus, das er wohl noch von zu Hause mitgebracht hatte, und gab mir ein Stück davon. Ich steckte es in die Tasche, um es meinem Vater mitzubringen. Als die Nacht anbrach, brachte man uns ins Lager zurück.

In der Baracke erzählte ich meinem Vater leise, was ich erlebt hatte. Ich gab ihm das Maisbrot, aber er wies es zurück und sagte, ich solle es behalten, denn ich würde es sicher noch brauchen.

Am nächsten Tag begab sich unser Bautrupp unter Aufsicht der Ustaschen wieder an die tags zuvor begonnene Arbeit. Als ich ankam, sah ich mich um in der Hoffnung, unter den zahlreichen neuen Rekruten Mohammed zu entdecken. Aber jetzt bot sich ein völlig anderes Bild dar. Das waren keine Dorfjungs mehr, das waren junge Männer in der khakifarbenen Ustascha-Uniform, festgegürtet, auf dem Kopf die Ustascha-Mützen mit dem großen aufgenähten »U«. Sie standen da wie Zinnsoldaten, nestelten unbeholfen am Gürtel herum und strichen ihre Hemden glatt. Von irgendwoher erschallte die Stimme des Feldwebels mit dem Befehl:

»Stillgestanden! Marschmarsch!«

Sie rannten zu ihm hin und formierten sich unbeholfen. Der Feldwebel schrie mit sich überschlagender Stimme:

»Landsleute, bereit für das Vaterland!«

Dann hielt er mit lauter, fester Stimme und dem unüberhörbaren Zungenschlag von Herzegowina eine Ansprache. Er sagte ihnen, sie hätten die Ehre, Mitglieder der Ustascha-Truppen von Jasenovac zu sein und ihrem Führer, Ante Pavelić, und ihrem Vaterland, dem Unabhängigen Staat Kroatien, zu dienen.

»Unser Kroatien ist ein Land der Kroaten, und wir werden alle Feinde dieses Landes ausrotten! Und diese Feinde sind die Serben, die Juden und die Zigeuner. Unser Führer, der Vater des kroatischen Volkes, und unsere Mutter, Kroatien, haben beschlossen, daß ihr diese Aufgabe erfüllen sollt. Ihr seid Kroaten, ganz gleich, ob ihr katholisch oder moslemisch seid, sagt doch unser Führer, die Moslems sind die Blüte des kroatischen Volkes. Die Erfolge, die Deutschland an der Ostfront errungen hat, wo jeden Augenblick der Zusammenbruch Rußlands bevorsteht, sind die Garantie dafür, daß wir unsere Mutter Kroatien von Serben, Juden und Zigeunern säubern werden. Ich wünsche euch viel Erfolg bei eurer Aufgabe!«

Daraufhin setzten sie unter dem Kommando desselben Unteroffiziers ihre Ausbildung fort – antreten, marschieren, antreten, marschieren…

Ich sah zwar Mohammed, aber er kam nicht mehr zu mir her, sondern tat im Gegenteil so, als ob er mich nicht bemerkte. Die Mittagszeit kam, und die Wehrpflichtigen stellten sich vor dem Suppenkessel an. Mohammed saß weit von mir entfernt auf einem Baumstumpf und schlürfte seine Suppe. Da er seine Portion nicht aufessen konnte, setzte er sich in meine Richtung in Bewegung, und ich hoffte, er würde mir wieder den Rest seiner Mahlzeit geben. Statt dessen ging er jedoch an ein Faß, in das sie die Essensreste schütteten, um damit die Schweine zu füttern. Er schaute zu mir herüber und leerte seinen Teller hinein.

Am dritten Tag neigte sich unsere Arbeit, die Aufteilung der Unterkunft, ihrem Ende zu. Beim Sägen der Bretter beobachtete ich die Rekruten, die bereits Waffen trugen. Sie vollzogen die üblichen Hantierungen an den Gewehren. Es war ganz offensichtlich, daß sie sich sehr wichtig vorkamen und großen Gefallen daran fanden.

Am Abend hatten wir unsere Arbeit abgeschlossen, und wir kehrten ins Lager zurück.

Appell

In den folgenden Tagen wurde es plötzlich wärmer, und starke Regenfälle setzten ein. Das ging ein paar Tage so, und der Regen hörte immer noch nicht auf.

Es war Nacht, und ich lag in tiefem Schlaf. Plötzlich schien es mir, als ob Kanonenfeuer eingesetzt hätte. Ich wachte auf und begriff, daß jemand gegen die Barackenwand hämmerte und schrie: »Antreten! Antreten!«

Wir hörten die Stimme des Kapos. Er rief laut, wir müßten sofort herauskommen und uns aufstellen; wer nicht gehorche, müsse sterben. Wir sprangen von unseren Pritschen im dritten Stock herunter, zogen die Schuhe an und rannten hinaus. Es regnete ohne Unterlaß, und draußen war es vollständig dunkel. Wir standen regungslos in Reih und Glied, hörten nur die Rufe der Ustaschen, das Klappern ihrer Waffen und das Klatschen der Stiefel im tiefen Matsch. Ein paar Ustascha-Offiziere gingen zu unserem Barackenältesten Bararon, der in Habachtstellung vor dem Eingang stand, seine Mütze in der Hand. Der Stellvertreter des Lagerkommandanten, Ustascha-Hauptmann Pater Filipović mit dem Spitznamen Majstorović, fragte Bararon streng, ob jemand in der Baracke zurückgeblieben sei. Bararon antwortete, es seien noch ein paar Kranke drinnen. Pater Majstorović lächelte und sagte höhnisch: »Die werden wir jetzt heilen.«

Ich stand in der Reihe direkt gegenüber dem Eingang und sah im Licht der Glühbirne den Gang, der quer durch die Baracke führte. Die Ustaschen hatten schwere eiserne Keulen dabei, die am einen Ende wie gewöhnliche Spazierstöcke gebogen waren. Zuerst schlugen sie auf die Kranken ein, die hilflos auf den untersten Pritschen lagen. Man hörte sie gräßlich schreien. Ein Schlag hätte genügt, um sie umzubringen, aber ganze Schauer von Schlägen gingen auf sie nieder, auf Kopf, Rücken, Arme und Beine und brachen die Knochen der hilflosen Männer. Dann stiegen die Ustaschen in die zweite und dritte Etage der Stockbetten hinauf und wiederholten ihre bestialischen Greuel. Als sie endlich fertig waren, erschienen sie schwer atmend an der Tür und befahlen dem Barackenältesten, die Totengräber zu rufen. Bararon rief mit lauter, starker Stimme:

»Totengräber! Totengräber!«

Die Totengräber tauchten sofort am Eingang der Baracke auf und lehnten ihre Tragen gegen die Wand. Ich sah, wie sie die halb tot geprügelten, im Sterben liegenden Männer an den Beinen packten, von ihren Pritschen herunterzogen und sie in die Mitte des Gangs warfen. Dann griff sich jeder Totengräber die

Beine eines Mannes und schleifte ihn wie ein Stück Holz zum Eingang der Baracke, von dem fünf hölzerne Stufen hinabführten. Beim Herauszerren aus der Baracke schlugen die Köpfe der halb totgeprügelten Opfer mit einem dumpfen Geräusch gegen die Treppenstufen. Man hörte den pfeifenden Atem und das Stöhnen der Sterbenden. Neben mir, zu meiner Linken, stand Nisim Montiljo. Während die Totengräber ihrer elenden Arbeit nachkamen, erkannte ich unter denen, die herausgeschleift wurden, seine Brüder Sada und Šua, die die letzten Tage völlig entkräftet in der Baracke gelegen hatten. Auch Nisim hatte sie erkannt und schluchzte leise. Als dieses grauenhafte Schauspiel vorbei war, kam Pater Filipović von links zu uns her, eine Taschenlampe in der Hand. Er ging die Reihen entlang, von einem zum anderen und leuchtete jedem ins Gesicht. Diejenigen, die schwach und ausgemergelt waren, schrie er an:

»Du da, raustreten und in die Reihe dort drüben!«

Das Warten auf das Licht der Taschenlampe im Gesicht und dieses verhängnisvolle »Du!«, das den Tod bedeutete, zog sich ewig hin. Schließlich kam er zu Nisim, der sich vor Hunger kaum mehr auf den Beinen halten konnte und an Durchfall litt. Er leuchtete ihm ins Gesicht und sagte schneidend:

»Du!«

Ergeben in sein grausames Schicksal und um seine Brüder weinend, ging Nisim zur zweiten Reihe hinüber. Das waren die letzten Schritte des Letzten der Familie Montiljo. Plötzlich war der Lichtkegel auf mein Gesicht gerichtet und blendete meine Augen. Versteinert und starr vor Angst wartete ich auf mein Urteil. Aber das Licht wanderte von meinem Kopf weiter zum Häftling rechts neben mir. Wieder hörten wir das verhängnisvolle »Du!« und unmittelbar darauf das Geräusch eines dumpfen Falls in den Schlamm. Schnell kam einer der Ustaschen heran, packte die Beine des Mannes und zog ihn zur Reihe der Todgeweihten hin. Der Hauptmann ging weiter von einem zum nächsten, immer wieder das fürchterliche Wort ausstoßend:

»Du! Du! Du!«

Jedes »Du!« bedeutete den Tod in seiner gräßlichsten Form, den Tod unter dem Messer der Ustaschen oder durch den Schlag einer riesigen Holzkeule, die den Schädel zerschmetterte.

Ich brauchte einige Zeit, bis ich gewahr wurde, daß ich noch am Leben war, und nach dieser schrecklichen Szene kam der Nervenzusammenbruch. Mein ganzer Körper vibrierte. Da ich fürchtete, umzufallen, beugte ich mich ein bißchen vor und hielt meine Knie mit beiden Händen fest; sie zitterten. Auf diese Art gelang es mir einigermaßen, die Balance zu halten, stehen zu bleiben und allmählich ruhiger zu werden.

Die zum Tode verurteilten Männer aus unserer Reihe wurden von den Ustaschen in Richtung Lagertor getrieben. Es regnete immer noch. Mir stand klar vor Augen, was diese Unglücklichen erwartete. Am nächsten Tag, als ich bei meiner Rückkehr vom Damm am Tor vorbeikam, sah ich einen großen Haufen Kleider und Schuhe und erkannte Nisims schlammbespritzten Wintermantel.

Der Damm

Nachdem die Selektion der zum Tode Bestimmten abgeschlossen war, sagte Pater Majstorović mit harter Stimme, daß der Regen zu schweren Überschwemmungen geführt habe, der Hauptdamm am Nachgeben sei und das Wasser ins Lager dringe. Er gab den Befehl, zum Damm zu marschieren, ihn zu verstärken und das Durchsickern des Wassers zu verhindern. Wir machten uns auf den Weg und bekamen unterwegs die erforderlichen Werkzeuge in die Hand gedrückt – Spaten, Schaufeln und Erdschieber. Mir gab man ein Werkzeug, das aus einem runden Baumstamm geschnitten war und an dessen beiden Seiten Bretter genagelt waren. Der Morgen dämmerte allmählich, als wir den Damm erreichten und uns an jener Stelle befanden, an der das Wasser durchgedrungen war. Wir erhielten den Befehl, die Erde rasch zu einem Wall aufzuwerfen und mit unseren Werkzeugen festzuklopfen. Die Ustaschen leuchteten das Gelände mit starken Taschenlampen aus. Ich merkte bald, daß unsere Bemühungen ohne jede Wirkung blieben, weil das Wasser die angehäufte Erde einfach wegschwemmte. Es wurde langsam heller, es regnete immer noch, und wir waren bis auf die Haut durchnäßt und durchgefroren. Ich war völlig erschöpft und hungrig von der schweren Arbeit, verharrte einen Augenblick und lehnte mich auf den Griff meines Werkzeugs. In diesem Augenblick spürte ich einen dumpfen, harten Schlag auf meinem Rücken. Zum Glück hatte ich mich auf das Arbeitsgerät gestützt, sonst wäre ich sicher gestürzt. Ich wandte mich abrupt um, um zu sehen, wer mich geschlagen hatte. Ich schaute in das wutverzerrte Gesicht eines Ustaschen, der eine dicke Latte in der Hand hielt. Zu meiner Überraschung erkannte ich den Freiwilligen Mohammed, den jungen Mann, der mir erst vor ein paar Tagen die Reste seiner Bohnenration gegeben hatte.

Der Ustascha-Leutnant stand vor dem Damm; nach dem Schlag auf meinen Rücken schaute Mohammed zu ihm hinüber und wartete auf seine Reaktion. Der Offizier lächelte und ließ ihn mit einem Nicken wissen, daß er eine lobenswerte Tat vollbracht hatte. Ermutigt und angetrieben durch das Einverständnis seines Vorgesetzten, schlug Mohammed weiter auf die Gruppe der Häftlinge ein. Einem von ihnen versetzte er einen harten Schlag auf den Kopf, so daß der Getroffene zu Boden fiel; sein Körper bildete ein Hindernis für den Sturzbach, der durch einen Riß im Damm hindurchströmte. Dadurch war der Wasserflut für einen Augenblick Einhalt geboten. Als der Ustascha-Offizier das sah, kletterte er schnell den Damm hoch und erteilte Mohammed kurz und harsch den Befehl: »Mehr, mehr!«

Mohammed drosch wie verrückt auf die taumelnden Männer ein, und der Offizier befahl uns, die Niedergestreckten neben den ersten Betäubten zu tragen, der das Wasser gestoppt hatte; wie Baumstämme wurden die zu Tode Geprügelten übereinander gelegt. Nachdem zehn Leichen quer zur Fließrichtung des Wassers aufgeschichtet worden waren, hörte das Wasser auf zu fließen, und der Ustasche brüllte, wir sollten die Toten mit Erde bedecken und so einen Abwehrwall gegen das Hochwasser bilden. Wir arbeiteten den ganzen Tag daran, den Damm zu verstärken, wir gruben, brachten Erde herbei und füllten den Wall auf. Wir schufteten die ganze Zeit mit unseren Erdschiebern. Wer auch nur eine Sekunde pausierte, erhielt einen fürchterlichen Schlag über den Kopf, der ihn zu Boden streckte. Sofort wurde Erde über ihn geworfen und aufgefüllt. Auf diese Weise verstärkten wir den Damm mit menschlichen Körpern.

Bis zum Sonnenuntergang waren in meiner nächsten Umgebung ungefähr ein Dutzend Häftlinge getötet worden. Kurz vor Einbruch der Dunkelheit, als wir schon aufs äußerste erschöpft waren, befahlen die Ustaschen, die Arbeit einzustellen. Die Gefahr war vorüber, und wir machten uns auf zum Lager. Die Marschkolonne war nahezu halbiert. Der Suppenkessel mit dem dampfenden Abendfraß erwartete uns. Wir stellten uns an und schöpften mit einer großen Kelle die Flüssigkeit aus dem Suppenkessel in unser Eßgeschirr: Die Suppe bestand aus dem Wasser der Save, voller Sand, ohne Salz und Fett, mit ein paar Stücken Viehrüben – die einzige Nahrung, die wir Häftlinge einmal am Tag erhielten.

Als ich in die Baracke kam, sah ich, daß sie halb leer war. Über die Hälfte der Männer, die hier gehaust hatten, war am Damm geblieben. Als ich furchtsam nach meinem Vater Ausschau hielt, hörte ich seine zitternde Stimme:

»Mein Sohn, mein Sohn Braco, ich bin am Leben…«

Wir hielten uns fest umschlungen und schluchzten vor Kummer und Glück. Wir hatten beide gedacht, wir würden einander nie wiedersehen.

Die serbischen Bauern

Es war im März 1942. Der Tag war kalt und düster, und es nieselte. Mit einer Gruppe von Häftlingen machte ich den Eingang zum Lager sauber. Das hohe, zweiteilige, mit dickem Stacheldraht durchwobene Tor öffnete sich langsam. Es wurde von zwei hohen Holztürmen flankiert, in deren oberstem Stockwerk starke Scheinwerfer installiert und Wachposten mit Maschinengewehren untergebracht waren. Ich schaute neugierig zum Eingang hin. Einige Meter vor dem Tor erblickte ich eine Kolonne von Männern, Frauen und Kindern. Die Ustaschen stießen sie und schlugen sie mit Gewehrkolben. Als sie näher kamen, sah ich, daß es Bauern aus einem serbischen Dorf in Bosnien waren. Sie waren verängstigt, verwirrt, und die Ustaschen schlugen sie unbarmherzig unter Flüchen und Drohungen.

Ich bemerkte eine Gruppe von Frauen und Kindern, unter ihnen eine hübsche junge Frau, die ein Kopftuch trug. Sie mochte nicht älter als drei- oder vierundzwanzig Jahre sein. An ihrer Brust hielt sie einen Säugling in Windeln; ein süßer, verängstigter Junge von etwa vier Jahren hielt sich an ihrem Rockzipfel fest.

Die Ustaschen rissen Kinder und Eltern grob auseinander. Man hörte das laute Weinen der Mütter und die Schreie der Kinder. Ein Ustasche näherte sich der jungen Frau mit dem Säugling in den Armen, riß den vierjährigen Jungen von ihr weg und stieß ihn auf die Seite, wo die bereits von ihren Eltern getrennten Kinder standen. Das Weinen und Schreien wurde lauter; man sah am Gesichtsausdruck der Sadisten, daß es ihnen Vergnügen bereitete. Der Ustasche, der den kleinen Jungen von seiner Mutter weggerissen hatte, trat näher an sie heran und wollte ihr auch den an der Brust nuckelnden Säugling entreißen. Man konnte den Zorn und die Angst der Mutter förmlich spüren, ebenso aber ihre Entschlossenheit, ihr Kind, das sie umso enger an die Brust preßte, nicht im Stich zu lassen. Der Ustasche packte das Kleine mit beiden Händen und versuchte, es wegzuziehen, aber die Frau hielt das Kind mit aller Kraft im linken Arm fest, packte plötzlich mit der rechten Hand den Ustaschen an der Kehle und drückte so fest zu, daß er zu würgen anfing, die Augen verdrehte und ihm die Zunge heraushing. Als ein anderer Ustasche bemerkte, was gerade geschah, trat er von hinten an die Frau heran und streckte sie mit einem heftigen Schlag seines Gewehrkolbens nieder. Sie sackte vornüber, fiel in den Matsch und blieb auf ihrem Säugling liegen. Der Ustasche, den sie beinahe erwürgt hätte, rappelte sich wieder auf. Er drehte die Frau auf den Rücken und versuchte erneut, ihr den Säugling zu entreißen. Er raste jetzt regelrecht vor Zorn, weil die Frau ihm nicht nur Widerstand geleistet, sondern ihn vor seinen Kumpanen lächerlich gemacht hatte. Er setzte also alles daran, das Kind wieder zu fassen zu bekommen; sie hielt es jedoch fest an ihre Brust gedrückt und wollte es nicht loslassen. Außer sich vor Wut stieß er der Frau seinen Dolch bis ans Heft in den Magen und entriß ihr das Kind mit einem plötzlichen Ruck. Die Frau lag hilflos und betäubt am Boden, während der Ustasche sie beschimpfte:

»Verflucht sei deine serbische Mutter, wir werden euch alle umbringen! Wie kannst du es wagen, mich erwürgen zu wollen!«

Der Säugling in seinen Händen fing an zu weinen, er riß ihm fluchend die Windel ab, packte ihn an seinen kleinen Beinchen und schleuderte ihn im Kreis herum, schneller und immer schneller. Dann schlug er ihn plötzlich direkt auf den Kopf seiner Mutter. Der Schädel des Säuglings zersprang wie eine reife Melone, sein Blut und Hirn liefen der Mutter übers Gesicht. Sie war dem Wahnsinn nahe. Sie stieß einen verzweifelten Schrei aus, dann verlor sie das Bewußtsein. Ich sah noch, wie man sie an den Beinen packte und zur Seite zog.

Die Kinder, die man von ihren Eltern getrennt hatte, wurden weiter ins Lagergelände hinein geführt; daher verlor ich sie aus den Augen. Ihre Schreie und ihr Schluchzen wurden schwächer und schwächer.

Die Mütter riefen sie beim Namen: »Milan! Marko! Marija!«

Die Erwachsenen aus dem Dorf brachte man zur Save, die, wie gesagt, direkt am Lager entlangfloß. Man transportierte sie nach Untergradina, wo sie in Massen abgeschlachtet wurden. Man hörte das krächzende Rattern der Winde, mit deren Hilfe das Floß an einem Stahlkabel über den Fluß gezogen wurde.

Die Schreie und Klagen verloren sich langsam in der Ferne und mit ihnen das unheilverkündende Geräusch des übersetzenden Floßes.

Das Lagertor wurde wieder geschlossen.

Ankunft serbischer Bauern.

Ein Massengrab für Kinder

Es war ein sonniger Morgen im März.

Unmittelbar nachdem die Kinder und ihre Eltern aus einem serbischen Dorf in Bosnien getrennt worden waren, standen wir wieder in Reih und Glied und warteten darauf, zur Arbeit geführt zu werden. Ein Ustasche kam heran und suchte die jüngeren und kräftigeren unter uns Gefangenen aus. Man gab uns Spaten und Schaufeln, und wir marschierten zum Tor. Abermals schoß mir plötzlich der Gedanke durch den Kopf, daß sich bei der Arbeit außerhalb des Lagerzauns eine Möglichkeit zur Flucht ergeben könnte. Die Hoffnung darauf hatte ich zu keinem Zeitpunkt aufgegeben; jedesmal, wenn wir das Lager verließen, lauerte ich auf eine Gelegenheit zu entkommen.

In Zweierreihen gingen wir zwanzig Gefangenen nach Osten, in Richtung des Lonjsko-Feldes. Wir marschierten etwa einen Kilometer weit. Dort ließen die Ustaschen anhalten, und einer von ihnen, ein Unteroffizier, nahm vier Pflöcke, rammte sie in den Boden und markierte so ein Viereck von recht großen Ausmaßen. Er wies uns kurz an:

»Grabt hier bis zu einer Tiefe von zwei Metern!«

Es war klar, daß wir ein riesiges Massengrab ausheben mußten.

Es war ein heiterer, sonniger Tag; die erste Frühlingssonne spendete eine angenehme Wärme. Wir begannen zu graben, und die Ustaschen trieben uns fluchend an, schneller zu arbeiten.

Die Grube war riesig. Nachdem wir in schnellem Rhythmus gegraben hatten, waren wir zwischen zwei und drei Uhr nachmittags mit der Arbeit fertig. Wir waren sehr erschöpft und setzten uns auf den Boden, um uns ein bißchen auszuruhen. Ich erblickte in der Ferne eine Gruppe Ustaschen, die sich langsam näherte, und neben ihnen bewegte sich eine seltsame

Serbische Bauern im Lager.

Masse. Als sie näher kamen, konnten wir deutlich Kinder verschiedener Altersstufen unterscheiden, Kinder zwischen zwei bis fünf oder sechs Jahren. Aus ihrer Kleidung konnten wir schließen, daß es sich hauptsächlich um serbische und jüdische Kinder handelte; allen ging es elend, sie waren völlig erschöpft und halb verhungert. Nach meiner Schätzung waren es etwa zweihundert an der Zahl. Ich meinte, auch die Kinder aus dem Transport der bosnischen Serben darunter zu erkennen.

Ich hörte, wie ein Ustasche zu den Kindern sagte:

»Kommt mit mir, ich bringe euch zu euren Müttern…«

Etwa zwanzig Kinder setzten sich daraufhin in Bewegung, im naiven Glauben, er spreche die Wahrheit. Als sie sich der Grube näherten, kamen zahlreiche Ustaschen auf sie zu, bildeten einen Ring um sie, hoben sie eins ums andere hoch und

Der Schrei eines Kindes aus Kozara, aufgenommen im Sommer 1942.

reichten sie untereinander weiter in Richtung Grube. Der letzte Ustasche in der Reihe stand direkt am Rande der Grube, er hielt einen gewöhnlichen Zimmermannshammer in der Hand. Er übernahm das Kind, das man ihm reichte, versetzte ihm mit dem Hammer einen schweren Schlag auf den Hinterkopf und warf es dann in die Grube. Nach jedem Schlag war der Schrei einer dünnen Kinderstimme zu hören und dann das dumpfe Aufschlagen des Körpers in der Grube. Danach trat immer für kurze Zeit Stille ein.

Wir beobachteten dies alles aus einer Entfernung von dreißig Metern.

Nachdem die erste Gruppe getötet worden war, ging einer der Ustaschen zu der großen Schar von Kindern zurück, die in ein paar hundert Meter Entfernung warteten, und lockte auf die gleiche Weise – mit der lügnerischen Beteuerung, er bringe sie zu ihren Eltern – die nächste Gruppe an das Massengrab heran.

Die weiter entfernt stehenden Kinder konnten nicht sehen, was an der Grube vor sich ging, weil die Ustaschen das Massengrab und die grauenhaften Geschehnisse dort mit ihren Körpern abschirmten. Ich wandte mich ab, um diese schrecklichen Szenen nicht länger mit ansehen zu müssen. Neben mir stand ein älterer Jude, der vor lauter Schmerz und Hilflosigkeit schluchzte. Er hob seine Augen zum Himmel und sagte laut:

»Gott, wenn es dich gibt, dann schicke Blitze vom Himmel und zermalme diese Verbrecher!«

Aber der Himmel über uns blieb ruhig, nichts und niemand stellte sich den Ustaschen und ihren Greueln in den Weg.

Sie vollendeten rasch ihr grauenhaftes Werk, denn darin waren sie sehr geschickt. Man befahl uns, die Grube wieder mit Erde zuzuschütten. Wir arbeiteten bis zum Einbruch der Dunkelheit in der Gewißheit, ebenfalls umgebracht zu werden, denn die Ustaschen versuchten stets, die Zeugen ihrer bestialischen Verbrechen zu beseitigen.

Als wir endlich fertig waren, marschierten wir, wieder in Zweierreihen, ins Lager zurück. Ich war Zeuge einer unaussprechlichen Roheit und Brutalität geworden, und ich war verzweifelt, wie vor den Kopf geschlagen. Meine Beine bewegten sich wie in Trance. Ich hörte, wie ein Mitgefangener neben mir sagte:

»Wir haben Glück gehabt, daß sie uns nicht auch noch umgebracht haben.«

Trotz allem war auch ich insgeheim froh, am Leben geblieben zu sein.

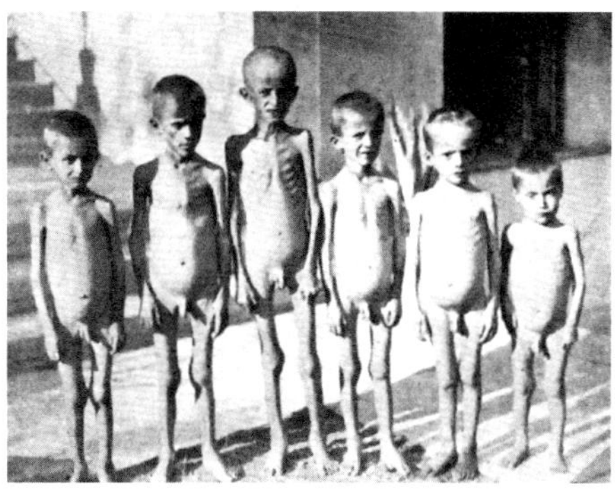

Kinder im Lager.

Die Kartoffelschalen

Der Winter des Jahres 1942 neigte sich seinem Ende zu. Es wehte ein eisiger Nordwind, der die Kälte in unserer Baracke noch klirrender machte. Da es noch nicht ganz Schlafenszeit war, standen wir um unseren Ofen herum, der zwar schnell warm wurde, aber sich genauso schnell wieder abkühlte, sobald das Feuer erloschen war. Ich stand neben Nisim; außer uns hielten noch einige Männer ihre kalten Hände über den Ofen. Ab und an kamen Mitgefangene vorbei, die eilig zum Kübel huschten. Der gräßliche Gestank aus dem Eimer, der sich schnell füllte, breitete sich um uns herum aus. Ungeachtet dessen unterhielten sich zwei Mitgefangene über das unvermeidliche Thema: Essen. Entweder zankten sie sich oder zählten ihre Lieblingsgerichte fürs Abendessen auf, die sie einzunehmen gedachten, wenn sich bloß eine Gelegenheit dazu ergäbe.

Ich erinnerte mich daran, daß ich ein paar Tage vor unserer Verhaftung in Tuzla mit meiner Schwester auf Anordnung der Parteiorganisation in Kreka in eine konspirative Wohnung gegangen war, von der aus wir zu den Partisanen gehen sollten. Es gelang uns nicht wegen des Verrats der Tschetniks[1], und so versteckten wir uns vier Tage lang und kehrten dann nach Tuzla zurück. Ich war fest entschlossen, mich den Partisanen anzuschließen und mit der Waffe in der Hand gegen die Invasoren und die Ustaschen zu kämpfen, die die treuesten und grausamsten Knechte der Deutschen waren. Diese Vorstellung

---

1 Serbische monarchistische Kampfverbände, die gegen die kommunistischen Partisanen Titos vorgingen, teilweise mit Unterstützung der deutschen faschistischen Besatzer und bis 1943 auch Großbritanniens. Die Ustascha und die mit ihnen verbündeten moslemischen Organisationen beschimpften die Serben pauschal als »Tschetniks«, *Četniki*. [P. P.]

ließ mich keine Minute mehr los. Sobald wir jedoch in Tuzla in die Viehwaggons geworfen worden waren, hatte ich jede Orientierung verloren. Aus den Strafurteilen, die man uns aushändigte, ging zwar hervor, daß wir nach Jasenovac fuhren, aber ich hatte keinerlei Vorstellung, wo dieser Ort lag.

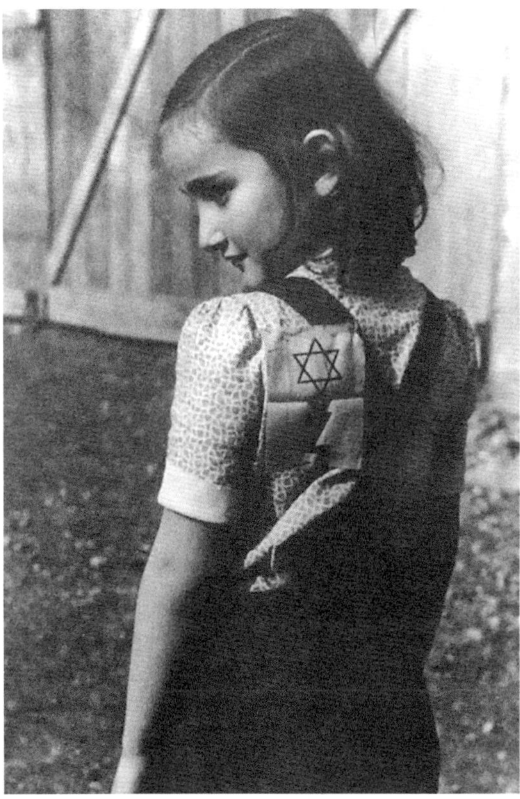

Die gebrandmarkten Kinder – das Mädchen mit dem Davidstern auf dem Rücken. Laut Befehl mußten alle Juden dieses Stigma unabhängig von ihrem Alter tragen.

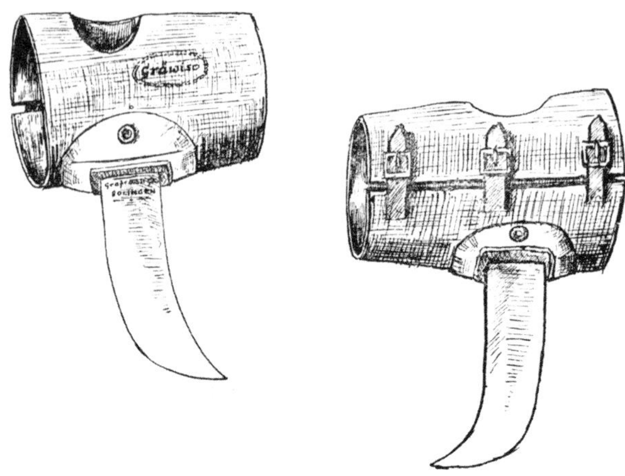

Zeichnung eines Messers, mit dem in Jasenovac Massenhinrichtungen vorgenommen wurden.

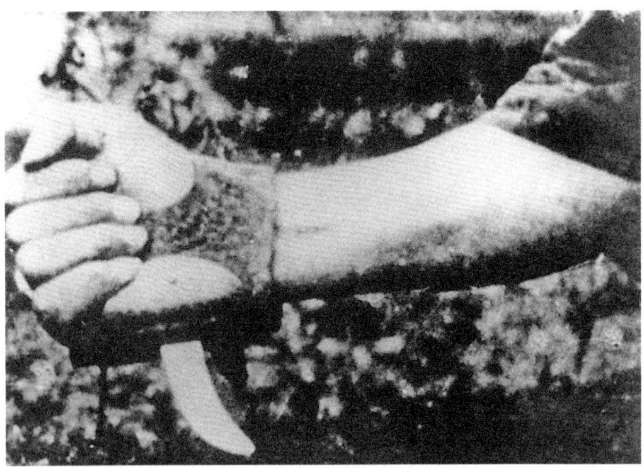

Dasselbe Spezialmesser zum Abschlachten von Menschen, hergestellt in der deutschen Messerfabrik in Solingen.

Nisim, der nun neben mir stand, war ein erfahrener Lagerhäftling. Er war im Sommer 1941 gefangengenommen worden und hatte viele Lager überlebt; er wußte daher wesentlich besser Bescheid, wo wir uns befanden. Mir selber war lediglich klar, daß wir uns am Ufer der Save befanden, und deshalb bat ich ihn leise, mir die geographische Lage des Lagers zu erklären. Er antwortete, wir befänden uns auf dem linken Ufer der Save, gegenüber der Einmündung des Flusses Una. Im Süden, auf der anderen Seite der Save, liege Bosnien und im Westen, jenseits der Una, erstrecke sich Banja. Im Norden verlaufe die Eisenbahnlinie Belgrad–Zagreb. Im Nordwesten, etwa 80 Kilometer entfernt, sei Zagreb und im Osten, ebenfalls direkt am Save-Ufer, ein großes Konzentrationslager namens Stara Gradišca. Auf meine Frage, wo sich die Partisanen befänden, erklärte er mir: Im Süden, auf der gegenüberliegenden Seite der Save, könne man den Berg Kozara sehen, und dort beginne das Partisanengebiet. Er erzählte mir, daß die Ustaschen im Jahr zuvor alle Einwohner der umliegenden serbischen Dörfer ermordet und deren Höfe geplündert hätten. Da begriff ich, woher diese Rudel ausgehungerter Hunde stammten, die um das Lager herumstreunten, unter dem Stacheldraht hindurchkrochen und sich überall auf der Suche nach Fressen frei bewegen konnten. Ich beobachtete sie oft, und da ich Hunde mag, versuchte ich, mich ihnen zu nähern, indem ich die Hand ausstreckte, als ob ich ihnen Futter anböte. Sie aber waren mißtrauisch, fast wild, und hielten immer einen recht großen Abstand zu mir. Sie hatten ihr Vertrauen zu den Menschen verloren. Aber wenn ich so sah, wie sie frei umherschweifen konnten, unter dem Stacheldraht hindurch ins Lager hinein, aber auch wieder hinaus, dann beneidete ich sie – ich selbst war ja innerhalb der Umzäunung gefangen und zum Tode verurteilt, und dies ausschließlich wegen meiner Zugehörigkeit zu einer bestimmten Religion.

Der zentrale Lagerplatz war von den Verwaltungsgebäuden, der Unterkunft für die Lagerleitung und einer Ziegelei

Beweisstück für schreckliche Verbrechen. Dieser blutige Hammer, mit dem die Ustaschen ihre Gefangenen umbrachten, indem sie ihnen die Schädel zertrümmerten, wurde im Mai 1945 in den Ruinen des Lagers gefunden. Er wurde lange Jahre im Jasenovac-Museum aufbewahrt. [Im Zuge der Zerschlagung Jugoslawiens wurden die aussagekräftigen Exponate entfernt und durch allerlei Schnickschnack ersetzt; heute ist das Museum so NATO-kompatibel wie alle Gedenkstätten an Naziopfer auf dem Gebiet der ehemaligen DDR; P. P.]

eingesäumt. Hier wurden die grausamsten Verbrechen verübt. In den umgebenden Baulichkeiten befand sich auch die Offizierskantine der Ustaschen und deren Küche, der ein angenehmer Duft nach allerlei Speisen entströmte. Als die Winterkälte nachließ, säuberten wir regelmäßig den Platz von Abfällen und Schlacken, die vom Brennofen stammten. Bei einer solchen Gelegenheit wurden einige von uns Jüngeren für diese Arbeit ausgesucht. Neben mir stand ein junger Mann in meinem Alter, Rafael, den wir Rafo nannten; er war hochgewachsen, gutaussehend, aber schon sehr ausgezehrt vom ständigen Hunger. Soeben war ein Ustasche aus der Küche gekommen und hatte einen Eimer voller Abfälle auf einer Stelle ausgeschüttet, die für den Kompost vorgesehen war. Es waren Kartoffelschalen. Rafo schaute wie gebannt auf diesen Haufen Küchenreste. Als der Ustasche zur Küche zurückging und die Tür schloß, spähte Rafo nach rechts und links, um sich zu vergewissern, daß kein Ustasche in der Nähe war. Als er dachte, die Luft sei rein, ließ er den Spaten, mit dem er die Schlacken zusammengeschippt hatte, fallen und rannte mit dem bißchen Kraft, die ihm noch verblieben war, zu dem Haufen hin. Er kniete nieder, packte mit beiden Händen die dreckigen Kartoffelschalen, stopfte sie sich in den Mund und kaute genüßlich. Dann begann er, mit beiden Händen seine Taschen zu füllen und die Überbleibsel schließlich auch noch unter sein Hemd zu stopfen. In diesem Augenblick öffnete sich die Tür zur Kantine, und ein Ustascha-Offizier trat heraus, der sich den Mund abwischte. Ganz offensichtlich hatte er gerade gut und üppig zu Mittag gegessen. Nach ein paar Stufen blickte er nach rechts und sah Rafo, wie er da auf dem Boden kniete und die Schalen einsammelte. Der Offizier näherte sich ihm langsam, auf Zehenspitzen, von hinten. Ich war vor Schreck wie gelähmt, weil ich wußte, was kommen würde. Rafo, der ihn nicht sehen konnte, stopfte weiterhin emsig die Kartoffelschalen unter sein Hemd. Der Ustasche kam näher, packte ihn mit der Linken an der Stirn, zog mit der rechten Hand seinen Dolch aus der Halterung und schnitt Rafo mit einer schnellen und geschickten Bewegung die Kehle durch. Das Blut floß in Strömen aus der klaffenden Wunde, und Rafo fiel vornüber in den Abfall. Einige von den Hunden, die immer über das Gelände streunten, kamen herbeigelaufen und leckten gierig das warme Menschenblut auf. Ich betrachtete stumm und betäubt dieses gräßliche Schauspiel. Für die herrenlosen Hunde auf dem Lagergelände war dank der Ustaschen Menschenblut in Hülle und Fülle vorhanden.

Mit einem raschen Schwenk wischte der Ustasche seinen Dolch am Mantel des armen Rafo ab, der immer noch zuckte. Danach steckte er den Dolch wieder in die Scheide und ging langsam weg, als ob nichts geschehen wäre. Er rief nur: »Totengräber! Totengräber!«

Hunger

Das Essen, das wir am ersten Tag zu Mittag bekommen hatten – ein widerwärtiger Schweinefraß mit Futterrübenstückchen ohne Salz oder Fett –, wurde uns nun täglich vorgesetzt. Essensausgabe war nur einmal am Tag. Brot, Maisbrot oder sonst irgendwelche Nahrungsmittel – meistens Fehlanzeige. Da diese Verpflegung keinerlei Nährwert hatte, mußten sämtliche Körperreserven angezapft (und schließlich erschöpft) werden, nur um zu überleben. Hinzu kam die pausenlose schwere Zwangsarbeit, zu der man uns täglich führte. Daher entsprach das Ergebnis genau den Absichten der Ustaschen: Tod durch Arbeit.

Vor dem Krieg – auch schon, als ich die Oberschule besuchte – war ich ein ausgesprochener Opernliebhaber gewesen und ging sehr oft ins Opernhaus. Alfred Pardeš, ein gebürtiger Jude, war seinerzeit Dirigent der Belgrader Oper und stand im Ruf eines ausgezeichneten und begabten Orchesterleiters. Eines Tages zeigte mir einer der Mithäftlinge in Jasenovac einen ausgemergelten, erschöpften, unterernährten Mann und sagte mir, das sei Pardeš, der besagte Dirigent. Nur mit großer Schwierigkeit vermochte ich in ihm den Mann wiederzuerkennen, der einst vor Freude über und über gestrahlt hatte, wenn er sich unter dem Applaus des Publikums verbeugte.

Zufällig stieß ich eines Tages in einer Gruppe von Häftlingen, die man angewiesen hatte, lange Holzplatten zu transportieren, auf Pardeš. Da die Platten ziemlich lang waren, mußten zwei Häftlinge sie auf den Schultern tragen. Als Pardeš das eine Ende einer Platte hochhob, ergriff ich das andere. Wir schleppten die Platte zusammen und mußten dabei über einige Eisenbahnschienen steigen. Pardeš ging voran und ich hinter ihm. Als er die Eisenbahnschienen überqueren wollte, blieb er mit dem Fuß hängen, strauchelte und fiel zu Boden. Ich bemerkte dies rechtzeitig und hielt die Platte an meinem Ende mit festem Griff und beiden Händen. Das vordere Ende der Platte rutschte von seiner Schulter auf den Boden, verletzte ihn aber nicht. Ich ließ die Platte fallen, ging zu ihm hin und wollte ihm beim Aufstehen behilflich sein. Er lag ganz ruhig, mit dem Gesicht zur Erde, die Arme ausgebreitet. Ich packte ihn unter den Achseln und zog ihn langsam hoch. Das Gewicht seines schlaffen Körpers machte mir zu schaffen, obwohl er nicht mehr viel wog. Ich drehte ihn auf den Rücken und klopfte ihn auf die Wange, damit er wieder zu sich zu komme, aber vergeblich. Ich befühlte seine Halsschlagader und begriff, daß kein Leben mehr in ihm war: Gestorben an einer grauenvollen Erschöpfung, als Folge von Hunger und Schwerstarbeit. Als der Ustasche, der hinter uns ging, sah, was passiert war, befahl er einem anderen Häftling, das Ende der Platte aufzunehmen, die Pardeš noch vor ein paar Minuten getragen hatte.

Der Ustasche ging zu Pardeš hin, stieß ihn mit dem Fuß gleichgültig zur Seite und rief: »Totengräber, Totengräber!«

Nur sehr wenige Menschen konnten solch ein Leben lange ertragen, ohne so schwach zu werden, daß sie nicht einmal mehr gehen konnten. Das Ziel der Ustascha war, Menschen in einen derartigen körperlichen Zustand zu versetzen, daß ihnen jeglicher Lebens- und Widerstandswille abhanden kam. Ich hatte das zum ersten Mal begriffen, als ich sah, wie die armen Jungens, die vor Hunger den Verstand verloren hatten, sich auf die Stücke Brot stürzten, die wir als Neuankömmlinge mit anderen Gegenständen aus unseren Beuteln auf die ausgebreiteten Decken ausgeschüttet hatten. Sie wußten genau, was geschehen würde, sie wußten, daß sie möglicherweise im Kugelhagel der Ustaschen umkommen würden, aber dies wäre ein leichterer Tod als das langsame Verhungern gewesen. Ich sah oft, wie Lagerinsassen, die einen weggeworfenen Knochen gefunden hatten, das Knochenstück mit Hilfe eines an einem Stein geschärften Löffelgriffs aushöhlten. Auf diese Art gewannen sie ein bißchen weißes Knochenmehl, das sie sich mit dem Löffelgriff in den

Mund steckten. Ich erinnere mich genau an Jakica aus Sarajevo, der etwa so alt war wie ich und eine schmutzige, gefrorene Zwiebel auf dem Boden gefunden hatte. Er verschlang sie gierig und wischte sie vorher nur kurz ab. Am selben Abend bekam er furchtbare Magenkrämpfe und rannte ein ums andere Mal zum Eimer. Am nächsten Morgen konnte er nicht mehr aufstehen und blieb auf seiner Pritsche liegen. Außerdem plagten ihn schwerste Durchfälle, schließlich blutige Diarrhöe. Solche bedauernswerten Leute hasteten nachts zum Eimer in der Baracke; tagsüber, wenn der Eimer rausgetragen worden war, mußten sie hinaus auf die Latrine gehen, eine große, tiefe Grube, über die in Abständen Bretter gelegt waren. Dieser Ort war in keiner Weise abgeschirmt, so daß jeder Vorübergehende zusehen konnte, wie ein Mann seine Notdurft verrichtete. Ich erinnere mich, daß ich eines Morgens, als auch ich die Latrine aufsuchen mußte, neben mir einen ausgezehrten Mann kauern sah. Ich hörte, wie er leise wimmerte, und sah, daß ein Strom von Blut aus seinem Körper floß, der in der kalten Luft dampfte. Danach richtete er sich unter Schwierigkeiten wieder auf und wankte zu den Baracken zurück.

Jeden Morgen erstattete unser Kapo der Ustascha-Patrouille, die in den Baracken die Runde machte, seinen Bericht, der drei Punkte enthalten mußte: Zahl der Insassen, Anzahl der Kranken und der Toten. Während jeder Nacht starben in unserer Baracke zwischen zehn und zwanzig Insassen. In den anderen Baracken, in denen man Juden, Serben, Kroaten, Moslems und schließlich Kommunisten jeweils getrennt voneinander eingesperrt hatte, sah es nicht anders aus. Jeden Morgen harrte auf die Totengräber eine Menge Arbeit: die Toten hinaustragen, sie am Eingang der Baracke einen neben den anderen in eine Reihe legen, dann die zweite und dritte Reihe von Leichen darüber, in einer Anordnung, wie man sie vom Stapeln gefällter Baumstämme kennt. Wenn die Toten alle hinausgeschafft waren, schleppten sie die Leichen auf ihren Tragen zum Lagerausgang. Die Kranken wurden auf Befehl der Ustaschen in eine Baracke gebracht, die man »Hospital« nannte.

Eines Tages – ich hatte gerade Dienst in der Baracke – mußten ein paar von uns diejenigen Kranken, die gehen konnten, zum »Hospital« bringen. Einer der Hinfälligen konnte sich nur langsam und mühsam vorwärts bewegen, daher halfen ihm zwei von uns, die dafür abgestellt waren. Ich betrat die Baracke und sah, daß die Kranken dort einer neben dem anderen auf Feldbetten lagen. Einige waren ruhig, andere stöhnten, und manche lagen im Todeskampf. Einer der Patienten, der wie ein Intellektueller aussah, lag auf seiner Pritsche. Ein Totengräber, der noch im Vollbesitz seiner Kräfte war, trat zu ihm hin, und der Kranke fragte ihn, ob er eine Zigarette hätte. Der Totengräber bejahte dies, fragte aber sofort nach einer Gegenleistung. Der arme Sieche hatte neben sich einen recht gut erhaltenen Ledermantel liegen, den er ihm anbot. Der Totengräber nahm sofort an, ergriff den Mantel, öffnete ihn, und als er sah, daß er noch so gut wie neu war, hängte er ihn sich zufrieden über den Arm. Dann zündete er für den Kranken eine Zigarette an, dieser nahm einen tiefen Zug und hielt den Rauch so lange in den Lungen, wie er irgend konnte. Auf seinem Gesicht spiegelte sich der Genuß eines leidenschaftlichen Rauchers wider, im vollen Bewußtsein dessen, daß dies seine letzte Zigarette war: der letzte Genuß seines Lebens.

Im »Hospital« wurde ich auf einen Mann aufmerksam, der von einem Kranken zum nächsten ging und mit jedem ein paar Worte wechselte. Er machte den Eindruck eines Arztes auf Visite. Als er sich näherte, fiel mir auf, daß mir sein Gesicht ausgesprochen vertraut vorkam; ich mußte ihn kennen. Er war kahl und sein Gesicht von einer Blässe, die die Züge eines einstmals gut aussehenden Mannes gerade noch durchscheinen ließen. Plötzlich erkannte ich den Hausarzt unserer Familie aus Sarajevo, den Allgemeinmediziner Perić, auch er ein Jude. Nun fiel mir wieder ein, daß er tatsächlich ein gutaussehender junger Mann gewesen war, den wir Kinder sehr mochten, weil er Geduld mit uns hatte. Jetzt erinnerte ich mich wieder, daß ich als Kind oft hingefallen war und meine Knie aufgeschürft hatte.

Weil ich mich vor Jod fürchtete, versprach er mir immer, es nicht auf die offene Wunde aufzutragen, sondern es nur um die Wunde herum zu tupfen. Und er hatte mich nie angelogen. Deshalb schenkte ich ihm auch bei anderen Gelegenheiten Glauben und hatte ihn sehr gern. Ich trat auf ihn zu und fragte ihn:

»Sind Sie das, Dr. Perić?«

Er blickte mich fragend an und antwortete:

»Ja, ich bin Dr. Perić.«

Ich sah, daß er mich nicht wiedererkannte; schließlich war seit unserem letzten Zusammentreffen eine lange Zeit – ganze acht Jahre – vergangen. Ich sagte ihm, wer ich war, woraufhin er traurig antwortete:

»Wie kommt es, daß sogar du hier bist?«

Ich sagte ihm, daß man mich zusammen mit meinem Vater hierher gebracht hatte, und er nickte nur traurig. Ich fragte ihn, was er hier tue und welche Art von Hilfe er als Arzt den Patienten leisten könne. Er meinte nur, es gebe keinerlei Medikamente, nicht einmal Aspirin. Er konnte den Kranken lediglich ein paar freundliche Worte sagen, ihnen ein bißchen Trost spenden und Hoffnung bieten. In diesem Augenblick betraten einige Ustaschen mit einem Offizier an der Spitze den Raum, mit einer Gruppe Totengräber im Gefolge. Sie befahlen allen Kranken, das »Hospital« zu verlassen. Niemand rührte sich, weil alle wußten, was sie erwartete. – »Leichenträger, holt sie raus und ladet sie auf die Karren!«

Ich ging schnell durch die gegenüberliegende Tür; auf dem Weg zu den Baracken hielt ich einen Augenblick an und drehte mich um. Vor dem »Hospital« erblickte ich eine Reihe von zehn Pferdekarren. Die Totengräber schleppten eilig die Kranken heraus und warfen sie übereinander in die Gefährte, wie Holzklötze, so viele als möglich. Wenn ein Wagen bis oben hin voll war, fuhr der Kutscher los, und der nächste leere Karren rückte auf. Die Totengräber arbeiteten zügig, weil die Ustaschen sie mit Zurufen zur Eile trieben. Als ich in unsere Baracke trat, ging ich zu unserem Kapo Bararon. Ich war durcheinander, verängstigt und brachte es kaum zuwege, ihm in wenigen Worten zu schildern, was ich gesehen hatte. Als alter, erfahrener und erprobter Lagerinsasse, den nichts mehr so leicht erschüttern konnte, schaute mich Bararon kühl an und sagte ohne größere Gemütsbewegung:

»Das ist so üblich. Die Toten werden sofort weggebracht, und die Kranken bringt man ins Hospital. Wenn es irgendwann voll ist, werden die Patienten, ob sie nun tot oder noch am Leben sind, auf den Friedhof transportiert. Die Toten wirft man sofort ins Massengrab, und die, die noch leben, bringt man um. Sie verschwenden dafür keine Munition, sie morden mit großen Holzkeulen oder schlachten sie ab. Sie haben eigens zu diesem Zweck ein spezielles Messer erfunden, das man an einer Hand befestigen kann. Auf der Unterseite des Griffs befindet sich eine scharfe, sensenförmig gebogene Klinge; mit einer einzigen Handbewegung kann man damit einem Menschen die Kehle durchschneiden.«

Ich bekam kein Wort mehr heraus angesichts dessen, was ich da hörte. Als ich mich ein wenig erholt hatte, fragte ich Bararon, woher er dies alles wisse. Er sagte mir, er habe es von den Totengräbern. Obwohl jeder wußte, daß sie alle erdenklichen Scheußlichkeiten mit ansehen mußten, gab es Häftlinge, die sich freiwillig als Totengräber meldeten, aus dem einzigen Grund, weil sie dann ein bißchen bessere Nahrung erhielten als die übrigen Häftlinge. So hatten sie eine bessere Chance, zu überleben.

In der Gruppe aus Tuzla, mit der ich ins Lager Jasenovac gekommen war, befanden sich sechs Brüder, die ich in Kreka näher kennengelernt hatte. Sie zählten zu den armen Juden, die es vor dem Krieg kaum schafften, sich ihren Lebensunterhalt zu verdienen. Neben den sechs Brüdern gab es, so erzählten sie mir, noch mehrere Schwestern, Mutter, Vater sowie die Großeltern. Es war natürlich schwer gewesen, so viele Menschen mit so wenigen Mitteln satt zu bekommen. Sie hatten weder eine Schule besucht noch eine handwerkliche Ausbildung abgeschlossen. Sie waren alle relativ klein, trugen ärmliche Kleidung und hatten derbe Gesichtszüge. Im Gefängnis übernahm David, der älteste unter den Brüdern, die Rolle des Familienoberhaupts. Als sie im Lager Jasenovac ankamen, wußte er, was sie erwartete, daher bewarben er und seine Brüder sich als Totengräber. Da wir uns bereits im Gefängnis angefreundet hatten, war er sehr offen und freundlich mir gegenüber. Wir begegneten uns häufig auf dem Lagerplatz, blieben stehen und wechselten ein paar Worte miteinander. David war über die Vorfälle im Lager gut unterrichtet, und er erzählte mir immer, wie viele Häftlinge an dem und dem Tag gestorben oder umgebracht worden waren. Diese Zahlen gingen bis in die Hunderte am Tag. Er teilte mir auch mit, wann Gefangenentransporte aus bestimmten Gegenden ankamen, und informierte mich über die Anzahl der gegenwärtigen Lagerinsassen. Viele der Transporte kamen erst gar nicht ins Lager hinein; man brachte die Verschleppten per Floß direkt nach Gradina und liquidierte sie dort. Er erzählte mir, Gradina sei ein serbisches Dorf gewesen, dessen Einwohner schon im Sommer 1941 ermordet worden waren; jetzt fanden dort die Massenexekutionen statt. Er betonte stets, dies sei eigentlich gut für uns Häftlinge, denn jeder neue Schub von Gefangenen, der ins Lager kam, hätte eine erneute Selektion und Ermordung der derzeitigen Lagerinsassen zur Folge, da das Lager nur auf dreitausend Mann ausgelegt war.

Der Geruch von Menschenfleisch

Folgende Ereignisse trugen sich Anfang April 1942 in Jasenovac zu:

Eines Nachts lag ich neben meinem Vater in der Baracke und nahm den Geruch von gebratenem Fleisch wahr, wie von einem Grill. Das erinnerte mich an die schönen Tage in Belgrad vor dem Krieg: An Sonntagabenden ging unser Vater oft mit uns an den bekannten Grillstand eines gewissen Janićije, und wir aßen kleine, gegrillte Fleischbällchen. Wir verzehrten diese Köstlichkeiten mit Zwiebeln. Danach kam meist ein Verkäufer von kandierten Nüssen vorbei, und wir gönnten uns diese Süßigkeiten.

Ich war perplex. Ein Grill hier? Wie das? Ich fragte meinen Vater, was dies wohl sei, und er antwortete, er wisse es nicht. In der Zwischenzeit hörte ich verzweifelte Schreie, die sich in Abständen von zwei bis drei Minuten wiederholten. Als mich die Erschöpfung überwältigte, schlief ich schließlich ein. Am Morgen ging ich, nachdem ich von der dritten Etage unserer Bretterverschläge heruntergestiegen war, zu unserem Barakkenältesten Bararon, der mit meinem Vater bekannt war, und fragte ihn nach dem Grillgeruch und den verzweifelten Schreien in der Nacht. Er antwortete kurz und bündig:

»Sie haben Menschen lebend in die brennenden Öfen der Ziegelfabrik geworfen. Das war der Geruch von verbranntem menschlichem Fleisch.«

Als ich ihn ungläubig anschaute, fügte er hinzu:

»Weshalb bist du so überrascht? Das passiert hier sehr häufig.«

Dank meinem Vater bekam ich eine feste Stelle in der Schneiderei; dort fand ich Schutz vor der Kälte und dem ständigen Morden und Abschlachten auf dem großen Lagerplatz. Es arbeitete nur ein Schneider in der Werkstatt, er hieß Papo. Er nahm mich herzlich an und lehrte mich die Grundfertigkeiten des Schneiderhandwerks.

Eines Morgens, als wir gerade mit unserer Arbeit begonnen hatten, wurde die Tür zur Werkstatt mit einem Ruck aufgerissen, und ein Mann tauchte auf; er sah grauenhaft aus. Er war mager, blaß und unrasiert, trug schmutzige Kleider und war über und über mit Federn bedeckt. Er fragte uns leise, ob wir ihn in der Werkstatt verstecken würden, und Papo nickte nur.

Ich fragte ihn, warum er sich verbergen müsse, und er antwortete:

»Mir bleibt keine andere Wahl. Heute nacht bin ich nur ganz knapp mit dem Leben davongekommen, aber wenn sie mich sehen, bringen sie mich wieder in die Ziegelfabrik zurück.«

Wir sahen, daß er Hunger litt, daher nahm ich eine Kartoffel aus der Tasche und gab sie ihm. Er griff gierig zu und verschlang sie mit einem Bissen. Er schaute währenddessen dauernd ängstlich zur Tür, als befürchtete er, jemand könnte hereinkommen. Ich fragte ihn nach seinem Namen und wo er herkomme. Er sagte mir, er stamme aus Sarajevo und heiße Mordo-Mordehaj. Schneider Papo arbeitete schweigend weiter, offensichtlich hatte er große Angst. Ich aber wollte wissen, was diesem armen Mann geschehen war.

»Gestern haben sie mich auf dem Lagerplatz aufgegriffen und in die Ziegelei geschleppt. Es waren eine Menge völlig erschöpfter Leute dort, wie ich. Als es Nacht wurde, brachte man uns in einen Raum oberhalb des Ofens. Dann stießen sie einen Menschen mit langen Stangen in die Öffnung, aus der Flammen schlugen. So ging es ununterbrochen weiter, einen Mann nach dem anderen stießen sie in den Ofen. Glücklicherweise war ich einer der letzten, und da es dort dunkel war und das lodernde Feuer nur die Raummitte erhellte, kauerte ich mich auf den Boden und kroch langsam aus diesem schrecklichen Raum. Am Morgen verließ ich mit anderen Häftlingen die Brennerei und kam direkt zu euch.«

Es lag auf der Hand, daß Mordo in großer Gefahr schwebte; deshalb schlug ich Papo vor, ihn in einer Ecke der Werkstatt zu verstecken, die durch einen Vorhang abgetrennt war und uns als Umkleidekabine für Anproben diente. Papo war soeben dabei, eine Uniform für einen Feldwebel fertigzumachen, der jeden Augenblick kommen konnte, um seine Uniform abzuholen. Papo sagte, Mordehaj solle sich hinter dem Vorhang verstecken.

Kurz darauf erschien der Feldwebel in der Tür, und wir standen stramm. Der Ustasche fragte, ob seine Uniform fertig sei, und Papo nahm sie rasch vom Kleiderständer und gab sie ihm. Der Ustasche probierte das Oberteil an, war zufrieden, nahm die Uniform und ging hinaus. Erst zu diesem Zeitpunkt dämmerte mir, in welcher Gefahr wir uns befunden hatten. Wenn der Ustasche zufällig auch die Hose hätte anprobieren wollen, dann wäre er hinter den Vorhang gegangen, hätte Mordo entdeckt und natürlich begriffen, daß wir ihn versteckt hielten. Auf eine solche Tat standen die grausamsten Strafen. Der Ustasche hätte uns auf der Stelle massakriert. Als wir uns wieder ein wenig beruhigt hatten, hob ich den Vorhang. Mordo saß auf einem Stuhl und starrte geistesabwesend auf den Boden. Ich reichte ihm noch eine geröstete Kartoffel. Mordo zwinkerte häufig mit den Augen, und sein Mund bewegte sich ohne Unterlaß, als ob er Selbstgespräche führte. Ich setzte mich neben ihn und hörte ihn flüstern:

»Nur ein paar Tage länger leben...« – Diesen Satz sagte er immer wieder vor sich hin.

Nach den Entwürfen eines der Lagerkommandanten von Jasenovac, des Ingenieurs Hink Pićili, wurde der ehemalige Ziegelbrennofen in ein Krematorium umgebaut, in dem Menschen gruppenweise verbrannt wurden. Sie wurden lebend in die Flammen geworfen, und der Geruch verbrannten Menschenfleisches verbreitete sich in der ganzen Umgebung.

Aus ihm sprach der Selbsterhaltungstrieb, der stärkste Instinkt des Menschen. Ich wollte ihm Mut zusprechen und verwickelte ihn in ein Gespräch. Ich fragte ihn, wann er ins Lager gekommen war und ob noch Familienangehörige bei ihm seien. Er antwortete nicht sofort. Er schaute mich traurig an und begann dann langsam und stockend zu sprechen:

»Im September hat man uns mit dem Zug ins Lager gebracht. Wir wurden sofort getrennt: ich auf die eine Seite, meine Frau, unsere beiden Töchter und mein Sohn auf die andere. Man hat sie danach mit anderen Frauen und Kindern auf Flößen über die Save nach Gradina transportiert; wir Männer wurden ins Lager getrieben.«

Während er sprach, wurden seine Augen feucht, und zwei Tränen liefen seine Wangen hinab. Er starrte weiterhin zu Boden und schwieg. Auch ich verstummte und machte mir Vorwürfe, daß ich ihn überhaupt nach seiner Familie gefragt und damit seine Traurigkeit erst recht verstärkt hatte. Ich wußte, welches Ende seine Familie ereilt hatte; ich war ja ebenfalls in Gradina gewesen und hatte mit eigenen Augen gesehen, was dort geschah. Wer immer dort ankam, wurde abgeschlachtet und in ein riesiges Massengrab geworfen. Mordos Familienangehörige waren allesamt ermordet worden, und er selbst hatte allenfalls noch wenige Tage zu leben. Ich schaute ihn an: Er sah aus wie ein alter Mann, dabei war er erst zweiunddreißig Jahre alt.

Der Tag kroch quälend langsam dahin in unserer Angst, es könnte noch jemand kommen. Als wir am Abend unsere Arbeit beendet hatten, sagten wir Mordo, er müsse jetzt die Schneiderei verlassen, und versprachen ihm, ihn am nächsten Tag wieder zu verbergen. Er dankte für alles, was wir für ihn getan hatten, und sagte: »Wenn ich noch am Leben bin, werde ich kommen.«

Am nächsten Tag schauten wir immer wieder zur Tür in der Erwartung, daß Mordo wieder auftauchen würde. Wir wechselten kein Wort.

Selbst am übernächsten Tag gingen wir noch davon aus, daß er kommen würde, aber er tauchte nie wieder auf. Da wußten wir, daß sein Leben im Brennofen der Ziegelei ein grausames Ende gefunden hatte, denn in den folgenden Nächten gellten verzweifelte Schreie über den Platz, und zugleich breitete sich der Geruch von verbranntem Menschenfleisch aus.

Noch lange nach dem Krieg konnte ich die Vorstellung, gebratenes Fleisch zu essen, nicht ertragen, denn sie erinnerte mich immer an die grauenhafte Zeit im Ustascha-Lager Jasenovac.

Der Talet

Wir arbeiteten weiter – was blieb uns auch anderes übrig – und waren gerade dabei, den Lagerplatz zu säubern. Wir gingen unserer Tätigkeit schweigend, mit gebeugten Köpfen nach. Plötzlich hörten wir den Lärm eines Lastwagenmotors direkt am Lagertor. Die beiden Ustascha-Soldaten, die den Eingang bewachten, öffneten das Doppeltor, und der Lastwagen rumpelte herein. Er hielt vor der Lagerkommandantur an. Ich schaute nach rechts und sah, daß auf der Ladefläche des Transporters zahlreiche Männer in städtischer Kleidung eng aneinander gepreßt standen. Die Ladefläche war offen, ohne Plane, und es war klar zu erkennen, daß die Männer halb erfroren waren. Ein Häftling, der mit mir zusammenarbeitete, sagte mir, daß die neuen Gefangenen nicht von weit her, sondern von einer kleinen slawonischen Stadt in der Nähe kommen mußten. Auf meine Frage, woher er das wisse, erklärte er, die Ustaschen benutzten Lastwagen nur für Transporte über kurze Entfernungen; für längere Distanzen würden Züge mit

Viehwaggons eingesetzt. Mehrere Offiziere kamen nun aus der Kommandantur heraus.

Eine Person hob sich aus der grauen Masse der Neuankömmlinge ab: Es war ein hochgewachsener Mann unmittelbar hinter der Fahrerkabine; er trug ein weißes Tuch mit seitlichen dunklen Streifen auf dem Kopf. Er hatte einen langen, schwarzen Bart, der durch die weiße Farbe des Tuches umso mehr auffiel. Ich begriff sofort, daß er ein Rabbi war und die Gruppe der soeben angekommenen Gefangenen Juden sein mußten. Ich entsann mich der Lehren aus der Talmudschule, wonach ein Mann, der den »Talet« – den Gebetsschal – trug, von Gott vor allen Gefahren und Übeln beschützt würde. Dieser tiefgläubige Rabbi war felsenfest davon überzeugt, daß dieser Talet ihn und seine Gemeinde aus allen Nöten retten würde. Einer der Offiziere, der den Rabbi bemerkt hatte, befahl ihm, vom Lastwagen herabzusteigen, was der Rabbi auch tat. Als er herunterkam und auf den Ustaschen zuging, herrschte man ihn an, den Schal abzunehmen. Der Rabbi blieb stehen, hielt den Schal mit beiden Händen fest und sprach laut ein jüdisches Gebet. Der Ustasche geriet über diesen Ungehorsam offensichtlich in Rage, packte den langen Bart des Rabbi und trennte ihn mit einer raschen Bewegung seines Dolches ab. Voller Abscheu warf er die Barthaare zu Boden und schnitt mit einem weiteren plötzlichen Ruck dem Rabbi die Kehle durch. Als der Rabbi zu Boden glitt, ertönte die Stimme des Lagerkommandanten Ljubo Miloš:

»Fahr den Lastwagen wieder hinaus und bring diese Juden nach Gradina!«

Das Fahrzeug machte eilig kehrt, passierte das Tor und hielt am Ufer der Save, wo das berüchtigte Floß bereits anlegte, um die Menschen in die andere Welt zu transportieren.

Das Tor wurde hastig geschlossen. Bald darauf hörte man das unheilvolle Kreischen des Zahnradgetriebes, das mittels eines dicken Stahlkabels das Floß in Richtung Gradina zog.

Mein Vater und die Kartoffeln

Ich frage mich noch heute, ob es Traum oder Wirklichkeit ist, daß ich all die Schrecken in den berüchtigten Lagern, die ich durchlaufen hatte, überlebte. Es war mein Schicksal, am Rande des Abgrunds zu stehen, der Tausende, ja Hunderttausende unschuldiger Opfer verschlungen hat. Aber ich hatte das große Glück, mich aus hoffnungslos scheinenden Situationen durch eine glückliche Verkettung von Umständen sowie durch Findigkeit und Wagemut doch irgendwie retten zu können.

Mein Vater, der zu diesem Zeitpunkt fünfzig Jahre zählte, war ein erfolgreicher, ehrlicher Kaufmann mit gutem Ruf gewesen, angesehen und allseits respektiert. Er war ein einfallsreicher Mensch, der mit anderen leicht ins Gespräch kam. Im Lager traf er zahlreiche Freunde und Bekannte wieder, von denen einige in der Lage waren, ihm beizustehen.

Hauptziel der Ustascha war die Vernichtung der Gefangenen, und dies aus einem einzigen Grund: Es genügte, Serbe, Jude oder Zigeuner zu sein, um dem Tode verfallen zu sein. Sie erreichten ihr Ziel mit Hilfe von ständiger Mangelernährung, Schwerstarbeit und grausamen Morden mit Keulen und Dolchen.

Einige Lagerinsassen mit Erfahrung und Organisationstalent für die Lagerwirtschaft wurden dazu bestimmt, den Alltag im Lager zu organisieren. Einer von ihnen, ein Freund meines Vaters, verhalf ihm zu einer Stelle als Koch in der Lagerküche, in der nicht unberechtigten Überlegung, daß mein Vater dort etwas mehr als die normale Ration zu essen bekommen würde.

Meines Vaters Ernennung zum Koch erfolgte mit der Begründung, er sei schon in der Armee Koch gewesen; gedient hatte er jedoch nie. Allerdings bereitete ihm seine neue Tätigkeit keinerlei Schwierigkeiten, da man für die Zubereitung des gewöhnlichen Lagerfraßes über keine Berufserfahrung verfügen mußte. Die üble Brühe aus Viehrüben und ein paar kümmerlichen Kartoffeln war ja das einzige Gericht.

Es fiel mir auf, daß meinen Vater große Sorgen über unsere Lage umtrieben, weniger um seiner selbst willen, sondern wegen mir, seinem einzigen Sohn. Während er also das Essen für die Häftlinge zubereitete, klaubte er immer wieder einzelne Kartoffeln beiseite und ließ sie heimlich in die Asche des Feuers gleiten, das unter dem riesigen Kessel loderte. Sobald die Kartoffeln geröstet waren, steckte er sie geschickt und schnell in seine Tasche. Abends, wenn wir uns nebeneinander schlafen legten, nahm er dann seine Beute wieder heraus und legte sie mir unter der Decke in die Hand. Mit der Decke über dem Kopf verschlang ich dann die Kartoffeln mitsamt der Schale und der haftengebliebenen Asche. Dann steckte er mir ein paar weitere Kartoffeln zu, damit ich sie bis zum nächsten Abend essen konnte.

Daß ich überlebt habe, verdanke ich also in erster Linie meinem Vater, der mir die lebensrettenden Kartoffeln heimlich zukommen ließ. Ohne diese zusätzliche Nahrung hätte ich geendet wie Tausende und Abertausende Unglücklicher, die Hungers gestorben sind.

Einer stirbt, damit zwanzig überleben

Ich lag in tiefem Schlaf auf der obersten Etage der dreistöckigen Pritschen in unserer kalten, übelriechenden jüdischen Baracke Nr. 3, als das Poltern an die Tür der benachbarten serbischen Baracke Nr. 2 mich plötzlich weckte. Wir hörten, wie Slobodan, der Kapo dieser Baracke, laut rief: »In diese Richtung ist er geflohen! Fangt ihn!« Dann hörte man das Geräusch schneller Schritte, das Platschen von Füßen im Matsch und schließlich den Ruf: »Hier ist er, er ist hier!« – Während der nächsten Minuten war alles still, dann hörte man heftige, dumpfe Schläge und Stöhnen. Das währte einige Zeit lang, bis endlich alles wieder ruhig war. Ich schlief schnell wieder ein. In der Morgendämmerung weckte mich der verhaßte Befehl: »Aufstehen! Auf die Beine!« Ich stand auf und ging hinaus. Vor der serbischen Baracke sah ich meinen Freund Mirko, den ich von unseren Sommerurlauben im Kurort Kiseljak her kannte. Als ich zu ihm hinging, bemerkte ich, daß er weiß wie ein Laken war, wie am Boden zerstört. Auf meine Frage, was in der letzten Nacht passiert sei, flüsterte er leise: »Wir haben einen Mann getötet, und ich war dabei.« Auf meinen fragenden Blick hin erzählte er weiter: »Einer der Häftlinge versuchte zu fliehen, wurde aber gefangen und an einen hölzernen Pfahl in der Baracke gebunden. Slobodan hat uns befohlen, ihn auf den Kopf zu schlagen. Ich hielt mich zurück, damit ich als letzter an die Reihe käme und nicht mehr so hart zuschlagen müßte. Aber als der Bedauernswerte dies merkte, sagte er schwach: ›Schlag fest zu, richtig fest! Erlöse mich aus dieser Folter!‹ Ich konnte aber nicht. Die andern haben so lange auf ihn eingeschlagen, bis er sein Leben aushauchte.«

Slobodan, der Gruppenälteste, erschien nun vor der Baracke, und er war sichtlich verstört. Mein Vater ging zu ihm hin. Sie waren schon aus früheren Zeiten befreundet, da sie beide aus der Stadt Bijeljina stammten und mein Vater bereits Slobodans Vater gekannt hatte.

Der nackte Leichnam eines völlig abgezehrten Mannes, dessen Haut zahllose rote Flecken von Flohbissen aufwies, lag vor der Barackentür. Sein Kopf war eine einzige verschwollene, zerschlagene Masse, so daß man nicht einmal erraten konnte, wie er vorher ausgesehen hatte. »Slobodan, sag mir, was passiert ist!« flüsterte mein Vater. Slobodan wollte zuerst nicht antworten, aber dann sagte er unwillig: »Ich mußte es tun! Was hätte ich denn sonst machen sollen? In jeder dieser Baracken sitzen Spitzel der Ustaschen, die es den Wachen stecken, wenn ein Gefangener zu fliehen versucht. Zur Strafe würden dann zehn oder zwanzig Häftlinge exekutiert!«

Ich war erstaunt, daß dieser hagere, ausgemergelte Gefangene die Kraft und den Willen aufgebracht hatte, einen Fluchtversuch zu unternehmen. Das Verlangen nach Freiheit mußte wohl stärker gewesen sein. Als wir später Bararon erzählten, was geschehen war, sagte er, ohne zu zögern: »Slobodan war gezwungen, so zu handeln, andernfalls wären weitaus mehr Häftlinge massakriert worden. In dieser Situation hätte ich mich genauso verhalten.«

Anstatt die ersehnte Freiheit zu erlangen, wurde der glücklose Gefangene mit anderen Leichen auf einen Laster geladen und zum Massengrab gebracht.

Ich dachte über dieses Ereignis lange nach und kam schließlich zu dem Ergebnis, daß die Ustascha-Befehlshaber des Unabhängigen Staates Kroatien ihr verbrecherisches Vernichtungssystem auf die ausgefeilteste Weise perfektioniert hatten, bis hin zu dem Punkt, an dem wir uns sogar gegenseitig töten mußten. Sie hatten die Vervollkommnung des Bösen dadurch erreicht, daß sie verachtenswerte Denunzianten, wie immer und überall, zur Durchführung ihrer finsteren Pläne anheuerten.

Der Gipfel der Niedertracht

In allen Baracken des Lagers befand sich ein Eimer für die Verrichtung der Notdurft in der Nacht, denn es war verboten, nachts hinauszugehen. Dieser Eimer war aus einem metallenen Benzinfaß gefertigt, das man in der Mitte durchgesägt und mit zwei Griffen zum Tragen versehen hatte. Von dieser primitiven Vorrichtung ging ein pestilenzialischer Gestank aus, der uns würgte und zum Erbrechen reizte. Der Baracke Nr. 3, die uns Juden vorbehalten war, stand der Gruppenälteste Bararon vor. Seine Freundschaft mit meinem Vater stammte von beider Jugendtagen her. Er verhielt sich daher stets freundlich zu meinem Vater und konnte uns gelegentlich eine kleine Gefälligkeit erweisen, indem er z. B. mich zum Innendienst in der Baracke einteilte. Die Häftlinge im Innendienst mußten die Baracke sauber wischen und den Eimer in einen großen Abtritt leeren, der tagsüber als Latrine genutzt wurde. Eines Tages war die Grube fast bis zum Rand voll, weil die Frühlingsregenfälle eingesetzt hatten.

Jakitsa, ein junger Student in meinem Alter aus Sarajevo, schlief neben mir auf der dritten Etage unserer Stockpritschen. Da wir die gleichen schrecklichen Qualen und dasselbe Elend um uns herum erlitten, schlossen wir uns eng zusammen.

Der quälende Hunger machte uns alle so verzweifelt, daß sich die Häftlinge jedes noch so unansehnliche Fetzchen Nahrung schnappten, das sie auf dem ausgetretenen nackten Boden des Lagerkomplexes aufstöbern konnten. Als mein Freund Jakitsa zufällig eine kleine Zwiebel fand, wischte er den Matsch einfach ab und verschlang sie gierig. Bald darauf wurde ihm übel, und er begann, sich zu erbrechen, dann folgten rasch Bauchkrämpfe und Durchfall. Er verbrachte die ganze Nacht in der Nähe des Eimers und wagte es nicht, sich davon zu entfernen. Am nächsten Tag – ich hatte Innendienst in der Baracke – mußte ich ihm in seinem entkräfteten Zustand beim Gang zur Latrine und zurück behilflich sein. Diese »Toilette« im Freien befand sich direkt neben dem Fußweg, der zum zentralen Lagerplatz führte. Es gab, wie bereits erwähnt, keinen Zaun oder eine sonstige Einfriedung, um die Sicht auf die ihre Notdurft verrichtenden Personen zu versperren. Über diese Grube hatte man kreuzweise Bretter gelegt, damit die Männer darauf stehen konnten, während sie sich entleerten.

Auf meine Schulter gestützt, wankte Jakitsa zur Grube. Er balancierte mühsam auf den beiden Brettern, begann, sich zu entleeren, und als der Kot in einem blutigen Strahl herausschoß, wurde er zusehends blasser und schwächer. Diese schreckliche Szene rief Gelächter bei den Ustascha-Wachen hervor, die gerade an der Latrine vorbeigingen. Einer von ihnen blieb stehen und musterte den Gefangenen eindringlich. Gerade in diesem Augenblick verlor Jakitsa das Gleichgewicht und schaffte es gerade noch, sich in halbhockender Stellung auf den Brettern zu halten. Plötzlich kippte er auf die Seite, auf der die Bretter weiter voneinander entfernt waren, und glitt mit dem Kopf voran in den Abtritt. In höchster Angst schrie ich »Jakitsa, Jakitsa!«, während er immer tiefer in den Fäkalien versank. Er versuchte noch, an einer Kante des Brettes Halt zu finden, aber seine Hand rutschte immer wieder an dem nassen Brett ab. Als ich versuchte, ihm meine Hand zu reichen, um ihn aus dieser erbärmlichen Lage zu befreien, hörte ich hinter mir die Stimme des Ustascha-Wachmannes, der mir befahl: »Halt! Zurück da! Laß ihn in seiner eigenen Scheiße ersticken!« Der Wachmann strahlte vor lauter Schadenfreude und genoß ganz offensichtlich den Todeskampf des jungen Mannes. Jakitsas Kopf verschwand rasch in der stinkigen, matschigen Brühe, und bald kündeten nur noch ein paar Blasen an der Oberfläche von seinem elenden Tod. Ich war starr vor Entsetzen bei diesem Anblick, während der Ustascha-Wachmann vor Lachen brüllte und vor sich hin brummte: »Wie nett du doch an deiner eigenen Scheiße erstickst!« Ich stand immer noch wie betäubt, wie eingefroren, als ich den Befehl hörte: »Los, beeil dich! Leg die Bretter weiter auseinander, sie sind zu nah beieinander. Leg sie so, daß man leicht hindurchfallen kann!« Obwohl ich noch immer nicht ganz bei Sinnen war und die Angst mir die Kehle zuschnürte, eilte ich zu den Brettern hin und schob sie weiter auseinander, wie es mir der Ustasche mit Armbewegungen anzeigte. Als ich fertig war, sah ich, daß zwischen jedem Paar Bretter ein so großer Abstand klaffte, daß die Gefahr, in die

Grube zu fallen, beträchtlich war. Der Wachmann ging weiter, ich aber fühlte mich hundeelend und schlich zur Baracke zurück. Dort erzählte ich Bararon, was geschehen war.

Bararon war ein altgedienter Lagerhäftling, durch all die Schrecken abgehärtet, die er schon durchlitten und beobachtet hatte. Er lauschte aufmerksam meiner Erzählung. Ich fragte ihn, was wir tun könnten, aber er murmelte nur: »Gar nichts.« Was mich bis ins Innerste erschüttert hatte, war für ihn nichts weiter als eine der zahllosen Episoden, ein Glied in der unendlichen Kette von Verbrechen, deren Zeuge er schon seit langem hatte sein müssen.

Bald darauf kam wieder derselbe Ustascha-Wachmann in Begleitung seiner Kumpanen vorbei, erzählte ihnen, was er gesehen hatte und wie sie in Zukunft eine Menge Spaß haben würden.

Ungefähr zur gleichen Zeit wütete eine Ruhrepidemie im Lager. Das bedeutete natürlich, daß die Grube häufig frequentiert wurde. Die zahlreichen Kranken, die tagsüber in den Baracken bleiben mußten und nicht zur Arbeit konnten, hasteten daher häufig zur Latrine. Eines Morgens – ich trug mit einem anderen Häftling zusammen den Eimer hinaus – kauerten zwei Häftlinge zusammengekrümmt auf den Brettern über dem Abtritt. Der Ustasche, der mir befohlen hatte, die Bretter weiter auseinander zu legen, stand mit einem anderen Wachmann daneben, und ich hörte, wie er sagte: »Welchen von den beiden wird es wohl kosten?« Einer der Wachmänner schlug vor, 100 Kuna (so hieß die kroatische Währung) darauf zu wetten, welcher von den beiden zuerst in die Grube fallen würde. Der Vorschlag wurde sofort angenommen. Sie vertrieben sich die Zeit damit, sich abwechselnd über die Häftlinge lustig zu machen, und warteten gespannt darauf, wer wohl die Wette gewinnen würde. Einer der Häftlinge gab schließlich einen dicken Blutstrahl von sich und verlor darüber das Bewußtsein. Sein Oberkörper sackte nach vorn, und er fiel in die Grube. Dem Ustaschen, der die Wette gewonnen hatte, entfuhr ein Freudenschrei, und er verlangte sofort seine 100 Kuna.

Auf diese Weise diente unser Leiden zur Belustigung der Wachen, die nach wie vor zur Latrine kamen und dort ihre Wetten abschlossen. Dieser teuflische Drang wurde unter den Wachmannschaften und Offizieren immer beliebter. Selbst dem Lagerkommandanten Ljubo Miloš war es eine liebgewordene Gewohnheit, sich auf diese unmenschliche Weise bei der Latrine zu vergnügen.

Stara Gradišca

Ende März oder Anfang April verschlechterte sich die Lage in Jasenovac derart, daß wir dachten, das Ende sei nahe. Jeden Tag trieben sie uns zum Damm hinaus. Das Wasser sickerte wieder durch, und wir konnten es kaum aufhalten. Aber dann verfielen sie auf die bewährte Lösung: sie töteten uns und verwendeten unsere Leichen als Dämmmaterial. Die Zahl der Insassen meiner Baracke ging so um mehr als die Hälfte zurück. Eines Morgens verbreitete sich unter uns die Nachricht, die Lagerleitung habe entschieden, daß eine gewisse Anzahl von Häftlingen aus Jasenovac nach Stara Gradišca verlegt werden sollte. Wer mit dorthin wollte, konnte sich melden. Am Abend erzählte ich meinem Vater von der Nachricht, und er bestätigte sie. Ich fragte ihn, was er dazu meine, aber er war unentschlossen. Er stimmte mit mir überein, daß nichts schlimmer sein konnte als Jasenovac und daß es unmöglich war, aus dieser Hölle zu fliehen. Mich ließ die Vorstellung, dieses Lager hinter mir zu lassen, nicht mehr los, denn dies war die unabdingbare Voraussetzung zur Flucht. Mir verblieb immerhin die Hoffnung, daß die Lage in Stara Gradišca günstiger wäre, wenigstens was die Fluchtmöglichkeiten betraf. Also meldeten wir uns und wurden auch nach ein paar Tagen ans Lagertor gerufen. Wir sammelten uns dort und marschierten aus dem Lager zu den in der Nähe befindlichen Eisenbahnschienen. Dort warteten bereits die Viehwaggons auf uns. Sie drückten so viele Häftlinge wie überhaupt nur möglich in die Wagen und preßten uns so eng zusammen, daß man kaum mehr atmen konnte. Erst als sie sahen, daß kein weiterer Häftling mehr hineinpaßte, schoben sie die Türen zu und verriegelten sie. Ich weiß nicht, wie lange wir fuhren, aber ich erinnere mich, daß die Fahrt grauenhaft war. Manche Männer verloren aus Übermüdung und Schwäche das Bewußtsein. Wir durften auch nicht hinaus, um unsere Notdurft zu verrichten, so daß die Leute im Wortsinne ihre Exkremente unter sich lassen mußten. Dieser Alptraum endete erst am nächsten Morgen, als der Zug endlich anhielt und die Türen plötzlich aufgerissen wurden.

Auf Kommando der Ustaschen stiegen wir aus dem Zug und stellten uns in Reih und Glied auf. Ich schaute, ob mein Vater auch den Zug verlassen hatte, und als ich ihn gefunden hatte, stellten wir uns beim Appell nebeneinander. Mir fiel auf, daß sehr viele Häftlinge in den Waggons geblieben waren. Die Totengräber tauchten sofort auf und zogen die Leichen und die Halbtoten einzeln heraus. Wir nahmen Marschordnung ein und setzten uns in Bewegung, mit Gewalt angetrieben von den Ustaschen, bis wir schließlich an einer mittelalterlichen, aus Ziegeln errichteten Burg ankamen. Aufgeregt betrachtete ich die Festung. Als wir näher kamen, stellte ich fest, daß die Anlage von einem Wassergraben umgeben war. Es war alles genauso, wie ich es als Schüler im Geschichtsunterricht über mittelalterliche Burgen gehört hatte. Wir traten ein und gelangten in einen weiten, fast leeren Hof. Vereinzelte Häftlinge trugen Gegenstände auf dem Rücken. Ein Blick auf die hohen Mauern überzeugte mich davon, daß ich eine große Dummheit begangen hatte, denn es war völlig unmöglich, von hier zu entkommen. Man trieb uns vom Eingang aus nach links, bis wir vor dem Turm mit einer Art Kerker standen. Wir passierten das Tor und stiegen die Treppen hoch, bis wir in eine Halle mit vielen Türen auf beiden Seiten gelangten. Da ich und mein Vater uns in den vordersten Reihen befanden, wurden wir zusammen mit einigen weiteren Häftlingen in den ersten Raum gedrängt. Es war ein riesiges Zimmer mit Holzböden und einem Fenster am einen Ende, sonst aber war nichts zu sehen. Die Wände waren schmutzig, der alte Putz bröckelte ab, der Fensterbogen war so hinfällig, wie in alten Gebäuden üblich.

Wir breiteten sofort unsere Decken aus und legten uns hin, um wieder zu Kräften zu kommen. Um die Mittagszeit trieben sie uns hinaus in den Hof und verteilten die obligatorische Portion Viehrüben mit Wasser ohne Salz und Fett; alles war so wie in Jasenovac. Gleich nach dem Mittagessen warfen sie uns in den Kerker und schlossen uns ein. Wir witterten Unheil. Das Fenster unseres Gefängnisses zeigte direkt auf den Eingang des Turms. Am Abend sahen wir im Schein der Lampe, die über diesem Eingang hing, eine große Anzahl Frauen, Kinder, Mädchen und alte Männer in den Turm kommen. Sie trugen alle Bündel, Koffer und Taschen, und sie wußten nicht, wohin man sie verfrachtet hatte und was sie erwartete. Kurz darauf kamen die Frauen und Kinder ohne Gepäck wieder heraus. Später erfuhr ich, daß die Neuankömmlinge mit Gepäck als Lagerhäftlinge vorgesehen waren, während jene ohne Gepäck alte Menschen waren, die man zur Hinrichtung ausgesondert hatte. Die Frauen, die wieder aus dem Lager geführt wurden, fragten die Ustaschen, ob sie ihr Gepäck mitnehmen könnten, und diese erwiderten seelenruhig, sie sollten keine Angst haben, das Gepäck käme nach. Von diesen armen Menschen sollte kein einziger überleben. Man lud sie auf Lastwagen und brachte sie in ein Tal längs der Save, wo riesige Massengräber sie erwarteten. Die Ustaschen töteten sie mit Dolchen und Keulen.

Die Tage im Lager krochen dahin, und der Hunger war quälend. Eines Abends – mein Vater lag neben mir – reichte er mir im Dunkeln eine Kartoffel und teilte mir mit, er habe es durch Vermittlung einiger Freunde geschafft, wieder eine

Die österreichisch-ungarische Festung in Stara Gradišca wurde von den Ustaschen zu einem berüchtigten Foltergefängnis umgewandelt, einem Konzentrationslager, das zum Lagersystem von Jasenovac gehörte. Das Bild zeigt den berüchtigten Turm, den Schauplatz schrecklicher Verbrechen. Von dort aus wurden die Menschen direkt zu den Massenexekutionen gebracht.

Stelle als Koch zu bekommen, so daß es uns vielleicht gelingen könnte, zu überleben. Jeden Tag gingen wir hinaus in den Hof und schauten nach dem Himmel, der sich zunehmend aufklarte. Das Gras fing an im Hof zu sprießen. Sobald ein winziges Pflänzchen sich zeigte, rupften wir es mit zwei Fingern heraus und steckten es in den Mund. Nirgends auch nur ein Schimmer von Hoffnung.

Abgesehen vom Hunger wütete eine Typhusepidemie in Stara Gradišca, die Hunderte von Häftlingen Tag für Tag dahinraffte. Diese verfluchte Krankheit verbreitete sich rasch, weil sie auf völlig entkräftete Menschen, ja, auf lebende Leichen traf. Ein kurzes Koma reichte aus, daß diese erschöpften Leute wie die Fliegen wegstarben. Unglücklicherweise kamen besonders viele junge Männer ums Leben, da ihre körperliche Widerstandskraft noch nicht stark genug entwickelt war. Ständig rumpelten lange Reihen von Karren voller Leichen aus dem

Lager in Richtung des Tals, in dem die Massengräber schon ihrer harrten.

In diesem Lager traf ich Oto Cvehar aus Sarajevo, einen Freund meines Onkels Moric Danon. Die beiden waren seit ihrer Kindheit unzertrennlich gewesen. Wir saßen nebeneinander auf einem Baumstumpf im Hof und unterhielten uns. Er erzählte mir, er habe versucht, aus Sarajevo zu fliehen und nach Mostar zu gehen, aber die Ustaschen hätten ihn im Zug entdeckt und ins Gefängnis geworfen; daraufhin wurde er nach Stara Gradišca gebracht. Er erkundigte sich nach meinem Onkel, aber ich wußte nichts über ihn zu sagen. Ich wiederum fragte ihn nach seinen Eltern, Brüdern und Schwestern, aber er blieb stumm. Er sagte lange nichts, und plötzlich kippte sein Oberkörper nach vorn, als ob er sich verbeugen wollte. Er stürzte zu Boden. Ratlos hob ich seinen Kopf – und blickte in die Augen eines Toten.

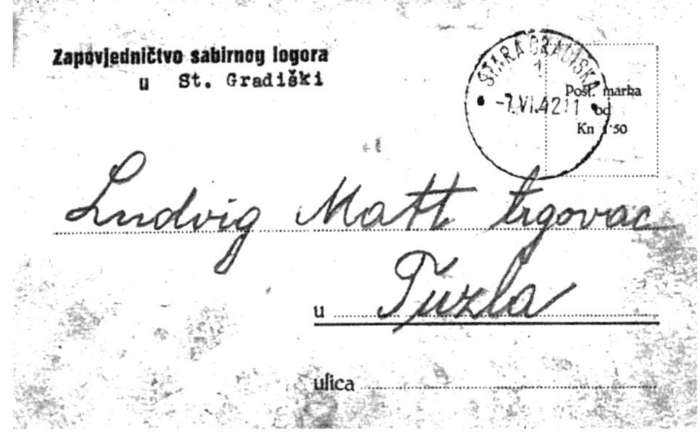

Zapovjedničtvo sabirnog logora
u St. Gradiški

STARA GRADIŠKA 1
-7.VI.42 11

Post. marka od Kn 1·50

Ludvig Matt trgovac

u Tuzla

ulica

Der letzte Brief meines Vaters, adressiert an seinen Jugendfreund Ludvig Mott, Kaufmann in Tuzla. Mott war gebürtiger Italiener. Keiner aus unserer Familie befand sich zu diesem Zeitpunkt mehr in Freiheit. Die Lagerbehörden erlaubten Häftlingen gelegentlich, auf vorgedruckten Postkarten zu schreiben. Höchstens zwanzig Worte waren erlaubt.

Šalje: zatočenik br. ...

ime i prezime: Danon A Izidor

Živ, pošalji obilne pakete, sira
špeka, masti, loja, šećera, meda
mermelade Bregave, bombona
belog [illegible] luka ajnbrena suha
voća, kruha, pozdravi

Dne 4/VI 1942

Pisanje je nagrada za dobar rad i vladanje.

Absender Gefangener Nr..., Vor- und Nachname: Danon A. Isidor: »Bin am Leben, schicke große Pakete mit Käse, Schinken, Fett, Talg, Zucker, Honig, Marmelade, Bregava (eine Zigarettenmarke), Süßigkeiten, Knoblauch, Zwiebeln, braunem Mehl, Trockenfrüchten, Brot, Grüße.« Datum: 4.6.1942. – Die Erlaubnis zu schreiben war eine Belohnung für gute Arbeit und Wohlverhalten.

Die Tage schlichen in bitterer Hoffnungslosigkeit dahin, bis sich eine Nachricht im Lager verbreitete, die mir wieder ein kleines bißchen Zuversicht einflößte. Dem Gerücht zufolge brauchte man Männer für die Feldarbeit. Hier bot sich die langersehnte Möglichkeit zur Flucht; ich wußte, daß man die Häftlinge bei der Arbeit auf freiem Feld nicht so streng und lückenlos kontrollieren konnte. Da mein Freiheitsdrang ungebrochen war, nahm ich eine Bürste, säuberte meine Kleider und die Schuhe, bürstete meine Mütze ab und machte mich selbst so gut es ging zurecht. Ich sah einen Kapo kommen, einen Häftling, der das Vorrecht hatte, sich auf dem Lagergelände ungehindert zu bewegen und jene Aufgaben zu erledigen, für die die Ustaschen zu bequem waren. Er baute sich vor uns auf, befahl uns, eine Reihe zu bilden, und begann, körperlich kräftige Häftlinge auszuwählen. Ich rubbelte meine Wangen rasch mit den Handflächen, um einen gesünderen Eindruck zu erwecken. Ich wußte, daß diejenigen, die frischer aussahen, bessere Chancen, weil mehr Kraft für die Arbeit hatten. Ich sah, wie er in der Tat jüngere und kräftigere Männer bevorzugte. Als er zu mir kam, lächelte er und sagte:

»Du da, stell dich in die Reihe da drüben!«

Mein Vater blieb in der Reihe zurück; der Kapo hatte ihn übersprungen. Etwa zwanzig überwiegend junge Männer hatte das Los getroffen. Der Gruppenführer teilte uns mit, wir sollten uns am nächsten Morgen mit unseren Sachen beim Lagertor einfinden.

Die Trennung

Als ich zu meinem Vater zurückkehrte, nahm er mich in die Arme, drückte mich an seine Brust und begann leise zu schluchzen. Ich konnte ebenfalls nicht länger an mich halten und weinte bitterlich. Lange Zeit übermannte uns ersticktes Schluchzen, als ob wir gewußt hätten, daß dies der letzte Tag in unser beider Leben war, den wir gemeinsam verbrachten. In der Nacht lagen wir nebeneinander; mein Vater nahm meine Hand und hielt sie fest. Am Zucken seiner Hand spürte ich, daß er nach wie vor weinen mußte. Auch meine Tränen flossen, galt es doch von meinem außergewöhnlichen, hochherzigen Vater Abschied zu nehmen. Am nächsten Morgen mußte mein Vater früher aufstehen, weil er in der Küche das Häftlingsessen vorbereiten mußte. Als er den Schlafraum verließ, sagte er:

»Braco, bevor du gehst, komm in der Küche vorbei. Ich möchte dir noch was sagen.«

Ich blieb liegen, konnte aber nicht mehr schlafen. Also stand ich auf, zog mich an und begab mich auf den Hauptplatz des Lagers, in den geräumigen Hof, an dessen einem Ende die

Häftlingsküche lag. Dort arbeitete mein Vater. Er war weiß wie ein Laken, und als er mich erblickte, wischte er schnell mit einem Lappen über die Augen. Er lächelte mich an, aber ich wußte, daß er mir Mut einflößen wollte, um die Sache bis zuletzt durchzustehen. Wir standen direkt am Kücheneingang. Er zählte mir auf, welche Immobilien wir besaßen und wo diese sich befanden. Er erwähnte das Haus in Sarajevo, das Ferienhäuschen in Kiseljak bei Sarajevo und ein Haus in Bijeljina; ich hatte bis dahin nicht gewußt, daß es uns gehörte.

»Sohn, wer überleben wird und wer nicht, kann niemand wissen, aber du bist jung, und ich hoffe inständig, daß du das alles überstehen wirst. Ich überantworte dir die Sorge für deine Mutter und deine Schwestern«, sagte er schluchzend und betonte jedes einzelne Wort. Ich versprach ihm, mich um sie zu kümmern. Ich umarmte ihn fest und küßte ihn auf beide Wangen. Nun beruhigte er sich. Da er fühlte, daß der Augenblick der Trennung endgültig nahte, sagte er:

»Sohn, es ist Zeit für dich, zu gehen. Geh direkt zum Tor und schau nicht zurück.«

Ich ging ein paar Schritte, hielt dann aber aus Schmerz und Trauer um ihn an, mit dem bestimmten Gefühl, daß wir uns nie wiedersehen würden. Er rief mir zu:

»Dreh dich nicht um, bitte!«

Ich nahm all meine Stärke und Willenskraft zusammen, um ans Tor zu gelangen. Er wußte: wenn ich mich umgedreht hätte, wäre ich zurückgeeilt und hätte vielleicht die letzte Gelegenheit verpaßt, mich in Sicherheit zu bringen. Schließlich erreichte ich das Tor, wo etwa zehn Leute warteten, die für die Feldarbeit ausgewählt worden waren. Zwei Ustaschen waren zur Bewachung vorgesehen; neben dem Tor stand ein großer Korb voller Maisbrote auf dem Boden. Man teilte uns mit, jeder könne eines nehmen. Es war das erste Mal seit meiner Ankunft in Jasenovac, daß ich Brot sah.

Bald trafen auch die anderen ein samt dem Kapo, der uns ausgesucht hatte. Er wiederholte, wohin wir gingen, und meinte, es würde uns dort viel besser gehen als hier, wir würden besseres Essen bekommen und hätten mehr Bewegungsfreiheit. Aber wir sollten uns bemühen, sorgfältig und gut zu arbeiten. Er trat zu jedem von uns hin, schüttelte die Hand eines jeden und wünschte uns alles Gute. Ich hatte den Eindruck, daß er dasselbe empfand wie ich: nämlich daß sich eine Möglichkeit zur Flucht bot. Vier Ustaschen geleiteten uns bis zur Bahnstation. Dort führte man uns nicht etwa in einen Frachtwaggon, sondern in ein Abteil dritter Klasse mit Holzbänken. Die Ustaschen standen an der Tür und hielten Wache. Der Zug setzte sich in Bewegung. Ich schaute durchs Fenster und erblickte eine flache Landschaft. Die Natur stand in voller Blüte, und der Zug führte uns nach Osten, bis zur Bahnstation Zdenci. Dort stiegen wir aus und marschierten, in Zweierreihen wie immer, unserem endgültigen Bestimmungsort entgegen.

Feričanci

Wir marschierten lange, bis wir schließlich ein Anwesen auf einem Hügel sahen. Es war ein Bauernhof in der Stadt Feričanci nahe Našice. Našice wiederum war eine Bezirkshauptstadt im früheren Königreich Jugoslawien. Man schickte uns sofort in einen Stall und drückte uns Schaufeln und Heugabeln in die Hand, um den Verschlag zu reinigen, in dem früher das Vieh untergebracht war. Wir arbeiteten bis zum Abend. Bevor es dunkelte, breiteten wir das Heu aus – es gab genug davon – und legten uns darauf schlafen. Am Morgen erwartete uns ein Kessel warmer Weizengrütze oder, wie die Leute dort sagen, *zganjci*, eine riesige und freudige Überraschung für uns. Ausgehungert wie wir waren, dünkte es uns die reinste Süßspeise. Wir schauten uns an und lächelten, denn es war ein Omen, daß es um unsere Zukunft besser bestellt sein würde. Als nächstes sollten wir die anderen Gebäude des Hofes säubern. Später erfuhr ich, daß das Anwesen Eigentum der Orthodoxen Kirche war und der Ort Čitluk hieß. Die Ustascha hatte die Priester umgebracht oder vertrieben. Die Mehrheit der Geistlichen fiel der Ustascha in die Hände und überlebte es nicht; sie wurden auf grausamste Weise umgebracht. Da der Bauernhof seitdem ungenutzt blieb, wollte die Ustascha ihn mit unserer Hilfe wieder in Gang bringen. Es war April, also die Zeit der Aussaat. Wir waren die erste Gruppe, die hier eingetroffen war, und es war offensichtlich, daß wir keine Arbeiten in großem Umfang verrichten konnten. Was wir zu tun hatten, wurde uns von den Ustaschen zugewiesen. So wurden einige von uns Häftlingen in einen Raum geschickt, in dem große Mengen von Mais lagerten. Sie befahlen uns, die Maiskolben zu schälen. Während dieser Tätigkeit steckte ich ein Korn nach dem anderen in den Mund, zerkaute und schluckte es. Zu Anfang wurden wir nicht zur Arbeit gezwungen, denn man erwartete die Ankunft neuer Häftlinge, und auch die Verwaltung mußte erst aufgebaut werden. Als die neuen Häftlinge eingetroffen waren, wurde die Arbeit von Tag zu Tag besser organisiert. Die ehemaligen Ställe fanden überwiegend als Unterkunft für die Häftlinge Verwendung. Der Leiter der Verwaltung hieß Duško, ein Serbe aus Bosnien von etwa dreißig Jahren. Er sah ziemlich anständig aus und war ein ansehnlicher Mann mittlerer Größe. Er verhielt sich uns gegenüber ordentlich und besaß offensichtlich Erfahrung darin, eine solche Arbeit zu organisieren. Wir schliefen auf dem Heu und deckten uns mit den Dekken zu. Der Leiter hatte im Sinn, alle Gebäude auf Vordermann zu bringen, und rief mich als Hochschulabsolventen in sein Büro, damit ich einige Parolen schriebe. Ich bekam Packpapier und Wasserfarben, um große Wandsprüche zu malen, auf denen zu lesen war: Ordnung, Arbeit und Maßhalten. Maßhalten bedeutete im Sprachgebrauch der Ustascha Disziplin. Die

Ustaschen hielten Wache, um zu verhindern, daß wir Reißaus nahmen; die Organisation der Arbeit war vollständig der Verwaltung überlassen, und diese bestand ausschließlich aus Häftlingen. Mich schickte man zu der Gruppe, die sich um das Vieh kümmern sollte.

Die Ustaschen überfielen die umliegenden serbischen Dörfer, legten Feuer an die Häuser und plünderten. Das Vieh wurde auf den Hof getrieben. Einige von uns mußten die Grenze zwischen dem Feld, wo das Vieh weidete, und den gepflügten Äckern bewachen, auf denen die Bauern vom Dorf säten. Eines Tages kam ein Häftling, suchte uns alle nacheinander auf und teilte uns mit, daß er zum Leiter der Viehhüter ernannt worden sei; sein Name sei Feliks Hiršl. Er war in mittlerem Alter, wohlmeinend und freundlich, und wir hatten den Eindruck, daß wir gut zusammenarbeiten könnten. Die Tage vergingen, und wir hatten immer mehr Vieh zu hüten, da die Ustascha unablässig weitere serbische Dörfer plünderte. Sie kontrollierten uns regelmäßig, um sicherzugehen, daß wir uns ordentlich darum kümmerten und die Kornäcker vom Verbiß unversehrt blieben.

Unter den Ustaschen, die uns bewachten, stach ein Feldwebel namens Mate besonders hervor. Er war ein großer, breitschultriger Mann, gut gebaut, aber mit einem primitiven, grausamen vierschrötigen Gesicht. Nach seinem Verhalten und seiner Aussprache zu schließen, stammte er aus der Herzegowina. Er war lebhaft, laut, sadistisch gegenüber den Häftlingen und scharf im Ton gegenüber den Ustaschen, die ihm unterstanden. Das Lager verdiente in Wirklichkeit diese Bezeichnung kaum, denn es war nicht mit Stacheldraht eingezäunt, es gab keine Mauern oder Tore; die Häftlinge wurden lediglich von den Ustaschen bewacht, die sie begleiteten, und am Abend, nach dem Nachtessen, wurden sie sofort in den Dachstuben der Wohngebäude und dem früheren Stall eingeschlossen, vor dem Wachen standen. Es gab weitere Wachposten rund um das Anwesen.

Ich erinnere mich, wie wir einmal mit unserem Vieh von der Weide zurückkehrten und von den Häftlingen, die im Lager schon neben dem Suppenkessel standen, die Nachricht vernahmen, daß ein junger Mann von dem Feld, auf dem er die Erde um die Maisstauden auflockern mußte, zu fliehen versucht hatte. Die Ustaschen hatten bemerkt, wie er sich plötzlich aufrichtete, die Hacke wegwarf und in Richtung Wald rannte. Sie nahmen die Verfolgung auf, und da sie stärker und schneller waren als er, fingen sie ihn mit Leichtigkeit ein. Ich fragte mich, wer dieser Arme wohl war und was aus ihm werden würde. Ich erfuhr nur, daß sein Name nicht bekannt sei, es sich aber um einen Serben handelte. Dann ertönte plötzlich die scharfe Stimme des Lagerkommandanten; er schrie:

»Antreten, aber hoppla!«

Wir stellten uns alle befehlsgemäß vor dem Kommandanten auf, der folgende Ansprache hielt:

»Man hat euch hierhergebracht, damit ihr arbeitet, man hat euch gutes Essen gegeben, und die Ustaschen behandeln euch gut. Daher haben wir erwartet, daß ihr dankbar seid. Einer von euch hat aber versucht, zu fliehen, und deswegen ist er zum Tode verurteilt.«

Ein Ustasche führte einen hochgewachsenen jungen Mann auf den Platz vor unseren Reihen. Feldwebel Mate nahm seine Mauser heraus und nahm den jungen Mann aus 20 Metern Entfernung ins Visier. Er zielte auf dessen Kopf. Wir hielten den Atem an und erwarteten das Schlimmste. Der Knall aus der Pistole brachte mich mit einem Ruck in die Wirklichkeit zurück; der junge Mann fiel wie niedergemäht zu Boden. Die anwesenden Ustaschen waren begeistert von Mates Schießkünsten und applaudierten laut; sie gingen zu ihm hin, klopften ihn auf die Schultern und schüttelten ihm die Hand, um ihm zu gratulieren. Später hörte ich, daß Feldwebel Mate hier in der Gegend seine Lebensgefährtin gefunden hatte und sie auch heiraten wollte, aber noch keine Wohnung hatte. In Anbetracht der gegenwärtigen Machtverhältnisse griff er zum einfachsten Mittel – er erkundigte sich, ob es in der Stadt Feričanci Juden gebe. Er brachte in Erfahrung, daß nur ein altes Ehepaar zurückgeblieben war. Ohne viel Aufhebens wurden sie ins Lager deportiert, Mate konnte heiraten und das Paar in »seine« Wohnung einziehen.

Einige Tage später, abermals nach dem Abendessen, hörte man die Stimme eines Ustaschen, die zum Appell rief. Wir stellten uns auf dem dafür vorgesehenen Platz auf, und man brachte zwei Lagerhäftlinge aus dem Ustascha-Büro heraus. Einer von ihnen war mir schon aufgefallen, weil er recht gut aussah und ordentlich gekleidet war. Ich erinnere mich noch genau, er trug Kniebundhosen und Stiefel und hatte einen kleinen, eleganten Schnurrbart. Man erzählte sich, daß er ein Freigänger war. Diese Kategorie von Häftlingen genoß das Vertrauen der Ustascha; sie konnten das Lager verlassen und draußen irgendwelchen Geschäften nachgehen. Sein Name war Farkaš. Außer ihm hatte man noch einen kleinen jungen Mann herausgeführt, der wie ein Intellektueller aussah. – »Diese beiden hier haben das Vertrauen, das wir ihnen entgegengebracht haben, mißbraucht, deshalb wird jeder von ihnen mit fünfzig Stockhieben bestraft«, sagte einer der Ustaschen.

Farkaš wurde als erster zu einem Block geführt. Er mußte sich darüber beugen, und ein Ustasche ergriff einen dikken Stock und schlug ihn auf das Hinterteil. Der Ustasche schwang das Marterinstrument geschickt und gab sich größte Mühe, so hart wie möglich zuzuschlagen. Man sah an seinem Gesicht, wie er sich anstrengte, aber sein Lächeln zeigte, daß er zugleich genoß, was er tat. Farkaš steckte die Schläge weg, ohne einen Laut von sich zu geben. Nach dem fünfzigsten Hieb schwankte er zwar, schaffte es aber, auf den Beinen zu bleiben. Danach kam der andere dran, ein Schreiber im Büro. Auch er mußte sich über den Block legen, und die Schläge begannen. Er war viel schwächer als Farkaš und fing nach dem zehnten oder fünfzehnten Schlag laut zu stöhnen an. Nach dem fünfzigsten Hieb konnte er nicht mehr aufstehen; zwei Ustaschen hoben ihn hoch und brachten ihn ins Büro, Farkaš mit ihnen.

Da ich mir keinen Reim auf die Geschichte machen konnte, fragte ich Feliks, welches in sie gesetzte Vertrauen diese beiden mißbraucht hätten, und er antwortete, es handele sich um eine Goldaffäre. Da ich weiterhin nicht verstand, erzählte Feliks mir von all den Schlichen, die die Ustaschen unternahmen, um in den Besitz der Wertsachen zu gelangen, die die Häftlinge ins Lager mitbrachten. Sie waren äußerst erpicht darauf, all die Preziosen an sich zu bringen, welche die Häftlinge hatten retten können; deshalb suchten sie Denunzianten unter den Lagerhäftlingen aus, die ihnen die entscheidenden Hinweise gaben. Sicherlich war Farkaš, ein Freigänger und fast eine Art Kapo, mit solchen Aufgaben betraut und hatte von den beschlagnahmten Gütern höchstwahrscheinlich etwas für sich selbst abzweigen wollen; nur hatte man ihn erwischt und streng bestraft.

Ich erinnere mich auch an jenes eine Mal, als sich mir ein altes Ehepaar näherte, während ich das Vieh hütete; sie stammten aus dem Dorf und kamen von der Feldarbeit zurück. Sie traten näher, grüßten mich freundlich und fragten mich, wie es mir ginge. Da ich fürchtete, es könnte eine Provokation hinter der Frage stecken, antwortete ich, es gehe mir gut. Daraufhin sagten sie mir ohne zu zögern, sie wüßten, wie wir alle enden würden. Sie hatten tags zuvor mit einem Ustaschen gesprochen, und er hatte ihnen gesagt, letzten Endes würden wir alle umgebracht. Das bestärkte mich in meiner Meinung, daß Flucht der einzige Ausweg, die einzige Rettung war. Aus diesem Grund fühlte ich mich ermutigt, als ich von Feliks erfuhr, daß wir die Weide wechseln sollten, die neue Weide jedoch ebenfalls auf dem Grund und Boden der Orthodoxen Kirche läge.

Eines Tages kam ein gutaussehender, hochgewachsener Ustasche zu mir und fragte mich, ob ich denn auch gut auf das Vieh aufpaßte. Ich sagte ja, und er ging an die Grenze zwischen der Wiese und den mit Weizen eingesäten Feldern, um zu überprüfen, ob ich die Wahrheit gesagt hatte. Ich war fest davon überzeugt, daß kein Schaden entstanden war; er aber brüllte, ich hätte gelogen. Verwundert ging ich an die besagte Stelle und sah überhaupt nichts, was zu Beanstandungen Anlaß hätte geben können, er jedoch schrie und fluchte ohne Unterlaß und behauptete, ich hätte das Vieh in das Getreidefeld gelassen. Als ich darauf bestand, daß dies nicht wahr sei, lief er zum nächsten Busch, nahm seinen Ustascha-Dolch heraus und schnitt eine lange, dicke Gerte ab. Er entfernte die Seitenäste, kam zurück und schlug auf mich ein. Nach ein paar Hieben befahl er mir, meine Hände mit den Handflächen nach oben auszustrecken. Ich gehorchte, und er schlug mich abwechselnd auf beide Hände, so lange, bis sie rot wurden und anschwollen. Dann drosch er weiter auf alle möglichen Körperteile ein, auf meinen Kopf, den Rücken, die Beine. Sein Gesicht war rot vor Anstrengung und Zorn. Ich ertrug die Torturen schweigend, bis er mich so fest auf den Kopf schlug, daß ich besinnungslos zu Boden fiel. Aber das Prügeln hörte nicht auf, bis er müde wurde. Schließlich meinte er, das sei jetzt eine gute Lektion für mich gewesen und ich sollte künftig darauf achten, nicht mehr zu lügen. Als der Ustasche ging, kam Feliks, der sich in der Nähe aufhielt, zu mir her. Ich sagte ihm, ich könnte das nicht länger ertragen. Feliks bat mich, ruhig und geduldiger zu sein, ich solle mich nicht gegen sie auflehnen, sie nicht herausfordern. Auch er wunderte sich über das Verhalten des Ustaschen, denn er wußte vom Direktor, daß seine Untergebenen den strikten Befehl hatten, sich uns gegenüber anständig zu verhalten und uns nicht zu schikanieren, da wir im Freien arbeiteten und daher die Versuchung groß war, wegzulaufen. Am Abend fragte ich einen unserer Schafhirten, ob er wisse, wer der Ustasche war, der mich so heftig verprügelt hatte. Irgend jemand sagte mir, er werde im allgemeinen Ćuza gerufen und stamme aus der Herzegowina. Ich hatte mir schon wegen seines Dialektes gedacht, daß er von dorther kommen mußte.

Unsere Wachen waren meist Herzegowiner. Sie waren die schrecklichsten Ustaschen. Sie wüteten am grausamsten und brutalsten. Ich hatte das schon in Jasenovac erlebt, und hier jetzt wieder.

Eines Nachmittags kam Ćuza abermals zu mir, offensichtlich schlecht gelaunt und zornig. Er beschuldigte mich zum wiederholten Mal, ich hätte das Vieh jenseits der Grenze zwischen Wiese und Feld weiden lassen. Ich schwieg, um ihn nicht zu provozieren, und er fing erneut an, mich zu schlagen, erst auf die Handflächen, dann auf den ganzen Körper. Schließlich sagte er mir, er wolle nicht länger seine Zeit mit mir verschwenden, ging ein paar Schritte zurück, nahm sein Gewehr von der Schulter und zielte auf meinen Kopf. Ich stand da, stumm, verwirrt und doch gleichgültig. Er befahl mir, den Mund zu öffnen. Ich tat es, und er kniff ein Auge zu und zielte auf meinen Mund. Ich rechnete damit, daß sich jeden Moment ein Schuß lösen würde und mein Elend endlich ein Ende hätte. Er drückte den Abzug, aber das Gewehr gab nur ein klackendes Geräusch von sich, es fiel kein Schuß. Ich begriff, daß er es wohl nicht geladen hatte; er wollte mir nur Angst einjagen und sich an meiner Furcht weiden. Er setzte lachend das Gewehr ab:

»Jetzt hast du dir wahrscheinlich vor Angst in die Hosen geschissen«, sagte er zu mir, offensichtlich mit seinem Scherz zufrieden.

Ich blieb ruhig und schwieg, während er das Gewehr wieder über die Schulter hängte und sich langsam entfernte.

Die Zeit verging, warme Tage kamen, und die Wiese, auf der das Vieh graste, war bereits ziemlich kahlgefressen. Feliks sagte uns eines Tages, wir müßten an einen Ort im Norden von Feričanci weiterziehen, dort gebe es jede Menge Weiden. Am nächsten Tag packten wir unsere Sachen zusammen, erhielten einen Laib Maisbrot als Proviant, nahmen unsere wenigen Habseligkeiten und brachen mit dem Vieh nach Norden auf, in Richtung des Flusses Drave. Wir kamen durch bewohnte Dörfer. Überall schauten die Leute uns erstaunt an, denn wir trieben das Vieh, und die Ustaschen trieben uns. Dann durchquerten wir ein Dorf, in dem die Bewohner an den Zaun ihrer Anwesen kamen und uns lächelnd, voller Sympathie betrachteten. Eine Frau näherte sich mit einem Krug Wasser und wollte es uns anbieten, aber der Ustasche brüllte uns zu, nicht zu ihr hinzugehen. Die Hitze war gewaltig, und wir litten Durst, während die Ustaschen ja ihre Wasserflaschen hatten. Endlich gelangten wir beim Dorf Obradovci an. Ganz am Dorfeingang befand sich ein geräumiges Gebäude, das Haus des Försters, wie man uns mitteilte, und dort wurden wir in den Hof getrieben.

Obradovci

Ganz in der Nähe des Försterhauses, in dem wir untergebracht waren, stand eine orthodoxe Kirche. Sie war zerstört, Kirchentür samt Rahmen waren herausgeschlagen. Einen Tag vor unserer Ankunft waren zwei Ustaschen und vier Häftlinge mit einer Wagenladung Stacheldraht vorausgeschickt worden; sie sollten quasi als Vorhut den Pferch für das Vieh aufbauen. Das Försterhaus war sehr geräumig; im Erdgeschoß befanden sich zwei große Räume, von dort führten hölzerne Treppen ins Obergeschoß von der gleichen Größe. Unmittelbar nach unserem Eintreffen trieben wir das Vieh in den bereits fertiggestellten Pferch; er lag etwa hundert Meter vom Haus entfernt. Es war ein großer, runder Platz im Wald, eingezäunt von mehreren Reihen Stacheldraht mit einem eingebauten Tor. Danach begaben wir uns zurück zum Haus, und Feliks schickte uns mit unseren Habseligkeiten ins Obergeschoß. Müde breiteten wir unsere Decken aus und schliefen ein. Am Morgen weckte uns Feliks, und das Frühstück – warme Weizengrütze – wartete schon im Hof auf uns. Dann stellten wir uns zum Appell auf, um uns zur Arbeit einteilen zu lassen. Die Ustaschen waren ausschließlich als Wachen eingesetzt, während die Organisation der Arbeit durch die Häftlinge erfolgte. Im Lager Obradovci fiel diese Aufgabe Feliks zu, der bisher nur als Aufseher für die Viehhirten zuständig gewesen war.

Da es hier zahlreiche Weiden gab, wurde die Herde aufgeteilt. Wir führten das Vieh morgens zuerst zur Tränke, dann auf die Weide, am Abend wieder zur Tränke im Dorf Ara, an einen Bach in einem kleinen Tal. Jeden Tag pendelten wir zwischen Obradovci und Ara, hin und zurück. Ich selbst mußte mich um zehn Kühe kümmern, die in der Nähe des Forsthauses weideten.

Auf dem Marsch von Ferićanci nach Obradovci hatte ich zu meinem großen Entsetzen bemerkt, daß jener schreckliche Ćuza, der mich fast jeden Tag verprügelt hatte, zur Begleitmannschaft gehörte. Ich befürchtete, daß die täglichen Mißhandlungen in Obradovci fortgeführt würden. Aber anscheinend hatten unsere Wachen glücklicherweise den strikten Befehl erhalten, uns nicht zu schikanieren, da wir ja während der Arbeit auf dem Gelände verteilt und damit die Fluchtmöglichkeiten drastisch erhöht waren. Tatsächlich schlugen sie uns nicht. Ćuza lächelte gewöhnlich spöttisch, wenn er an mir vorbeiging, aber er sagte nie ein Wort zu mir.

Wir waren dreißig Häftlinge im Lager und wurden von zwanzig Ustaschen einschließlich zweier Unteroffiziere bewacht. Tagsüber begleiteten uns die Ustaschen und hatten ein Auge auf uns, nachts waren an mehreren Stellen rund um das Lager Wachposten verteilt. Der Nachschub kam aus Ferićanci. Jeden Tag fuhr einer der Häftlinge mit dem Pferdekarren dorthin und brachte die benötigten Vorräte mit; Fahrer war unser Mithäftling Edo Sajer. Er erzählte uns, was sich in Ferićanci abspielte, aber auch, was in der Welt geschah, denn in Ferićanci, wo wesentlich mehr Leute lebten, kam man auch an mehr Informationen heran.

Die Tage in Obradovci vergingen verhältnismäßig friedlich und verliefen ohne besondere Ereignisse. Wir gingen einfach unserer Arbeit nach. Ich hütete die Kühe nahe am Lager, und ein Ustasche kam ein- oder zweimal am Tag vorbei. Gegen

Abend führte ich die Milchkühe früher als die anderen Tiere von der Weide zurück, denn die Milch mußte den Ustaschen zum Abendessen serviert werden. Das Verhalten der Bewohner von Obradovci überraschte uns hingegen. Im Dorf wohnten ausschließlich Serben; sie lebten in ständiger Angst, ebenfalls ins Konzentrationslager verschickt zu werden, wie es die Ustaschen überall in diesem Teil Slawoniens praktizierten. Die Bewohner nahmen Anteil an unseren Nöten und Leiden. Wann immer es ging, steckten sie uns heimlich etwas zu essen zu. Bei einer dieser Gelegenheiten lernte ich einen jungen Mann mit einem riesigen Buckel kennen, der große Eichenstämme mit seinem Pferdefuhrwerk aus dem Wald transportierte. Er hieß Ilija. Fast jeden Tag brachte er mir etwas zu essen, wenn er die Straße entlangfuhr, neben der ich die Kühe hütete. Meist hatte er ein paar Früchte dabei, und schließlich wechselten wir auch kurz ein paar Worte.

Eines Nachmittags, als die Kühe im Schatten einer großen Eiche ruhten, kam eine alte Frau aus dem Dorf vorbei und fragte mich leise, ob ich am nächsten Tag zur gleichen Zeit wieder hier wäre. Als ich bejahte, sagte sie, ich solle auf sie warten, sie käme dann vorbei. Folgenden Tags kam sie tatsächlich mit einem geflochtenen Korb, der mit einem weißen Tischtuch abgedeckt war, und steuerte direkt auf den kleinen Wald zu. Ich wartete noch etwa zehn Minuten und zog dann einer Kuh die Gerte so heftig über, daß sie voller Panik in Richtung Wald rannte. Von weitem mußte das so aussehen, als ob sie von einer Bremse gestochen worden wäre und deshalb Reißaus genommen hätte. Ich rannte nun ebenfalls in den Wald und gelangte auf eine kleine Lichtung. Die Frau aus dem Dorf hatte schon das Tischtuch ausgebreitet und ihre Mitbringsel aus dem Korb genommen. Das Ganze erinnerte mich an die typische Mahlzeit für Erntehelfer. Sie lächelte, als sie mich sah, und sagte:

»Setz dich, mein Sohn!«

Ich ließ mich neben das ausgebreitete Tischtuch nieder. Zuerst füllte sie meinen Teller mit Rinderbrühe und Suppennudeln. Ich hatte schon seit langem vergessen, wie Rinderbrühe aussah und schmeckte. Ich machte mich über das Essen her, während sie mich liebevoll anschaute und den Kopf senkte. Ich sah, wie ihr Tränen übers Gesicht liefen. Als ich sie anblickte, bekam auch ich feuchte Augen. Sie wischte ihre Tränen weg und fragte:

»Sohn, hast du noch eine Mutter?«

»Ja, das heißt, ich hoffe es. Ich hoffe, daß sie noch lebt.«

»Und wo ist sie?«

»Sie und meine Schwester sind in Tuzla geblieben, ich weiß gar nichts weiter über sie. Mein Vater und ich wurden ins Gefängnis geworfen und dann ins Lager deportiert. Die beiden blieben zurück, auf Gnade und Ungnade der Ustascha ausgeliefert.«

Sie tröstete mich mit den Worten, sie glaube fest daran, daß sie noch lebten und irgendwie durchkämen, aber dann begann sie wieder zu weinen. Ich fragte sie, warum sie so traurig sei, und sie antwortete, sie habe zwei Söhne, wisse aber überhaupt nichts über deren Schicksal. Einer diente bei der jugoslawischen Armee und war seit dem Krieg im April vermißt, möglicherweise gefangen; der andere arbeitete bei der Polizei und war den Ustaschen in die Hände gefallen. Sie hörte nicht auf zu weinen, während sie mir gleichzeitig zu essen anbot. Sie versprach, mir von nun an immer etwas mitzubringen, wenn sie vorbeikäme. Ich riet ihr, vorsichtig zu sein, denn die Ustaschen verboten jeden Kontakt mit uns. Als wir uns trennten, zeigte ich ihr einen Busch neben der Straße, wo sie mir das Essen hinterlassen könnte. Sie erhob sich langsam, packte alles in den Korb, rollte das Tischtuch zusammen, tätschelte meinen Kopf und fragte:

»Sohn, wie alt bist du?«

Auf meine Antwort hin füllten sich ihre Augen abermals mit Tränen. Wahrscheinlich dachte sie an ihren Sohn, der etwa in meinem Alter sein mußte und von den Deutschen gefangengenommen worden war.

Sie kam später noch oft bei den Klosterwiesen vorbei, wo ich die Kühe weiden ließ. Die anderen Kuhhirten unter den Häftlingen prahlten damit, daß die Dörfler ihnen heimlich Essen brachten. Manchmal bemerkten es die Ustaschen jedoch und jagten die Dorfbewohner unter Drohungen davon.

Wir Häftlinge lernten einander allmählich näher kennen, und es entwickelten sich engere Freundschaften. Bald bildete sich ein Kreis von fünf oder sechs Leuten, unter denen Einigkeit herrschte, daß die Flucht aus dem Lager die einzige Rettung war. Auch waren wir uns einig, daß einzig die Partisanen Ziel unserer Flucht sein konnten, aber wir hatten keine Ahnung, wie wir es anstellen sollten. Wir wußten nur, daß jeder, der überleben wollte, nicht in den Händen der Ustascha bleiben durfte.

Erster Fluchtplan

Die Küche der Ustaschen lag im Erdgeschoß des Forsthauses, und zu unserem Glück ernannten sie Dragan Mautner aus Zagreb zum Koch, den Bruder von Mirko Mautner, der in unserer Gruppe war. Dragan verstand sein Handwerk, so daß die Ustaschen einige seiner Gerichte sogar lobten. Da es keine Kantine gab, aßen die Ustaschen im Raum vor der Küche. Mirko und Dragan, beide Mitglieder unserer verschworenen Gruppe, erzählten uns, die Ustaschen hätten am Eingang zu ihren Quartieren Bretterregale angebracht, in denen sie ihre Waffen und die Munition aufbewahrten. Während der Mittagessenszeit waren die Waffen also unbeaufsichtigt. Eines Tages schlug Mirko vor, falls einer von uns wisse, wie man die Gewehre handhabe, sei er bereit, den Ustaschen die Waffen zu stehlen. Dann könnten wir sie mit ihren eigenen Gewehren und Handgranaten töten. Dies schien machbar, umso mehr, weil die Ustaschen ihre Gewehre immer in die Regale stellten und die Patronengurte sowie die Handgranaten darüber legten. Von uns fünfen hatten zwei in der Armee gedient und wußten daher Bescheid, wie man mit einem Gewehr umgeht; einer war sogar Reserveleutnant in der früheren jugoslawischen Armee gewesen. Er schlug folgenden Plan vor: Er würde in die Küche gehen und Dragan rufen, dann ein paar Handgranaten zünden und sie unter die Ustaschen werfen. Danach sollten zwei andere Männer in den Raum stürmen, die Gewehre nehmen und das Feuer eröffnen. Auf der Straßenseite des Gebäudes stand nur ein Wachposten, was bedeutete, daß in diesem entscheidenden Augenblick nur ein Gewehr gegen uns eingesetzt werden könnte. Wir sprachen den Plan in allen Einzelheiten durch. Unglücklicherweise weiß man allerdings nie, was der nächste Tag mit sich bringt. Als ich nämlich tags darauf mit meinen Kühen zum Försterhaus zurückkehrte, sah ich, wie der Koch Dragan Mautner mit zwei Soldaten in blauen Pilotenuniformen vor dem Tor stand. Als ich näher kam, sah ich, daß die beiden uniformierte Offiziere der Luftwaffe Ante Pavelićs waren und sich äußerst herzlich mit Dragan unterhielten. Nachdem ich die Kühe in den Pferch getrieben und gemolken hatte, fragte ich Dragan, wer die beiden gewesen seien. Er erwiderte, sie seien Schulfreunde aus Zagreb. Sie hätten ihm mitgeteilt, daß sein Vater und seine Mutter immer noch in Zagreb lebten und ihnen kein Leid geschehen sei. Dragan bat sie, seinen Eltern seine Adresse zu geben, damit sie ihm schreiben könnten. Er freute sich, daß er Nachricht über seine Eltern erhalten hatte.

Die Tage plätscherten mit unserer täglichen Arbeit dahin. Die Ustaschen bewachten uns, wir bewachten das Vieh, und der Feldwebel protzte mit seinem neuen Fahrrad, von dem niemand wußte, woher er es hatte. Er war sehr stolz auf dieses Gefährt und beauftragte einen Häftling damit, es jeden Morgen mit einem weichen Tuch zu reinigen, insbesondere die verchromten Räder. Der Häftling kam seiner Aufgabe eifrig nach, und jedesmal, wenn er damit fertig war, salutierte er vor dem Feldwebel und erstattete Meldung:

»Herr Feldwebel, das Fahrrad ist sauber!«

Der Feldwebel nahm dies lediglich mit einem Nicken zur Kenntnis.

Unglücklicherweise stürzten eines Nachmittags zwei Ustaschen in die Küche und schnappten sich Dragan. Sie banden ihm die Hände auf den Rücken, warfen ihn in ein Auto, das sie im Dorf requiriert hatten, und fuhren mit ihm nach Feričanci. Keiner wußte, was los war, aber wir befürchteten das Schlimmste. Am nächsten Tag kam wie immer unser Kutscher Edo mit der Verpflegung und sagte uns mit trauriger Stimme, Dragan sei in der Nacht umgebracht worden; danach hätten die Ustaschen gesoffen und gegrölt. Dragan war ermordet worden, weil die Piloten seinen Eltern seine Anschrift gegeben und diese ihm daraufhin eine gewöhnliche Postkarte ins Lager geschickt hatten, in der sie ihn wissen lassen wollten, daß sie am Leben und wohlauf waren. Die Postkarte war der Lagerverwaltung in die Hände gefallen; in den Augen der Ustaschen war dies ein Regelverstoß, der aufs strengste geahndet werden mußte: durch den Tod. Als verhängnisvoll hatte sich erwiesen, daß die Karte der Eltern keine Antwort auf eine Karte seinerseits gewesen war. Wir durften nämlich – von Zeit zu Zeit und als Belohnung für gute Arbeit – eine Postkarte mit zehn bis zwanzig Wörtern an unsere Familie schreiben.

Dragans grausamer Tod erschütterte uns zutiefst. Mit seiner Ermordung war auch die Option eines Angriffs auf die Ustascha-Wächter entfallen. Ein älterer Häftling wurde zum neuen Koch berufen; wir trauten ihm nicht, weil er sich gegenüber den Ustaschen zu unterwürfig verhielt. Dragans Bruder Mirko, der ebenfalls unserer Gruppe der Fluchtwilligen angehörte, verstummte vollständig, so als ob er das Sprechen nie gelernt hätte.

Nach einer gewissen Zeit bekamen wir Lagerpostkarten zugeteilt, um an unsere Familien zu schreiben. Mirko teilte seinen Eltern nicht mit, was mit Dragan geschehen war. Tagelang wartete er auf eine Antwort. Schließlich erfuhr er, daß auch sie umgebracht worden waren. Ich schrieb meiner Mutter und meiner Schwester nach Tuzla und ging davon aus, daß sie antworten würden. Aber auch ich erhielt keine Antwort. Die Angst, die ich in Stara Gradišca empfunden hatte, als ich sah, wie die Frauen und Kinder in den Turm hinein- und wieder herausgebracht worden waren, war nicht grundlos. Ich mußte davon ausgehen, daß meine Angehörigen alle tot waren.

Eines Abends kamen wir von der Weide, aßen zu Abend und saßen im Kreis. Während der Mahlzeit sagte uns Feliks, daß wir jetzt einen Tierarzt, auch er ein Häftling, hätten. Wir fragten uns, wer es wohl sein könnte; es dämmerte bereits und war schon ziemlich dunkel. Da stand ein magerer kleiner Mann mit Brille vor uns. Er sagte, er heiße Zorislav Golub, stamme aus Zagreb und sei von Beruf Tierarzt, er würde sich von nun an um das Gedeihen des Viehs kümmern. Am nächsten Tag, gleich nachdem ich auf der Wiese eingetroffen war, wo mein Vieh weidete, kam auch schon Tierarzt Golub an. Wir saßen am Rand der Straße und unterhielten uns über dies und das. Er fragte mich, wer ich sei, woher ich käme und welchen Beruf ich ausübte. Ich beantwortete all seine Fragen sehr offen. Mich wiederum interessierte, was er in Zagreb so gemacht hatte. Er erzählte mir, er sei wegen seiner antifaschistischen Gesinnung ins Gefängnis gekommen, denn an der Fakultät, an der er als Dozent angestellt war, gab es zahlreiche Frank-Anhänger[2], die ihn bei der Ustascha denunziert hatten. Golub war Kroate. Nach unserer Unterredung gingen wir zusammen ins Lager zurück. Ich trieb die Kühe in den Pferch und half Jakica, der im Stall arbeitete, beim Melken.

2 Gemeint ist Josip Frank (1844–1911), ein kroatischer Anwalt und reaktionärer Parlamentsabgeordneter, der sich für die Sezession Kroatiens aus der österreichisch-ungarischen Monarchie aussprach. Franks chauvinistische Bewegung, die auf die Bildung eines katholischen Großkroatiens abzielte, war ein direkter Vorläufer der klerikalfaschistischen Ustascha. [P. P.]

Ich kam immer etwas früher als die anderen Häftlinge zum Lager zurück, denn meine Mithäftlinge mußten mit dem Vieh zur Tränke und brauchten daher länger für den Rückweg. Ich hatte also Zeit, zu beobachten, was zwischen den Ustaschen im Lager und vor allem im Försterhaus vor sich ging.

Einmal sah ich unseren Feldwebel und zwei Polizisten am Eingang zum Hof des Forsthauses stehen. Der Feldwebel kam aus der Herzegowina und war ein großer, stämmiger Mann. Er stand mit dem Rücken zu mir, und ich griff mir einen Besen, der neben dem Haus stand, und fing an zu kehren in der Hoffnung, ihr Gespräch belauschen zu können. Ein Ustasche erzählte lautstark, daß die Deutschen an der Ostfront vorrückten, daß Stalingrad sicher fallen werde und die Deutschen den ganzen Kaukasus bereits erobert hätten. Der zweite Polizist ließ sich über die großen Flugzeuge der Deutschen aus und erwähnte bestimmte Waffen, die zum baldigen Kriegsende beitragen würden. Der Feldwebel lächelte zufrieden, nickte und stimmte mit den beiden überein, daß der Endsieg viel schneller komme, als selbst sie gehofft hatten.

Plötzlich drehte er sich um, entdeckte mich und brüllte:

»Hau ab! Was machst du hier?«

Ich ließ schnell den Besen fallen und ging zum Pferch hinüber. Dort erzählte ich Jakica, was ich gehört hatte. Die Nachrichten, die die Ustaschen sich so stolz erzählt hatten, stürzten uns in tiefe Verzweiflung.

Tod eines Partisanen

Ich war gerade im Hof, als ich einen mageren, kleinen Mann in Zivilkleidung auf einem Fahrrad sah, der allerdings eine

Ustascha-Mütze trug und auf der Straße von Predojevac herkam, einem Dorf in ein paar Kilometern Entfernung von Obradovci. Am Eingang zum Försterhaus hielt er abrupt an, lehnte sein Fahrrad an den Zaun und ging auf den Wachposten zu. Nachdem der Wachhabende seine Nachricht vernommen hatte, rief er den Feldwebel herbei. Dieser rannte ohne Mütze aus dem Haus, hörte sich die Meldung an und eilte ins Haus zurück, offensichtlich um sich seine Waffen zu holen und den Ustaschen, die sich dort aufhielten, den Befehl zu erteilen, sich ebenfalls zu bewaffnen und ihm zu folgen. Unter ihnen befand sich auch Ćuza, der Ustasche, der mich in Feričanci ständig zusammengeschlagen hatte. Er verließ das Haus in offenkundiger Panik und rannte sofort in Richtung der am Ende des Hofs gelegenen Latrinen. Die anderen Ustaschen ergriffen ihre Gewehre und Handgranaten, und sieben Ustaschen machten sich mit dem Feldwebel an der Spitze überstürzt in Richtung Predojevac auf.

Ich stand im Hof und rechnete damit, daß etwas Schreckliches geschehen würde. Eine halbe Stunde später hörten wir Schüsse, ein Maschinengewehr ratterte, und schließlich vernahmen wir Detonationen von Handgranaten. Dann wurde es still, und in der Ferne, bei Predojevac, stieg Rauch auf – ein Zeichen dafür, daß ein Haus in Brand gesteckt worden war. Bald darauf tauchten die Ustaschen wieder auf, keuchend, mit roten Gesichtern, schwitzend und hocherfreut, denn sie trieben einen gefesselten Partisanen vor sich her. Ich betrachtete aufmerksam den jungen Mann in der Uniform der jugoslawischen Armee, der bleich und ängstlich, von Ustaschen umringt, dastand. Seine Hände waren mit Stacheldraht gefesselt, sie waren angeschwollen und blau angelaufen. Dann öffnete sich die Tür der Latrine, und Ćuza erschien. Er näherte sich der Gruppe, beschimpfte lautstark den Gefangenen und drohte ihm mit dem Tode. Dann holte er mit dem Gewehrkolben aus und hieb ihn heftig auf die Brust.

Da begriff ich, was für ein Feigling dieser Ćuza war. Erst hatte er sich vor lauter Schiß auf der Latrine versteckt, und sobald die Gefahr vorbei war, spielte er sich vor dem gefesselten Opfer auf, als ob er weiß Gott wie tapfer wäre.

Den Gesprächen der Ustaschen entnahm ich, was geschehen war. Eine Gruppe von Partisanen hatte die Nacht in Predojevac im Hause eines serbischen Bauern verbracht. Sein Nachbar, ein Kroate, hatte sie entdeckt, sich auf sein Fahrrad gesetzt und war ins Lager geeilt, um sie anzuzeigen. Ein Partisan war gefangengenommen worden, und alle anderen, die versucht hatten, aus dem brennenden Haus zu entkommen, waren getötet worden.

Der Feldwebel befahl den Ustaschen, ins Dorf zu gehen und einen der Bewohner auf dem Pferdewagen mitzubringen. Daraufhin eskortierten zwei Ustaschen den gefesselten Partisanen nach Feričanci. Am Morgen überbrachte uns der Vorratsfahrer Edo Sajer die Nachricht, daß der Partisan massakriert worden sei und die Ustaschen nach der vollbrachten Tat die ganze Nacht gezecht und gegrölt hätten.

Die Angst vor den Partisanen veranlaßte die Ustaschen ein paar Tage später, weitere zehn Mann nach Obradovci zu verlegen, so daß nun dreißig Ustaschen auf dreißig Häftlinge kamen. Die Lage war jetzt also für uns weit ungünstiger als vorher, da die Wachen verstärkt, die Zahl der Soldaten erhöht, die Vorsichtsmaßnahmen verschärft und einige Bunker um das Försterhaus neu eingerichtet worden waren.

Zweiter Fluchtplan

Da Golub das Vieh regelmäßig untersuchte, konnten wir häufig Fluchtpläne schmieden. Er wurde der politische Führer unserer Gruppe, die vorhatte, zu fliehen. Während eines unserer Gespräche sagte er mir, daß ausschließlich unser kleiner Kreis den Fluchtversuch unternehmen könne. Ich widersprach recht heftig – in diesem Fall würden die zurückbleibenden dreiundzwanzig Häftlinge mit Sicherheit ihr Leben verlieren! In einer Lage, in der sich keine wirklich erfolgversprechende Aussicht auf Rettung bot, geschah nun etwas, das die Situation vollständig veränderte.

An einem warmen, sonnigen Tag Mitte August lagen um die Mittagszeit die Kühe im Schatten einiger hoher Eichen, während ganz in meiner Nachbarschaft, in zwanzig Metern Entfernung, ein Mann aus dem Dorf einen Baumstamm zersägte, um Holzscheite zu spalten. Irgendwann setzte er sich auf einen Baumstumpf, nahm Brot und Schweineschmalz aus einem weißen Beutel und begann zu essen. Ich verstand das als eine wortlose Einladung, mich ihm zu nähern, damit er mir etwas zu essen geben konnte. Ich zog der Kuh, die unmittelbar in meiner Nähe stand, eins mit der Gerte über, und sie rannte in Richtung des Holzfällers los. Ich eilte ihr hinterher in den Wald, voller Angst, daß ein Ustasche auftauchen könnte; einer von jenen, die uns von Zeit zu Zeit kontrollierten. Ich schaute nach rechts und nach links, sah, daß keiner da war, und näherte mich dem Mann aus dem Dorf. Er begrüßte mich lächelnd und bot mir an, auf dem Baumstumpf neben ihm Platz zu nehmen. Zuerst fragte er mich, wie es uns im Lager erging. Ich schaute ihn mißtrauisch an, denn ich mußte vorsichtig sein, da es sich ja um einen Provokateur hätte handeln können. Ich antwortete also, es ginge uns gut, worauf er sarkastisch lachte:

»Ich kenne die Ustaschen gut, ich war ihnen ausgeliefert, und das mit üblen Folgen.«

Ich schaute ihm schweigend zu, wie er langsam sein Hemd aufknöpfte und seine Brust entblößte. Er hatte einige noch nicht verheilte Schnittwunden auf der Brust, die von einer Dolchklinge stammten – die Spuren eines Ustascha-Messers.

Dann zog er den einen Bauernschuh mit Gummisohlen von seinem rechten Fuß und zeigte mir die Wunden zwischen seinen Zehen. Er erzählte mir, daß die Ustaschen mit Benzin getränkte Lappen zwischen seine Zehen gesteckt und angezündet hatten. Er war ins Gefängnis geworfen worden, einfach weil er ihnen verdächtig erschien, und sie hatten ihn gefoltert, um ein Schuldeingeständnis aus ihm zu erpressen. Er aber war standhaft geblieben und hatte nichts zugegeben. Da sie keine Beweise hatten, ließen sie ihn schließlich laufen. Sie hatten ihn verdächtigt, mit den Partisanen zu tun zu haben, in Verbindung mit ihnen zu stehen, ihnen Kämpfer zuzuführen usw. Dann bekannte er mir offen, daß er Mitglied des Volksbefreiungskomitees sei und daß sich ganz in der Nähe, in den slawonischen Bergen, eine große Anzahl von Partisanen aufhielten. Sie seien gut bewaffnet und schlagkräftig, ihre Ausrüstung und Waffen kämen direkt aus Zagreb. Er behauptete sogar, daß es etwa 80 000 Bewaffnete seien. Es war mir klar, daß er übertrieb, aber ich setzte trotzdem unser Gespräch fort. Ich fragte ihn, ob er Genaueres von den Partisanen wisse, die im Nachbarort umgekommen waren. Er nickte und nannte sogar ihre Namen. Es war ein Gelände-Sturmtrupp gewesen, der sich den Tag über im Haus eines serbischen Dorfbewohners aufgehalten hatte; der kroatische Nachbar hatte sie denunziert. Ich erzählte ihm, daß ich den Denunzianten mit seiner Ustascha-Mütze gesehen hatte, ebenso den gefangenen und gefesselten Partisanen. Schließlich fragte er mich offen, ob wir vorhätten, zu den Partisanen zu fliehen. Überrascht und froh bekundete ich unsere Entschlossenheit, uns den Partisanen anzuschließen. Er lächelte, zufrieden mit meiner Antwort, und versprach, alle Vorbereitungen zu treffen. Ich fragte, was er genau vorhabe, und er antwortete, er werde den Partisanen Bescheid sagen, sie sollten anrücken und das Lager von außen angreifen, während wir zur gleichen Zeit die Ustaschen von innen attackieren sollten. Er nahm ein Stück Brot aus seinem Beutel, schnitt eine Scheibe davon ab und legte ein ordentliches Stück Speck drauf. Ich aß, während er immer noch zufrieden lächelte, nickte und sagte, daß wir alle gerettet würden. Ich schlug ihm vor, er solle am nächsten Abend zu mir auf die Wiese kommen, wo ich das

Vieh hütete; ich würde einen Kameraden mitbringen, so daß wir die Einzelheiten mit ihm besprechen könnten. Er versprach zu kommen und zeigte auf den dichten Wald hinter mir. Man nannte ihn »Schonung«, weil die Bäume zum Fällen noch zu jung waren. Am Abend erzählte ich Golub, unserem Tierarzt, von meiner Begegnung mit dem Mann aus dem Dorf, der mir abschließend gesagt hatte, sein Name sei Dragić. Golub war zufrieden und sagte mir, er werde ganz sicher kommen und mit Dragić reden. Das hob unsere Stimmung. Die Hoffnung keimte wieder auf, daß unser aller Rettung bevorstand.

Am nächsten Tag kam Golub etwas früher, setzte sich neben mich, und wir erörterten nochmals unsere Lage. Als wir Zweige knacken hörten, sagte ich Golub, er solle in den Wald gehen. Ich hielt draußen Wache; so hatten wir es ausgemacht, um sicherzugehen, daß sich kein Ustasche näherte. Falls doch jemand auftauchte und über die große Wiese herüberkäme, sollte ich das deutsche Lied »Lili Marleen« pfeifen.

Die Zeit schlich dahin, und Golub kam nicht aus dem Wald zurück. Schließlich sah ich einen Ustaschen auf mich zukommen. Im Abstand von etwa 100 Metern blieb er stehen und rief:

»Hast du auch gut auf sie aufgepaßt?«

Ich bejahte und sagte, er solle sich keine Sorgen machen; da drehte er um und entfernte sich in eine andere Richtung.

Endlich kam der Tierarzt aus dem Wald und setzte sich neben mich, er war zufrieden und lächelte. Er sagte, Dragić habe ihm im wesentlichen das gleiche mitgeteilt wie mir, aber mit weitaus mehr Einzelheiten. Sie seien übereingekommen, daß die Partisanen das Lager nachts angreifen sollten. Dragić hatte sich nach der genauen Anzahl der Ustaschen erkundigt, und Golub hatte ihm die Standorte der Wachposten und Bunker aufgezeichnet. Sie vereinbarten, daß diejenigen von uns, die Wache hielten, alle anderen Häftlinge wecken sollten, sobald die Partisanen angriffen. Dann hatten sie noch über unsere »Bewaffnung« gesprochen. Wir konnten uns Schraubenzieher besorgen, eventuell auch ein Messer oder einen Hammer. Seit jenem Abend waren jede Nacht sieben von uns nacheinander im »Dienst«. Boža Švarc hatte es irgendwie geschafft, seine Uhr zu behalten, so daß wir die Schichten gleichmäßig einteilen konnten.

Wir warteten auf die Partisanen voller Hoffnung und Ungeduld, denn wir waren uns im klaren, daß die Wiesen bald abgeweidet sein würden, und da der Sommer recht trocken war, würden wir wieder nach Jasenovac zurückgebracht werden. Das wäre unser Todesurteil gewesen.

Schließlich wurde es September, aber die Partisanen kamen nicht. Um an irgendeine Waffe zu gelangen, tauschte ich mit einem anderen Häftling ein Schuhmachermesser ein, ursprünglich dazu gedacht, um Leder zu schneiden. Es war ein flaches, gebogenes Stahlmesser mit einer abgeschrägten Klinge und einem mit Leder bezogenen Griff. Ich hatte es über meiner Pritsche zwischen den Brettern im Obergeschoß versteckt.

Der zweite Fluchtplan scheitert

Die Bauern kümmerten sich weiterhin um uns; der bucklige Ilija brachte mir ziemlich regelmäßig Lebensmittel. Eines Tages kutschierte er wieder seinen Karren mit Eichenstämmen. Aus Vorsicht wandte ich ihm den Rücken zu, und er schaute in die entgegengesetzte Richtung. Als er an mir vorbeifuhr, sagte er mir:

»Braco, Dragić mußte abhauen.«

Ich erstarrte, denn das bedeutete, daß unsere Vereinbarung gescheitert war. Wir schauten weiterhin in entgegengesetzte Richtungen, führten unser Gespräch aber kurz fort. Ich erfuhr, daß Dragić zu den Partisanen geflohen war; er war dazu gezwungen, denn sein Verweilen im Dorf war zu gefährlich geworden, seit sein Sohn sich vor kurzem den Partisanen angeschlossen hatte. Er sagte mir auch, daß nur noch Dragićs Frau in ihrem gemeinsamen Haus lebte, und so bat ich Ilija, er möge sie am Abend zur »Schonung« schicken, wo ich sie erwarten würde.

Bei Sonnenuntergang fragte ich mich ängstlich, ob Dragićs Frau wohl kommen würde. Ich saß gerade am Waldesrand, als ich trockene Zweige in der Schonung knacken hörte. Ich stand auf. Nicht weit von mir erblickte ich eine hochgewachsene Frau mittleren Alters, die trockene Zweige in ihrer Schürze sammelte. Ich begriff, daß sie dies als Vorsichtsmaßnahme tat, falls die Ustaschen unerwartet auftauchten. Wir stellten uns gegenseitig vor; sie hatte sichtlich Angst und teilte mir rasch mit, daß Dragiša uns ausrichten ließe, wir sollten nicht fliehen, weil eine Offensive gegen die Partisanen eingeleitet worden sei. Überall stünden Wachposten und seien Hinterhalte gelegt, daher sei es gefährlich, irgend etwas zu unternehmen. Auf meine Frage, ob sie etwas über die Pläne der Partisanen wisse, erklärte sie ganz entschieden, sie würden nicht kommen, weil die Offensive gegen sie so massiv sei. Ich sah ein, daß unsere Befreiung und unser zweiter Plan zu unserer Lebensrettung abermals zum Scheitern verurteilt war. Aber ich ließ nicht locker und wollte mich mit einem solchen Ergebnis einfach nicht abfinden; deshalb bestand ich darauf, sie sollte mir sagen, ob es irgendeinen Mann – ihren Bruder, Schwiegersohn oder Patenonkel – gebe, mit dem wir reden könnten. Sie sagte mir, sie habe niemanden außer ihrem Trauzeugen, den sie schicken könnte, um mit uns zu sprechen. Wir vereinbarten, daß sie diesen Mann vom nächsten Tag an immer um dieselbe Stunde an denselben Ort schikken und ich mit einem anderen Häftling auf ihn warten würde.

Als ich am Abend mit den Kühen ins Lager zurückkam, schaute ich nach dem Tierarzt Golub. Ich erzählte ihm, was geschehen war, und bat ihn, mich am nächsten Tag zum Treffen mit Dragićs Trauzeugen zu begleiten. Golub war einverstanden, und wir sprachen noch geraume Zeit darüber, wie wir es anstellen sollten.

Am nächsten Abend traf Golub beim vereinbarten Ort ein.

Der dritte Fluchtplan

Dragićs Trauzeuge war ein hochgewachsener Mann mit sonnenverbranntem Gesicht und etwa fünfunddreißig Jahre alt. Er ging mit entschlossenen und schnellen Schritten auf uns zu, begrüßte uns freundlich und fragte, wer von uns beiden Braco sei. Ich stellte mich vor, und er sagte, sein Name sei Petar. Wir gingen tiefer in den Wald hinein. Er erzählte uns sofort, wie und warum Dragić geflohen war. Wir fragten ihn, was wir seiner Meinung nach tun sollten. Er antwortete mit einer Gegenfrage:

»Ihr wollt fliehen?«

Golub antwortete, daß alle von uns fliehen wollten. Das hielt Petar für unmöglich, weil wir ohne die Hilfe der Partisanen auskommen mußten und eine beträchtliche Anzahl Ustaschen uns bewachte. Wir sagten ihm, daß wir zu siebt seien, wir uns gegenseitig vertrauten und daß in diesem Fall eben nur wir sieben fliehen würden. Wir fragten ihn, in welche Richtung wir uns am besten wenden sollten, um auf die Partisanen im Gebiet von Krndija zu stoßen. Er beschrieb sehr genau das Gelände, das wir durchqueren mußten, und betonte, daß das schwierigste Hindernis die Eisenbahnschienen in der Nähe der Bahnstation in Zdenci seien. Ganz zu Beginn mußten wir eine große Wiese zwischen unseren Viehpferchen und einem ausgedehnten Waldgebiet überqueren. Danach mußten wir uns südwärts halten. Er warnte uns, daß wir an einem faschistisch gesinnten kroatischen Dorf vorbeikommen würden. Wir sollten nicht durch dieses Dorf gehen, sondern es in einem weiträumigen Bogen meiden und dann weiter nach Süden marschieren. Das nächste Hindernis sei dann eine durch den Wald führende Schmalspurbahn der Našice-Gesellschaft. Diese Eisenbahn diente dem Holztransport, war derzeit aber stillgelegt; er wußte allerdings nicht, ob die Gleise bewacht waren. Was die Straße anbelangte, die wir überqueren mußten, so wußte er, daß dort Truppen im Hinterhalt lagen, da die Offensive gegen die Partisanen in vollem Gange war. Nach der Straße kämen wir in ein Gebiet voller Weinberge, das schon zum serbischen Partisanendorf Pištane gehörte. Dort wären wir dann auf befreitem, auf Partisanengebiet.

Wir prägten uns jede Einzelheit genauestens ein. Schließlich fragte ich ihn, ob er etwas für uns tun könne. Ohne zu zögern antwortete er:

»Ich würde alles für euch tun.«

Ich sagte ihm, wir bräuchten Waffen zu unserer Verteidigung, etwas, das wir bei uns tragen könnten, am besten Knüppel. Er schaute mich und Golub erstaunt an, sagte dann aber zu, uns ein paar Knüppel zurechtzuschneiden und sie entlang des Weges, den wir nehmen mußten, zu verstecken. Wir einigten uns auf einen Haselbusch am Waldrand.

Nach unserer Unterredung drückte Petar fest unsere Hände und wünschte uns allen Erfolg bei der Flucht; er umarmte uns und küßte uns auf beide Wangen. Dann verschwand er im Dikkicht der Schonung. Golub und ich setzten uns an den Waldrand und besprachen die Einzelheiten unseres Fluchtplans.

Die einzige Zeitspanne, die für unsere Flucht in Frage kam, waren die zehn bis fünfzehn Minuten ohne Kontrolle durch die Ustascha, also bei Sonnenuntergang, wenn das Vieh von der Weide kam. Die Ustaschen blieben dann oft im Lager beim Brunnen, zogen ihre Hemden aus und wuschen sich den Staub ab. Wir würden bis zu dem kleinen Wäldchen weitergehen, wo der Pferch lag, ungefähr 100 Meter vom Lager entfernt. Dann hätten wir die Gelegenheit, an einer Stelle, wo der Stacheldrahtverhau niedrig war, über den Zaun zu springen und wegzurennen. Alles hing davon ab, welcher der Ustaschen uns begleitete, denn es gab welche, die uns auf Schritt und Tritt folgten. In diesem Falle müßten wir ihn töten, sein Gewehr schnappen und loslaufen. Das wiederum bedeutete, daß wir etwas finden mußten, womit wir ihn töten konnten. Golub schlug vor, ihm mit einem Stein den Schädel einzuschlagen. Nun mußten wir den Zeitpunkt für unsere Flucht festlegen. Vor allem mußte die Nacht klar und ohne Mondlicht sein.

Ich hütete jeden Tag die Kühe allein auf der Wiese in der Nähe und kehrte, wie gesagt, viel früher als die anderen ins Lager zurück. Daher mußte Feliks in seiner Eigenschaft als Verwalter mich jener Gruppe von Viehhütern zuteilen, in der die fluchtwilligen Kameraden arbeiteten. In dieser Gruppe befanden sich zwei Häftlinge, denen wir nicht trauten und die deshalb nicht in den Fluchtplan eingeweiht waren, weil wir nicht ausschließen konnten, daß sie uns verrieten. Man müßte es so einrichten, daß diese beiden zum Abendessen ins Lager zurückkehrten, bevor wir zur Flucht aufbrachen. Von Vorteil war für uns der Tatbestand, daß Feliks und Golub sich frei und ohne Aufsicht bewegen konnten.

Wir mußten die Einzelheiten abermals durchgehen. Dabei achteten wir darauf, daß sich niemals mehrere trafen, sondern immer nur zwei. Auf diese Art vermieden wir es, die Aufmerksamkeit der anderen Häftlinge auf uns zu ziehen, denn unter ihnen konnte sich vielleicht ein Feigling befinden, der Verdacht schöpfte. Am nächsten Morgen, als wir zu den Arbeiten eingeteilt wurden, sagte Feliks vor versammelter Mannschaft, ich hätte die Kühe nicht ordentlich gehütet und sollte deshalb von nun an in der zweiten Herde arbeiten. Daraus schloß ich, daß Golub mit ihm hatte sprechen können. Golub ging regelmäßig von einer Herde zur anderen und konnte mit jedem von uns einzeln sprechen. Ich erhielt den Auftrag, einen großen Stein oder Ziegel aufzutreiben und am Tor des Pferches bereitzulegen. Ich war froh, daß die Vorbereitungen so rasch und heimlich vonstatten gingen. Nun legten wir das Datum für die Flucht fest: den 12. September 1942. Golub kannte sich gut in Astronomie aus; er hatte berechnet, daß diese Nacht mondlos sein würde.

Die Tage und Nächte waren klar, so daß man den Standort der Sterne sicher bestimmen konnte. Unglücklicherweise fiel ausgerechnet auf den 12. September das jüdische Neujahrsfest. Wir wußten, daß die zurückbleibenden Häftlinge Übles erwartete. Feliks ging davon aus, daß man sie nach Jasenovac zurückbringen würde. Ich grübelte viel darüber nach, ob es sinnvoll und gerechtfertigt war, das zu tun, was wir vorhatten. Wir hatten ja bereits zwei Pläne ersonnen, durch die im Erfolgsfall die große Mehrheit der Lagerinsassen gerettet worden wäre; leider waren aber beide fehlgeschlagen. Jetzt allerdings drohte uns unmittelbar die Gefahr, daß wir Ende September, wenn die Weidezeit vorüber war, alle nach Jasenovac zurückgebracht würden. Wenn unser Plan gelang, dann wären wenigstens sieben von uns gerettet, und wir könnten uns den Partisanen anschließen. Duško Holcner, ein Wirt aus Daruvar, der vor ein paar Tagen erfahren hatte, daß seine Frau und seine drei Kinder in Loborgrad, einem Ustascha-Konzentrationslager für Frauen und Kinder, ermordet worden waren, weinte die ganze Nacht. Am Morgen sagte er jedem von uns mit entschlossener Stimme:

»Unsere Flucht hat nur ein Ziel: Mit dem Gewehr in der Hand zu sterben – als menschliche Wesen!«

Wir nahmen das als unseren Schwur an.

Obwohl mit unserer Flucht so mancherlei Gefahren verbunden waren – auch die, wieder eingefangen und getötet zu werden –, mußten wir den Mut und die Stärke finden, die ein solches Unternehmen erforderte.

Letztes Gebet

Es war der 11. September, am Vorabend von Rosch ha-Schana, dem jüdischen Neujahrsfest. Nach dem Abendessen versammelten sich die Häftlinge im Obergeschoß. Ich trat als einer der Letzten ein und sah folgende Szene: Feliks stand vor den anderen, und er trug eine Kappe auf dem Kopf, die anderen ebenso; über die Schultern hatte er einen weißen »Talet« geworfen, und er hielt ein Gebetbuch in der Hand. Neben ihm stand ein Mann mit zwei Kerzen in den Händen. Ich schloß die Tür hinter mir, als Feliks mit leiser Stimme das Gebet aufsagte. Ich hörte die vertrauten Worte:

»Baruch ata Adonai…«

Die anderen wiederholten in kurzem Abstand das Gebet. Ich war tief gerührt, weil es mich an die längst vergangenen Tage erinnerte, als ich Vaters Gebet in unserem behaglich warmen Haus lauschte. Die Kerzen brannten, und wir saßen in festlicher Stimmung um den gedeckten Tisch, bereit, das neue Jahr zu begrüßen. Ich schaute in die Gesichter der Anwesenden, mit denen ich so manches Leid und manche Notlagen geteilt hatte. Mich durchzuckte eine Vorahnung all dessen, was ihnen bevorstehen könnte. Feliks sprach das Gebet weiter; es endet wie alle jüdischen Gebete mit der Bitte an Gott, das nächste neue Jahr in Jerusalem begrüßen zu dürfen. Schließlich sagte Feliks: »Amen«, und die anderen stimmten im Chor ein. Danach sprach er auf Serbisch weiter. Er versuchte die Anwesenden zu überzeugen, nicht die Hoffnung aufzugeben und an Gottes Hilfe zu glauben. Mir traten Tränen in die Augen, und ich wischte sie heimlich weg.

Die Flucht

Der 12. September – der Tag unserer Rettung oder unseres Verderbens – brach an. Es war ein warmer, sonniger Morgen; gemäß unserer Abmachung mußten wir wärmere Kleider mitnehmen, da der Winter bevorstand. Wir machten uns auf den Weg zur Arbeit, sichtlich aufgeregt, da wir ja wußten, wie entscheidend dieser Tag für uns sein würde. Der Ustasche, der normalerweise im Lager blieb und uns allein zum Pferch gehen ließ, begleitete die Herde. Das war ein gutes Omen, und entsprechend stieg unsere Hoffnung auf Erfolg. Die Sonne bewegte sich langsam nach Westen, und wir warteten, bis sie dicht über dem Horizont stand, damit wir als letzte ins Lager zurückkamen. Wir harrten aus, bis die Gruppe vor uns das Vieh in den Pferch getrieben hatte und die Wachen ins Lager zurückgegangen waren. Dann war die Reihe an uns, und wir trieben das Vieh in die Umzäunung. Der Ustasche ging sofort zum Brunnen, zog sein Hemd aus und begann sich den Oberkörper zu waschen. Wir warfen uns zufriedene Blicke zu und machten weiter. Sobald das Vieh im Pferch war, hantierte jeder von uns mit irgend etwas herum. Feliks und Golub hielten sich bei uns auf. Ich assistierte Golub bei der angeblichen Begutachtung der Kühe, während Hugo den Ziegel nahm und so tat, als ob er ein abgerissenes Stück Stacheldraht reparierte. Wieder ein anderer versuchte, einen widerspenstigen Bullen an einen Baum zu binden. Auf diese Weise zogen wir unseren Aufenthalt im Pferch in die Länge, während die beiden unzuverlässigen Häftlinge, die nicht für die Flucht mit eingeplant waren, vom Hunger getrieben zum Lager eilten.

Wir hatten vereinbart, daß Hugo, der in der ehemaligen jugoslawischen Armee Leutnant gewesen war, bei der Flucht das Kommando übernehmen sollte. Wir hörten, wie er mit lauter Stimme rief:

»Springt über den Zaun!«

Schon vorher hatten wir an der Stelle, wo wir den Zaun überqueren mußten, zwei Reihen Stacheldraht abgemacht und nur lose befestigt. Wir sprangen nun einer nach dem anderen darüber und warteten, bis alle auf der anderen Seite waren. Ich war der letzte. Ich stieg mit einem Bein über den Draht, mit dem anderen stand ich immer noch im Pferch. In diesem Augenblick schoß mir der Gedanke, der mich ständig quälte, wieder durch den Kopf: War es gut und ehrenhaft, was wir da taten? In der nächsten Sekunde war mir aber klar, daß es keine andere Lösung gab; ich zog mein anderes Bein über den Zaun und fand mich außerhalb der Umfriedung auf dem Weg zur Freiheit wieder. Es war Viertel nach sieben, die Sonne ging gerade hinter den Baumkronen unter, die schon lange Schatten warfen.

Wir verließen den Wald, in dem der Pferch stand, und befanden uns vor einer ausgedehnten Wiese, die wir überqueren mußten, um in den großen Wald zu gelangen, durch den unser Weg nach Süden führte. Als wir über die Wiese rannten, bemerkten wir einen tiefen, mit Schilf bewachsenen Graben. Hugo befahl uns, hineinzuspringen. Der Graben war fast zwei Meter tief, so daß wir die Strecke zum Wald ungesehen zurücklegen konnten. Das Schilf raschelte, als wir dagegen stießen, und das machte ein Geräusch, das uns in unserer Angst nur umso lauter erschien. Ab und an spähten wir aus dem Graben und schauten zurück in Richtung des Lagers. Doch kein Mensch war auf der Wiese. Nach diesem ermüdenden Lauf erreichten wir den Saum des Waldes. Wir verließen den Graben und fanden den Haselbusch, wo Petar, wie vereinbart, die Knüppel für uns hätte verstecken sollen. Ich suchte sie, konnte sie aber nicht finden. Dann sah ich jedoch ein paar Zweige mit verwelkten Blättern, und als ich sie beiseite schob, fand ich sieben ordentlich zurechtgemachte Knüppel. Sie kamen mir vor wie sieben Gewehre! Wir nahmen jeder einen und fühlten uns gleich stärker und kühner. Nun gingen wir tiefer in den Wald in südlicher

Richtung, als wir plötzlich drei Schüsse hörten, woraufhin drei Leuchtraketen ihre Bahn über den Himmel zogen. Das bedeutete, daß die Ustaschen im Lager unser Fehlen bemerkt hatten und auf diese Art das Lager in Fericanci benachrichtigten. Wir liefen weiter durch den Wald, bis wir abermals auf eine große Wiese kamen.

Der Himmel über uns war klar und sternenübersät. Golub hielt an und hielt nach dem Polarstern im Sternbild des Kleinen Bären Ausschau. Er erklärte uns, da wir direkt nach Süden müßten, sollte sich der Polarstern hinter uns befinden. Weiter im Süden leuchteten die Lichter der Bahnstation Zdenci; dort befanden sich die Eisenbahnschienen. Hugo dachte, es sei besser, die Schienen ganz in der Nähe der Bahnstation zu überqueren, weil die Ustaschen es dort mit der Bewachung nicht so genau nehmen würden wie auf offener Strecke, wo die Patrouillen ständig unterwegs waren. Wir näherten uns vorsichtig den Gleisen, die auf einem hohen Damm lagen. Das Gelände beiderseits des Damms war eben. Wir befanden uns direkt unter den Gleisen, als wir ein scharfes: »Wer da?« hörten.

Eine andere Stimme erwiderte: »Die Ustascha-Patrouille!«

Sie tauschten ihre Parolen aus, und die Wachablösung ging vonstatten. Dies spielte sich in unserer unmittelbaren Nähe ab, während wir uns stillschweigend am Fuße des Dammes niederkauerten. Wir sahen, wo der Wachposten stand und wie die Patrouillen die Schienen entlanggingen. Hugo rückte etwas weiter vor und erteilte den Befehl, daß wir einer nach dem anderen über die Gleise rennen sollten. Ich als der Jüngste kletterte rasch den Damm hinauf und rannte auf der anderen Seite hinunter. Ich quakte wie ein Frosch und gab den anderen damit das Signal, daß die Luft rein war. Sie kamen nacheinander herüber, aber der Siebte, Mirko Mautner, fehlte. Hugo fragte den letzten, der den Bahndamm überquert hatte:

»Was ist mit Mirko?«

Er antwortete: »Mirko zieht seinen Pullover aus, er ist zu warm angezogen.«

Genau in diesem Augenblick fuhr der Passagierzug aus der Bahnstation los und warf sein helles Licht auf den Bereich rechts und links der Gleise. Hugo erteilte rasch den Befehl, weiterzumarschieren, und nicht darauf zu warten, bis Mirko die Gleise überquert hatte.

Wir fingen an zu laufen, um so schnell wie möglich von den Gleisen wegzukommen. Von Zeit zu Zeit kontrollierte Golub unsere Position bezüglich des Polarsterns, um sicherzustellen, daß wir in die richtige Richtung gingen; am Anfang unserer Marschkolonne eilte Hugo mit festem Schritt voran. An einer Stelle hielt er an, versammelte uns um sich und sagte leise:

»Vor uns liegt die Schotterstraße, über die wir drüber müssen. Wir haben gehört, daß möglicherweise Trupps hier im Hinterhalt liegen. Deshalb stellen wir uns im Abstand von zehn Metern auf und nähern uns langsam der Straße. Ich gebe euch mit einem Quaken das Signal, dann müssen alle zugleich über die Straße rennen.«

So wurde es gemacht. Während wir die Straße hinter uns ließen, hörten wir ein schweres Maschinengewehr knattern; die Kugeln pfiffen über unsere Köpfe. Wir rannten weiter und kamen bald in einen dichten Wald. Nur noch ein Hindernis lag vor uns: eine Schmalspurbahn für die Forstwirtschaft, die jetzt aber stillgelegt war. In der gleichen Formation wie zuvor rannten wir über die Gleise und fanden uns zwischen sanften Hügeln voller Weinreben wieder. Wie Petar uns gesagt hatte, waren das die Weinberge des Partisanendorfes Pištani; wir befanden uns auf befreitem Gebiet. Wir hielten mitten im Weinberg an, umarmten und küßten uns und beglückwünschten uns zur wiedererlangten Freiheit. Wir labten uns an süßen, reifen Trauben und setzten unseren Weg fort.

Nach einiger Zeit rief Hugo uns erneut zusammen und sagte:

»Jetzt, da wir auf befreitem Gebiet sind, müssen wir die Ustascha nicht mehr fürchten. Da die Offensive gegen die Partisanen aber in vollem Gange ist, könnten wir auf einen Hinterhalt der Partisanen stoßen; wir kennen ihre Parolen nicht, und das könnte tödlich sein. Es wäre meiner Ansicht nach das beste, wenn wir uns in den Büschen verstecken und die Nacht hier verbringen.«

Gesagt, getan. Jeder von uns mußte eine Stunde Wache stehen. Es war etwa ein Uhr morgens, und wir legten uns müde zur Ruhe bis auf Boža, der Wache halten mußte. Wenig später schreckten wir aus dem Schlaf, als wir plötzlich ganz in unserer Nähe Schüsse hörten. Als erstes dachten wir, die Ustaschen hätten uns gefunden und eingekesselt. Hugo befahl uns, ruhig zu bleiben und abzuwarten, was geschehen würde. Die Schießerei ging weiter; außer Gewehrfeuer vernahmen wir das Rattern von Maschinengewehren und Detonationen von Handgranaten. In der Morgendämmerung flaute der Gefechtslärm ab und hörte bei Tagesanbruch ganz auf.

Wir verließen das Gebüsch und stießen auf einen engen, staubigen Pfad. Die Spuren schwerer Militärstiefel waren deutlich zu erkennen, darunter aber auch von Schuhen der Dorfbewohner. Wir schlossen daraus, daß es Partisanen gewesen sein mußten, die hier vorbeigekommen waren. Wir machten uns auf diesem Pfad in Richtung Westen auf und erreichten bald eine Lichtung im Wald, auf der zwei Jungens Kühe hüteten. Wir kamen überein, zu ihnen hinzugehen und sie zu fragen, wo wir uns befänden. Die Jungens unterhielten sich lautstark und hatten unser Kommen nicht bemerkt. Als sie uns schließlich erblickten, grüßten sie uns vernehmlich:

»Hallo, Genossen!«

Wir waren also auf dem richtigen Weg und erwiderten den Gruß mit den gleichen Worten. Auf ihre Frage, woher wir kämen, antworteten wir, wir seien aus einem Konzentrationslager geflohen.

Die Partisanen

Wir stiegen bergauf, bis wir auf dem Gipfel auf eine Wache der Partisanen stießen. Von irgendwoher kam ein Kurier des Hauptquartiers angeritten. Er fragte uns, wer wir seien und woher wir kämen, notierte unsere Namen und entfernte sich zum Dorf. Wir setzten unseren Weg fort und erreichten bald das Dorf, in dem wir viele Partisanen antrafen. Wir warfen unsere Stöcke, die wir nun nicht mehr benötigten, fort und begannen uns mit ihnen zu unterhalten. Die Küche der Partisanen befand sich in der Nähe, und ein Dorfbewohner aus dem ersten Haus schlachtete gerade ein Schwein für das Mittagessen. Als er hörte, daß wir aus einem Lager geflohen waren, nahm er die Schweineleber und ein paar Stücke Fleisch, briet sie in einer Pfanne und reichte sie uns mit den Worten: »Ihr müßt seit langem Kohldampf schieben. Bedient euch.«

Nach diesem Festmahl brachte man uns in ein großes Gebäude, in dem Heu gelagert wurde; dort legten wir uns schlafen. Wir lagerten auf duftendem Heu, aber an Schlaf war nicht zu denken. Bis gestern waren wir Sklaven der Ustaschen gewesen, Schlachtopfer im Wartestand, und heute waren wir freie Männer, zukünftige Kämpfer.

Wir verließen das Gebäude und suchten die Soldaten auf. Ein paar von ihnen saßen an einem Bach, einige wuschen sich ihre Gesichter, andere ihre Wäsche. Manche von ihnen sangen Partisanen-Lieder. Ich erinnere mich an die Zeilen:

Oh Hitler, du bist als erster dran,
Wir dürsten nach deinem Blut.
Mussolini, Mussolini,
Dir wird's nicht besser ergehen.
Pavelić, du bist der Dritte,
Wir rösten dich bei lebendigem Leib.

Wir kamen ins Gespräch, und als sie hörten, daß wir Häftlinge des Konzentrationslagers Jasenovac gewesen waren, fragten sie uns, wie wir entkamen, wie es im Lager war, und die meisten erkundigten sich, ob wir Verwandte von ihnen, die dort interniert oder in andere Lager verschleppt worden waren, gesehen oder von ihnen gehört hätten. In Slawonien wütete die Ustascha mit Massenverhaftungen, Massakern und Deportationen in die Lager. Bedauerlicherweise konnten wir ihnen nichts über ihre Verwandten berichten, denn das Lager Jasenovac war eine riesige Todesfabrik, in der es weder die Zeit, die Möglichkeit noch das Bedürfnis gab, sich näher kennenzulernen.

Nach unserem Gespräch sangen sie keine Lieder mehr. Sie waren niedergeschlagen und stumm.

Nach dem Mittagessen gingen wir zur Beisetzung eines Kämpfers, der in der Schlacht von Orahovica gefallen war; der Partisan hatte den Spitznamen »Švaba« getragen und war der Bruder des Partisanen Lovac gewesen. Sie waren Tschechen aus Daruvar, und auch ihr Vater kämpfte als Partisan. Viele Frauen und Mädchen aus dem Dorf hatten sich um das Grab versammelt. Der Kommandeur der Einheit, Tihi, hielt eine Rede und schloß mit den Worten: »Weint nicht, Mütter, weint nicht, Töchter, ein Kämpfer für die Freiheit ist gefallen…«

Da begannen die Frauen lange und laut zu schluchzen und zu weinen und ihre Tränen mit den Zipfeln ihrer Schürzen abzuwischen. Einige Mitglieder der Agitprop-Gruppe sangen den Trauermarsch, und dann ertönte auf den scharfen Befehl des Kommandeurs der Ehrengarde ein Salutschuß. Ich fragte Hugo, der neben mir stand: »Warum nur ein Schuß?« »Sie sparen Munition«, war seine knappe Antwort.

Nach der Beerdigung kam der Kurier Jordan zu uns und teilte uns mit, daß wir im Hauptquartier erwartet würden.

Wir betraten ein Dorfhaus. In dem Raum saßen auf Bänken rund um einen großen Tisch gut gekleidete Partisanen-Offiziere mit ihren Rangabzeichen auf dem linken Ärmel. Wir waren mit den Dienstgraden nicht vertraut, bemerkten jedoch, daß der höchste Offizier in der Mitte der Bank saß. Wir nahmen auf einer Bank ohne Rückenlehne ihnen gegenüber Platz. Einer der Anwesenden, ein dünner und hochgewachsener Mann ohne Dienstgrad, wandte sich zu uns und erkundigte sich nach unseren Personalien. Wir begannen vom linken Ende der Bank, Feliks war der erste. Er nannte seine Daten und zählte die Ustascha-Lager auf, die er durchlaufen hatte. Abschließend berichtete er, wie wir entkamen. Dann waren wir anderen an der Reihe. Als die Befragung vorbei war, bemerkte ich, wie die Offiziere sich befremdet anschauten und sich dann dem Mann in ihrer Mitte, den sie mit »Genosse Grga« ansprachen, zuwandten. Sie fuhren fort, Fragen zu stellen, und wurden immer mißtrauischer, was ihren Gesichtern anzusehen war. Schließlich hörten sie auf, uns zu fragen, und flüsterten untereinander.

Es war offenkundig, daß sie den Wahrheitsgehalt unserer Aussagen bezweifelten, insbesondere den Umstand, wie wir sieben so einfach entkommen konnten. Golub ergänzte seine Aussage und sagte, daß das Nationale Befreiungskomitee des Dorfs Obradovci uns mitgeteilt habe, daß die Partisanen kämen, das Lager angreifen und uns alle befreien würden. Doch das vergrößerte die Zweifel nur, und der dünne Mann, der mit unserer Befragung begonnen hatte, sagte: »Uns ist bekannt, daß sich dort eine Gruppe von Lagerinsassen aus Obradovci aufhält, aber bislang haben wir keinen Angriff auf euer Lager geplant.«

Es wurde still, eine große Anspannung und Unsicherheit waren zu spüren. In diesem Moment öffnete sich eine Tür gegenüber dem Eingang, die auf den Hof hinter dem Haus führte. Ein Mann von ungefähr dreißig Jahren erschien, ohne Kopfbedeckung, in einer verwaschenen blauen Gestapojacke und einem weißen Hemd, den Kragen über die Jacke gestülpt. Er trug eine einfache, unauffällige Hose, und es war anhand seines Aussehens schwer zu beurteilen, wer er war. Er hielt an der Tür inne und heftete seinen Blick auf mich. Auch ich schaute ihn an, und für einen Augenblick hatte ich das untrügliche

Gefühl, es sei einer meiner Bekannten, aber ich wußte nicht wer. Golub, der rechts von mir saß, blickte den Neuankömmling ebenfalls an. Plötzlich sprang er überrascht auf und rannte auf ihn zu. Der Mann ging ihm entgegen. Sie umarmten sich, verharrten einen Augenblick still und umarmten sich erneut, wobei sie sich gegenseitig fragten: »Du bist am Leben? Wie bist du hierher gekommen?«

Dieser Mann war Golubs Parteivorsitzender in Zagreb gewesen. Beide wußten voneinander, daß sie jeweils von den Ustaschen verhaftet und in Todeslager geschickt worden waren. Deshalb war ihre Freude und Überraschung um so größer. Nach schlimmsten Nöten fanden sie sich nun in Freiheit und in der Partisanen-Bewegung wieder. Der Neuankömmling wandte sich an den Kommandeur und sagte ihm, daß er Golub kenne und sich für ihn verbürge. Die Gesichter der Offiziere hellten sich auf, und der Kommandeur erhob sich und hieß uns, um die Anspannung zu lösen, herzlich in der Nationalen Befreiungsarmee willkommen. Er sagte: »Wir sind die Armee, die gegen den Faschismus und für die Freiheit unserer Völker kämpft. Unsere Armee besitzt keine Waffenfabriken, keine Ausrüstung, Kleidung, Schuhwerk und was eine jede Armee sonst noch benötigt. All dies müssen wir unseren Feinden im Gefecht entreißen. Ihr sechs werdet euch als Stoßtrupp einer Einheit anschließen, die heute nacht einen Angriff auf die Hochburg unseres Feindes unternimmt. Ihr werdet ohne Waffen gehen, denn wir besitzen keine Waffen, die wir euch geben könnten. Eure Aufgabe ist es, die Waffen im Kampf zu erbeuten. Morgen, nach dem Angriff, sprecht ihr mit euren Waffen bei mir vor.«

Dann standen alle auf, kamen zu uns her und unterhielten sich herzlich mit uns. Der Vorsitzende erschien mit einer Flasche Brandy und Gläsern. Wir prosteten uns gegenseitig zu und stießen auf einen erfolgreichen gemeinsamen Kampf an.

Später erfuhr ich, daß unser Befehlshaber Grga Jankes hieß und der Fremde, der uns vor Unannehmlichkeiten bewahrt hatte, auf den Namen Zuća hörte.

Das erste Gefecht

Der Kurier Jordan brachte uns zu der Einheit, die für den Angriff vorgesehen war. Deren Kommandeur begrüßte uns herzlich und teilte uns in Gruppen zu je zehn Mann auf. In der Gruppe, der ich zugeteilt war, verhielten sich die Männer sehr zuvorkommend mir gegenüber, denn sie wußten, daß ich aus dem Lager geflohen war und von Kriegführung keine Ahnung hatte. Ich saß neben einem älteren Kämpfer, Marko, der meinem Bericht über das Lager sehr aufmerksam zuhörte. Ich wollte wissen, was mich in dem Gefecht erwartete, und so fragte ich ihn, wie man ein Gewehr handhabt und welche Art von Waffen es gab. Er zeigte mir sein Gewehr und wie es funktionierte. Ich fand heraus, daß die Mauser[3] das beste Gewehr war, daß es aber auch noch andere Fabrikate gab. Dann zeigte mir Marko, wie man zielt und den Abzug am Gewehr betätigt; er brachte mir auch die Handzeichen bei, die man in der Nacht verwendete.

Bevor es dunkelte, brach die Einheit zu dem Ort auf, wo der Angriff stattfinden sollte. Es ging lange Zeit bergauf und bergab, bis wir von einer Hügelkette aus die vom elektrischen Licht beleuchtete Ortschaft erblickten. Ich stand neben Marko, der mir als alter und erfahrener Kämpfer Mut einflößte. Er sagte mir, der Ort heiße Slatinski Drenovac; die Ustaschen waren dort im Schulgebäude stationiert. Unsere Kolonne rückte langsam auf Drenovac vor. Von der Spitze unserer Einheit wurden die Erkennungszeichen weitergegeben. Ich wiederholte sie mehrfach, um sie nicht zu vergessen. Schließlich erreichten wir den

3 So genannt nach den Gebrüdern Paul und Wilhelm Mauser, Waffenkonstrukteure im württembergischen Oberndorf. Das Mausergewehr, ein Einzellader mit verbessertem Schloß und Metallpatronen, wurde Ende der 60er Jahre des 19. Jh.s in der deutschen Armee eingeführt. [P. P.]

Ort und kamen durch einige Gärten an einen Pflaumenhain, der ungefähr 100 Meter von der Schule entfernt war. Der Kommandeur schaute auf seine Uhr und wartete, bis der für den Angriff vereinbarte Zeitpunkt gekommen war. Er teilte die Einheit am Rande des Pflaumenhains in einzelne Stoßtrupps auf; vor uns lag freies Gelände. Plötzlich ertönte auf der anderen Seite der Schule ein Gewehrschuß. Vermutlich war einer unserer Leute dort auf einen Wachposten gestoßen, der mit seinem Schuß die Ustaschen alarmierte. Unverzüglich feuerten sie mit Gewehren und Maschinengewehren durch die Schulfenster. Wir warfen uns zu Boden und waren ohne Deckung, da die dünnen Pflaumenbäume keinen Schutz boten. Ein Soldat neben mir wurde getroffen, er schluchzte auf und rief: »Krankenschwester, Krankenschwester!«

Zu meiner rechten Seite waren zwei weitere Männer verwundet worden. Der Kommandeur, offensichtlich ein erfahrener und mutiger Kämpfer, behielt die Fassung und befahl: »Granatenwerfer nach vorne!« Unverzüglich standen drei Soldaten neben dem Kommandeur, der ihnen kurz und knapp sagte, was sie zu tun hatten. Jeder von ihnen hatte einen Leinenbeutel mit Handgranaten bei sich. Sie legten ihre Gewehre ab, während der Kommandeur laut rief: »Dauerfeuer auf die Fenster!«

Es folgten Salven aus allen Gewehren und Maschinengewehren, bis der Beschuß aus der Schule verstummte. Die Granatenwerfer krochen vorwärts, während die Soldaten der rückwärtigen Linie unablässig auf die Fenster der Schule feuerten. Ich beobachtete die Stoßtrüppler und bangte um ihr Leben, wobei mir aber klar war, daß sie unter unserem Feuerschutz vorrückten. Als sie die Fenster erreichten, schrie der Kommandeur: »Stop!«

Die Stoßtrüppler standen abrupt auf und warfen flink einige Granaten durch die Fenster. Gewaltige Explosionen erschütterten das Gebäude, und Rauch drang aus den Fenstern. Dann befahl der Kommandeur: »Vorwärts!«

Der Ruf aus hundert Kehlen ertönte: »Vorwärts! Hurra! Hurra!«

Jeder sprang auf und rannte auf die Schule zu. Ich tat es meinen Kameraden gleich, begann zu rennen und versuchte, nicht einen Meter hinter den anderen Kämpfern zurückzubleiben. In der Schule war es still, und die Kämpfer halfen sich gegenseitig über die hohen Brüstungen in die Klassenzimmer. Ich versuchte ebenfalls hinaufzuspringen, aber es mißlang. Marko, der neben mir stand, sagte: »Sohn, ich beuge mich vornüber, du steigst auf meinen Rücken und ziehst dich durch das Fenster.« So geschah es, und ich fand mich in einem Raum voller Rauch und Staubschwaden wieder. Ich hatte den Eindruck, mich inmitten eines dichten Nebels zu befinden. Ich hörte vereinzelte Schüsse und Rufe der Verwundeten, da der Kampf jetzt überwiegend mit Bajonetten und Gewehrkolben ausgetragen wurde. Schließlich trat völlige Stille ein. Die Klassenzimmertür stand offen, was bedeutete, daß einigen Ustaschen die Flucht gelungen war. Die Soldaten rannten hinter ihnen her. Glücklicherweise versperrte die Einheit, die von der anderen Seite angriff, den Ustaschen den Weg und nahm sie alle gefangen.

Ich blieb alleine in dem Klassenzimmer voller Leichen zurück. Zerbrochene Waffen lagen auf dem Boden. Ich rief mir unsere Parole und den Schwur in Erinnerung, den wir vor dem Kampf abgelegt hatten: unser einziges Ziel sollte sein, mit dem Gewehr in der Hand zu sterben, als menschliche Wesen. Nun war die Gelegenheit gekommen, in der meine Träume wahr wurden und ich ein Gewehr bekam. Ich bückte mich, las ein Gewehr vom Boden auf und betastete den Lauf im Dunkeln. Ich fingerte nach der Kugel und folgerte aus ihrer Form, daß es sich um eine Maniherk handeln mußte. Marko riet mir, eine Mauser mit Zielvorrichtung zu nehmen. Ich überprüfte mehrere Gewehre, die aber nicht meinen Vorstellungen entsprachen, bis ich eine Mauser fand.

Ich suchte weiter nach einem Bajonett und entschied mich für das längste, dann nahm ich einen Gürtel mit vier

Diese Aufnahme wurde von einem Photographen 1942 in Orahovac, Slawonien, gemacht. Es war der glücklichste Moment in meinem Leben, als ich ein Gewehr bekam. Ich hütete es wie meinen Augapfel und kämpfte bis zum Ende des Krieges.

Patronentaschen und einen Rucksack. Ich schnallte den Gürtel um, schulterte das Gewehr und ging zum Ausgang. Ich denke, daß ich noch nie in meinem Leben so glücklich und zufrieden gewesen bin. Ich fühlte mich zum Mann gereift, mit beiden Füßen fest auf dem Boden und einer Waffe in der Hand, mit der ich mich verteidigen und den Feind bekämpfen konnte. Diese Verwandlung vollzog sich innerhalb von 24 Stunden, was meine Freude noch verstärkte.

Ich verließ die Schule durch den Haupteingang. Dort stand der Kommandeur mit etwa zehn Kämpfern, die einige gefangengenommene Ustaschen umringten. Der Kommandeur fragte: »Meldet sich jemand freiwillig, um die Ustaschen ins Hauptquartier zu eskortieren?«

Es meldeten sich fünf bis sechs Mann, und ich nahm die Gelegenheit wahr und schloß mich ihnen an. Wir drängten sie vorwärts und nahmen sie in unsere Mitte. Jeder Soldat hatte ein Bajonett auf seinem Gewehr aufgepflanzt, und da wollte ich nicht hintanstehen. Ich nahm das Messer am Griff, um es aus seiner Halterung zu ziehen. Es gelang mir aber nicht, und so bat ich den Kämpfer neben mir, es herauszuziehen, denn ich vermutete, daß es eingerostet war. Mit zwei Fingern nahm er den schmalen Riemen, der von einem Metallknopf zusammengehalten wurde, und holte das Bajonett heraus. Ich befestigte es rasch an meinem Gewehr und behielt die Ustaschen genau im Auge. Es dämmerte bereits, als wir das Hauptquartier erreichten. Dort traf ich auf weitere Freunde aus dem Lager. Wir warteten kurz vor dem Hauptquartier, bis Kommandant Grga auf einem Pferd erschien. Sobald wir ihn sahen, stellten wir uns in Reih und Glied auf, und als er auf Hugos Höhe war, rief dieser in seiner Eigenschaft als Offizier: »Habt acht!« Der Kommandeur stieg von seinem Pferd, trat näher, Hugo salutierte und erstattete Meldung: »Genosse Kommandant, alle Männer sind bewaffnet.«

Der Kommandant schüttelte jedem von uns die Hand und sagte, er sei sehr zufrieden mit dem Ergebnis; man könne bereits sehen, daß wir alle gute Kämpfer sein würden.

Mirko wird gefunden

Man wies uns an, zu dem kleinen Flüßchen zu gehen, um bei der Küche Frühstück zu fassen. Als wir den steilen Hang hinabgingen, sahen wir einen Mann mit einer Feuerwehrmütze und einem zivilen Anzug, der sich uns glücklich lächelnd mit ausgebreiteten Armen näherte. Wir erkannten unseren Freund Dragić aus Obradovac, der bereits zuvor zu den Partisanen geflohen war. Wir umarmten und küßten uns, und er rief: »Dort unten ist euer vermißter Mann beim Frühstücken.«

Uns war sofort klar, daß er von Mirko sprach, also rannten wir den Hügel hinunter und sahen Mirko neben dem Kessel mit dem Rücken zu uns auf einem Baumstumpf sitzen und essen. Als er uns bemerkte, stellte er seine Schüssel ab und begrüßte uns überschwenglich. Wir fragten ihn, warum er auf der anderen Seite der Schienen zurückgeblieben war, und er antwortete, er habe angefangen zu schwitzen und seine überflüssige Kleidung ausgezogen. Der Zug war bereits in voller Fahrt gewesen, und so wartete er, bis er vorbei war. Dann überquerte er die Schienen, aber wir waren nicht mehr da. Er war weiter in die gleiche Richtung gegangen, da er nicht wußte, wie man sich am Polarstern orientiert. Er lief tapfer die ganze Nacht hindurch, und als es dämmerte, fand er sich in der Nähe seines Ausgangspunktes wieder. Hugo fügte erläuternd hinzu, daß dies ein häufig zu beobachtendes Phänomen sei, da der rechte Fuß gewöhnlich stärker als der linke sei und man ohne Orientierung deshalb im Kreis laufe.

Mirko war unter den nächsten Busch gekrochen und wartete, bis der Tag vorüber war. Er prägte sich genau ein, wohin er gehen mußte, und gegen Abend schlug er diese Richtung ein. Als er die Straße erreichte, überquerte er sie mit wenigen großen Sprüngen. Er hörte einen Gewehrschuß hinter sich losgehen und warf sich zu Boden. So lag er einige Sekunden, als er eine strenge Stimme über sich hörte, die ihm aufzustehen befahl. Als er sah, daß es ein Ustasche war, packte er seinen Stock und schlug auf ihn ein. Der Stock traf dessen Gewehr, ein Schuß löste sich und drang in den Boden. Mirko nutzte die Verwirrung des Ustaschen und rannte in den nahegelegenen Wald. Am nächsten Morgen stieß er auf eine Patrouille der Partisanen, die ihn zum Hauptquartier mitnahm. Sie wußten bereits, daß einer unserer Freunde verlorengegangen war, und schickten ihn zuerst einmal zum Frühstück.

Nach einigen Tagen wurden wir verschiedenen Einheiten zugeteilt, je nach ihren Bedürfnissen und unseren Fähigkeiten.

Ich bat darum, in die beste Kampftruppe aufgenommen zu werden, und nahm an vielen Gefechten teil. Bei der Schlacht um Virovitica im Februar 1943 wurde ich schwer verletzt und überlebte nur knapp. Nach meiner Genesung war ich in Versorgungseinheiten mit verschiedenen Funktionen befaßt, bis ich im April 1945 wieder zu meiner Brigade kam, der ich seit ihrer Gründung 1942 angehört hatte.

Die letzten Kriegstage

Die Srem-Front war überschritten; wir brachen den letzten Widerstand des Feindes und stießen kräftig nach Westen durch Slawonien und das Drautal (Podravina) vor.

Am 8. Mai 1945, dem Tag der Kapitulation Nazideutschlands, marschierte meine Einheit auf Kalnik, dann weiter nach Maribor. Nach einem kurzen Aufenthalt passierten wir Klagenfurt und durchquerten den österreichischen Teil Kärntens. Unser Auftrag lautete, nach Westen vorzustoßen, um Ante Pavelić und seine Kumpane dingfest zu machen. Wir marschierten unaufhörlich, obwohl der Monat Mai extrem heiß war. Meine 12. Slawonische Arbeiter- und Elitebrigade war im Eilmarsch Richtung Blaiburg unterwegs.

Die geschlagene Ustascha-Armee ließ nichts unversucht, um sich nach Westen abzusetzen. Sie sahen ihr Heil – nicht zu Unrecht – darin, sich den westlichen Alliierten zu ergeben. Unsere Aufgabe bestand darin, ihnen den Weg abzuschneiden.

Schließlich stießen wir auf englische Patrouillen mit ihren Panzern.

Das Dorf Blaiburg liegt an einem Felshang, auf dessen Gipfel ein Kirchturm steht. Unterhalb des Dorfs befindet sich ein netter See, der von weitläufigen Wiesen gesäumt ist.

Wir kamen an einem schönen, altertümlichen Haus vorbei, das in einem Hof stand; dort war ein Panzer mit seiner Besatzung, einigen englischen Soldaten und Offizieren, postiert. Es war das Hauptquartier der englischen Einheit. Als wir unseren Marsch fortsetzten, begegneten wir einer Kolonne britischer Sherman-Panzer.

Unsere Brigade, die zu diesem Zeitpunkt aus ungefähr 1800 Soldaten bestand und mit leichten Waffen gut versehen war, zog weiter in Richtung der Berge, die im Westen von Wiesen umgeben waren. Es war der 15. Mai, ein sonniger und außergewöhnlich heißer Tag. Müde von dem mühsamen Marsch, plagte uns der Durst, aber es gab kein Wasser. Der Befehl des Brigadestabs lautete, das Tal hufeisenförmig zu umzingeln und dem Feind offen gegenüberzutreten. Wir wurden sogar angewiesen, uns laut zuzurufen, so daß die Gegenseite bemerkte, daß sie eingekesselt war. Auf der ausgedehnten Wiese tummelte sich eine schwarze Masse von Soldaten mit zahlreichen Lastwagen.

Dann bemerkte ich, daß sich diese Masse formierte, mit dem Kommandanten an der Spitze. Man sah weiße Flaggen, die Kapitulationsbereitschaft signalisierten. Die Führung unserer Brigade wurde davon in Kenntnis gesetzt, daß eine Einigung mit den Ustascha-Generälen bezüglich der Kapitulation erzielt worden sei. Die Vereinbarung beinhaltete unter anderem, daß der englische General seine Panzer uns zur Verfügung stellte. Nach einiger Zeit hörten wir das Dröhnen der Panzer, die sich unseren Stellungen näherten, und einer nach dem anderen formierten sie sich in einem bestimmten Abstand zu unserer Linie. Dies verstärkte unsere Schlagkraft, und wir zogen daraus den Schluß, daß die Engländer eingewilligt hatten, die Ustaschen uns zu überlassen.

Ich nahm ein Fernglas vom Kommandanten unserer Einheit und beobachtete aufmerksam, wie eine enorme Zahl von Ustaschen in vier Reihen Aufstellung nahm. Aufgrund des Umfangs dieser Truppen nahm ich an, daß diese Kampfeinheiten acht- bis neunhundert Ustascha-Soldaten umfaßten. Angesichts dieser Szene fiel mir wieder Jasenovac mit seinen Ustascha-Soldaten ein.

Ich erinnerte mich an meinen Vater, den die Ustaschen im Lager bestialisch umgebracht hatten.

Ich erinnerte mich an meinen Onkel Gedaja, der im Lager verhungert war.

Ich erinnerte mich an die Kolonne serbischer Dorfbewohner am Tor des Lagers, und ich erinnerte mich, wie die Schergen Kinder packten und ein Ustasche mit hochrotem Kopf einen Säugling durch die Luft gewirbelt und ihn dann auf den Boden direkt neben dessen Mutter geschleudert hatte. Das Bild des zerschmetterten Säuglingskopfes stand mir immer noch lebhaft vor Augen.

Ich erinnerte mich an den Ustascha-Feldwebel, der, nachdem er die erschöpften Lagerinsassen abgeschlachtet hatte, das Blut von seinem Dolch leckte.

Ich erinnerte mich an den schrecklichen Geruch verbrannten Menschenfleischs, der mit dem Rauch aus den Schornsteinen der Ziegelei aufstieg, und ich erinnerte mich an den bedauernswerten Mordechai.

Ich erinnerte mich an den abgeschlachteten Rabbi und den blutigen Gebetsschal auf dem Boden.

Die Erinnerungen drangen mir ins Bewußtsein, und Tränen verschleierten mir die Sicht durch das Fernglas. Ich gab es dem Kommandanten zurück und faßte den Entschluß, die Verbrecher aus dem Lager, die diese Blutschuld auf sich geladen hatten, ausfindig zu machen. Ich wußte noch genau, wie sie aussahen, und ihre Gesichter verfolgten mich in meinen Träumen. Schnell ging ich auf diese Masse zu. Hinter mir hörte ich den Kommandanten rufen: »Halt, wo gehst du hin? Braco, bist du verrückt? Die bringen dich um!«

Ich aber verspürte eine übermenschliche Kraft, nichts konnte mich aufhalten.

Ich hatte nur ein Gewehr bei mir, eine tschechische »Zbrojovka«. Ich näherte mich ihnen, und sie kamen in Marschordnung auf mich zu. Ich erreichte die erste Abteilung, die von einem Ustascha-Offizier auf einem Pferd angeführt wurde. Ich fragte: »Welche Einheit ist das?«

Er antwortete: »Das Ustascha-Regiment soundso« (ich kann mich an den Namen nicht mehr erinnern).

»Wissen Sie, wo sich das Regiment von Jasenovac befindet?« – »Dort, sie sind, glaube ich, hinter uns. Sie werden sie an den schwarzen Uniformen und ihren ›Tarzan‹-Frisuren erkennen.«

Berge von Waffen nach der Kapitulation und Entwaffnung der Ustaschen.

Ich ließ sie passieren und bemerkte, wie eine schwarze Einheit auf mich zukam, mit einem berittenen Soldaten an der Spitze. Sie erreichten mich schnell, und ich wandte mich ihm zu und fragte ihn: »Welches Regiment ist das?«

Mit unverhohlenem Stolz sagte er kurz und scharf:

»Das ist das Ustascha-Regiment von Jasenovac.«

Wir schauten einander direkt in die Augen, und ich befahl ihm laut: »Legt eure Waffen nieder!«

Er schaute mich regungslos an: »Wer bist du?«

»Ein Offizier der jugoslawischen Armee.«

Der Soldat legte unwillig mit beiden Händen sein schwarzes deutsches »Schmeiser«-Gewehr mit dem einklappbaren Kolben ab und warf es mit einer abrupten Bewegung vor meine Füße. Das Gewehr zerbrach beim Aufprall.

Nun sah ich ein hartes schwarzes Halfter deutscher Produktion mit einer Pistole an seinem Gürtel und wiederholte meinen Befehl: »Ich sagte: die Waffen nieder!«

Er antwortete wütend: »Gemäß dem Abkommen sind die Offiziere berechtigt, ihre Waffen zu behalten.« Mir war die Existenz einer solchen Vereinbarung nicht bekannt, und so schrie ich ihn an: »Leg deine Waffen nieder!«

Mit seiner rechten Hand öffnete er das Halfter, nahm den Griff seiner Waffe und zog sie heraus. Schnell wie der Blitz hielt ich ihm meine Waffe ans Kinn. Sichtlich erschrocken ließ er die Pistole los, und ich zog sie mit meiner linken Hand rasch heraus. Ich steckte mein Gewehr in mein Halfter und entsicherte seine Parabellum. Ich befahl ihm: »Weiter!«

Die Ustaschen aus der ersten Reihe beobachteten alles stumm, ohne den Versuch, etwas zu unternehmen.

Nun war die Gelegenheit gekommen, das zu tun, was ich mit den Verbrechern vorhatte – sie zu identifizieren. Die Männer der ersten von insgesamt vier Reihen schauten mich an. Die Parabellum in der Hand, befahl ich mit zum Boden gerichteten Lauf klar und deutlich: »Werft eure Waffen weg!«

Sie waren bis an die Zähne bewaffnet mit Maschinengewehren, Pistolen, Granaten und Dolchen, und einige trugen Patronengürtel kreuzweise über der Brust.

Gehorsam legten sie ihre Waffen und Gürtel ab, deponierten alles neben mir und gingen langsam weiter. Ich schaute jedem von ihnen ins Gesicht, in der Hoffnung, jemanden von denjenigen, an die ich mich erinnerte, zu erkennen. Die zweite Reihe kam, und dieselbe Prozedur wiederholte sich. So zog eine Reihe nach der anderen vorüber, aber ich konnte niemanden erkennen. Sie gingen an mir vorbei, der Berg niedergelegter Waffen wuchs, während ich nur ihre verängstigten Gesichter musterte. Schon war fast die Hälfte des Regiments an mir vorbeigegangen, doch ich gab die Hoffnung nicht auf und schaute unentwegt in diese Gesichter. Als nur noch wenige Reihen übrig blieben, begann ich zu befürchten, daß mein Vorhaben scheitern würde. Die letzte Reihe zog vorbei und ließ mich gelähmt und stumm zurück.

Ich dachte nach. Das letzte Mal, als ich die Ustascha-Schergen sah, war im Frühling 1942 gewesen, als ich Jasenovac verlassen hatte, und nun war es Frühling 1945. Drei ganze Jahre waren seitdem vergangen. Die Mannschaften wechselten ja regelmäßig oder wurden in höhere Ränge befördert. Das Gütesiegel für eine Beförderung in diesem Lager war, wie gut ein Mann sich aufs Ermorden und Quälen der Lagerinsassen verstand. Jasenovac war eine Offiziersschule der Ustascha. Außerdem befand sich die Partisanen-Hochburg Kozara in unmittelbarer Nähe von Jasenovac. Es war allgemein bekannt, daß die Ustaschen aus Jasenovac regelmäßig an den großangelegten Offensiven und den Angriffen auf Kozara teilnahmen. Viele von ihnen sind dort umgekommen, denn die Genossen aus Kozara waren als ausgezeichnete Kämpfer bekannt.

Ich kehrte zu unseren Männern zurück. Sie schauten mich verwundert an. Der Kompaniechef kam auf mich zu, umarmte mich und sagte mit gedämpfter Stimme: »Ich dachte, ich würde dich nie wieder sehen. Ich beobachtete dich die ganze Zeit über durch mein Fernglas. Du bist sehr blaß. Warum hast du das getan?«

Nach einer langen, schmerzhaften Stille sprach ich, als ob ich mich selbst betrogen hätte, mit zusammengepreßten Zähnen: »Ich habe keinen von ihnen wiedererkannt.«

Wieder in meinem befreiten Belgrad, 1945.

Epilog

VON DEN SIEBEN LAGERINSASSEN, die aus Obradovac geflohen sind, haben die folgenden den Krieg nicht überlebt:

Duško Holcner, 35 Jahre alt, Gastwirt aus Daruvar. Seine Frau und seine Kinder wurden bereits zuvor im Lager Loborgrad ermordet. Er war der erste, der in der Schlacht vom Oktober 1942 als Quartiermeister der Brigade gefallen ist. Sein Wunsch, mit dem Gewehr in der Hand zu sterben, ist in Erfüllung gegangen.

Mirko Mautner, 28 Jahre alt. Der Angestellte der Našice-Gesellschaft fiel in der Schlacht 1944.

Hugo Štern, ungefähr 30 Jahre alt. Der Industrielle aus Djulovac wurde Ende 1944 ermordet.

Die folgenden haben den Krieg überlebt:

Zorislav Golub, ungefähr 30 Jahre alt. Der Assistent in der Veterinärmedizinischen Fakultät in Zagreb starb 1947 an Tuberkulose in Zagreb.

Feliks Hiršl, 42 Jahre alt. Der Kaufmann aus Bjelovar starb 1969 in Belgrad.

Božo Švarc, 22 Jahre alt. Der Maschinenbaustudent wurde im Mai 1942 in Zagreb verhaftet. Er durchlief viele Ustascha-Lager. Heute [2006] ist er Oberst im Ruhestand und lebt in Belgrad.

Cadik »Braco« Danon, 19 Jahre alt. Der ehemalige Schüler der Oberstufe der technischen Schule lebte als pensionierter Architekt in Belgrad [verstorben am 27.4.2009].

Am Tag nach unserer Flucht aus dem Lager in Obradovic fesselten die Ustaschen die zurückgebliebenen Lagerinsassen und transportierten sie in Richtung Feričanci. Sie kamen jedoch nie dort an. Sie wurden alle unterwegs ermordet.

Traurige Gewißheit

Im September 1948 begab ich mich nach Sarajevo, um die überlebenden Verwandten meiner Familie mütterlicherseits zu besuchen. Ich war glücklich, sie wiederzusehen; ich war mit dem Zug entlang der neugebauten Strecke Šamac–Sarajevo angereist. Ich hatte ein Abteil betreten, in dem ein Mann mittleren Alters saß. Ich setzte mich ihm gegenüber. Bald entspann sich ein Gespräch über dies und das und über den verfluchten Krieg. Ich erzählte ihm, daß ich im Lager Jasenovac inhaftiert gewesen und geflohen war; er sagte, er sei im Lager Stara Gradišca gewesen. Er erkundigte sich nach meinem Namen, und als er ihn vernahm, wiederholte er ihn, als wollte er sich an etwas erinnern: »Danon, Danon…« Dann fragte er: »Kannten Sie Isidor Danon?« – »Er war mein Vater!« – »Wir arbeiteten gemeinsam in der Lagerküche. Er war ein feiner Mann, eine noble Seele, er half jedem, soweit er es vermochte. Das ist der Grund, weshalb er umgekommen ist.«

Er berichtete mir, wie es geschehen war. Eines Tages, als sie das Essen in der Küche vorbereiteten, kam ein junger Lagerinsasse herein und bat Isidor, ihm ein Stück Futterrübe zu geben. Mein Vater nahm sein Messer, halbierte eine große Futterrübe und reichte ihm eine Hälfte. Der junge Mann steckte die Rübe unter sein Hemd, dankte ihm und verließ die Küche. Unglücklicherweise hatte ihn ein Ustasche gesehen, als er aus der Küche kam. Er schnappte sich den jungen Mann und brachte ihn in die Küche zurück. Zur Strafe verlor Isidor seinen Küchenposten und wurde zur Arbeit im Lagerraum eingeteilt, in dem die Schuhe und Kleider der ermordeten Lagerinsassen aufbewahrt wurden. Die Regale dort waren sehr hoch, so daß für die oberen Fächer eine lange, einteilige Leiter benutzt werden mußte. Als Isidor bei einer Gelegenheit zu den höhergelegenen Abteilungen steigen mußte, brach eine Sprosse, und er stürzte auf den Betonboden. Noch schlimmer war, daß seine Brille zerbrach und er nichts mehr sehen konnte. Die Ustaschen brachten den Arbeitsunfähigen in den Raum, in dem sie die zur Ermordung vorgesehenen Häftlinge sammelten. Als der Lastwagen vorfuhr, wurden sie alle eingeladen. Er sah Isidor noch, als der Lastwagen startete, und winkte ihm. Aber Isidor konnte ihn nicht erkennen. Er sah gleichgültig aus, wie in sein Schicksal ergeben.

So erfuhr ich, wie das Leben meines Vaters endete. Ich mußte lange und heftig schluchzen. Die Tränen flossen mir übers

Gesicht. Ich konnte nichts sagen. Wir schwiegen für eine lange Zeit. Schließlich hielt der Zug an einer Station. Der Mann stand auf, reichte mir die Hand und nannte seinen Namen; er nahm sein Gepäck und stieg aus. Unglücklicherweise kann ich mich nicht mehr an seinen Namen erinnern; ich weiß lediglich, daß es ein moslemischer Name war. Auch habe ich mir die Station, an der er ausstieg, nicht gemerkt.

An der Fakultät für Architektur in Belgrad 1950.

Lebenslauf

Ich wurde 1923 in Sarajevo in eine Kaufmannsfamilie sephardischer Juden geboren. Unsere Vorfahren kamen nach ihrer Vertreibung aus Spanien im Jahr 1492 auf dem Balkan an. Die Inquisition und die spanische Königin Isabella verabschiedeten ein Edikt, das sogenannte Alhambra-Edikt, demzufolge alle Juden innerhalb von drei Monaten zum Katholizismus konvertieren mußten, oder sie wurden des Landes verwiesen. Zu dieser Zeit lebten etwa 300 000 Juden in Spanien. Die meisten wollten das Christentum nicht annehmen und verließen das Land. Jene, die zum Christentum konvertierten, wurden Marranen (= »Schweine«) genannt; wenn sie dabei ertappt wurden, wie sie heimlich ihre jüdischen Feiertage begingen, wurden sie dem grauenhaften Terror der Inquisition preisgegeben.

Mein Vater Isidor stammte aus Bijeljina, geboren in eine Kaufmannsfamilie mit dreizehn Kindern. Meine Mutter Dona kam aus Gračanica in der Nähe von Tuzla, geboren in einer Familie mit neun Kindern.

Mein Großvater väterlicherseits, Avram Danon, und mein Großvater mütterlicherseits, Cadik Danon, hatten zwar den gleichen Nachnamen, waren aber nicht miteinander verwandt. Der Name Danon war unter den Juden in Bosnien weit verbreitet; man nimmt an, daß er von einem der zwölf Stämme Israels, Dan, herrührt.

Ich hatte zwei ältere Schwestern. Wir lebten in Sarajevo. Mein Vater stellte in seiner Werkstatt Hüte der Marke »Elegant« her; sie ging 1932, zur Zeit der Weltwirtschaftskrise, in Konkurs.

1934 zogen wir nach Belgrad. Mein Vater eröffnete einen Textilladen in der Višnjićeva-Straße in der Nähe des Jovanova-Marktes. Wir lebten in Dorćol, wo ich die ersten vier Jahre der Oberstufe auf einem Gymnasium für Jungen absolvierte. Nach dem Abschlußexamen führte ich meine Ausbildung an der technischen Oberstufe in der Abteilung für Architektur fort. Der Krieg und das Bombardement von 1941 trafen uns in Dorćol, das vollkommen zerstört wurde. Sofort nach der Ankunft der Besatzungstruppen begannen die Schikanen gegenüber den Juden in Belgrad, so daß mein Vater sich entschloß, bei meinem Onkel Moša in Tuzla Zuflucht zu suchen. Während der ersten Monate wurden die Juden in Tuzla etwas besser behandelt, aber dieser Zustand verschlechterte sich plötzlich drastisch. Nun war es Pflicht, eine gelbe Binde zu tragen, und wir wurden zur Zwangsarbeit genötigt. Alle jüdischen Läden wurden beschlagnahmt.

Ich versuchte, aus Tuzla nach Majevica zu fliehen, wo sich die Partisanen aufhielten, doch mein Plan scheiterte. Ende Dezember 1941 verhafteten die Ustaschen meinen Vater und mich zusammen mit weiteren etwa 130 Juden, alle erwachsene Männer. Nach kurzer Zeit wurden wir in das Konzentrationslager Jasenovac im Unabhängigen Staat Kroatien verschleppt.

Meiner Mutter und meiner Schwester gelang es, in moslemischer Verkleidung mit Schleiern vor dem Gesicht aus Tuzla nach Mostar zu fliehen, das von italienischen Truppen besetzt war. Die ältere Schwester begab sich mit ihrem Ehemann von Belgrad aus ins Landesinnere Serbiens.

Ich war Häftling im Ustascha-KZ Jasenovac bis zum 12. September 1942. An diesem Tag floh ich mit sechs weiteren Lagerinsassen und schloß mich den Partisanen an.

Vom ersten Tag meiner neugewonnenen Freiheit an nahm ich an den Kämpfen in Slawonien teil. Im Februar 1943 wurde ich als Kommissar der Heeresabteilung I beim Angriff auf Virovitica während der vierten feindlichen Offensive, die das Gebiet von Slawonien mit einschloß und von den Deutschen den Code VAJS erhielt, schwer verwundet. Mit 20 meist schwerstverletzten Männern harrte ich drei Wochen in einem Bunker aus. Als die feindliche Offensive vorüber war und die Sanitäter uns fanden, waren nur noch zehn von uns am Leben. Nach meiner Genesung war ich kampfunfähig und wurde zur Arbeit im befreiten Gebiet eingesetzt.

Nach Kriegsende kehrte ich zu meiner Einheit, der 12. Slawonischen Brigade, zurück, bei der ich seit ihrer Gründung bis zu meiner Verwundung gedient hatte. Am Tag der faschistischen Kapitulation hielt ich mich in Blaiburg (Kärnten) auf, wo wir am 15. Mai 1945 über 100 000 Ustaschen gefangennahmen.

Die überlebenden Mitglieder meiner Familie: Gemeinsames Wiedersehen Anfang Juni 1945 in Belgrad. Meine Mutter Dona, meine Schwestern Ina und Sida und ich.

Ende Mai 1945 kehrte ich nach Belgrad zurück und begab mich in das Militärkrankenhaus zur weiteren Behandlung. Die überlebenden Mitglieder meiner Familie – meine Mutter und meine Schwestern – traf ich im Juni in Belgrad wieder.

Dann setzte ich meine Ausbildung fort. Ich schloß die Oberstufe ab und schrieb mich 1947 an der Fakultät für Architektur ein. Das erste Studienjahr schloß ich in Prag ab. Nach Verabschiedung der Kominform-Resolution kehrte ich nach Belgrad zurück, wo ich mein Studium mit Erfolg absolvierte.

Während meiner beruflichen Tätigkeit als Architekt entwarf ich Hotels. Als ich in Rente ging, war ich Generaldirektor des Architektur-Büros »Jugoprojekt« in Belgrad.

Aus zwei geschiedenen Ehen hatte ich je eine Tochter. Meine ältere Tochter schenkte mir zwei Enkeltöchter.

Im Moment, da ich diese Zeilen schreibe, lebe ich in glücklicher Ehe mit meiner Kollegin Olga. Wir lernten uns während des Studiums kennen und verliebten uns. Das Leben trennte uns jedoch bald.

Fast ein halbes Jahrhundert verging, bis wir uns wieder trafen und endgültig zusammenblieben. Olga gibt mir Frieden und Kraft sowie ihre uneigennützige Hilfe und jeden Beistand, damit ich dieses Buch schreiben kann. Nacht für Nacht saßen wir gemeinsam an unserem Tisch; ich stützte mich auf meine Ellbogen, bedeckte meine Augen und ließ die schmerzhaften Erinnerungen, die mich seit fast sechzig Jahren verfolgen, an mir vorüberziehen. Olga sitzt währenddessen geduldig neben mir und notiert jedes Wort, das ich sage. Oft verstumme ich, wenn ich das Grauen nochmals durchlebe und die Tränen mich ersticken. Ich bin Olga zutiefst dankbar für ihre herzliche Anteilnahme beim Schreiben und Fertigstellen dieses Buches. Ich nahm an der Ersten Internationalen Konferenz über Jasenovac im Jahr 1997 in New York teil. Bei dieser Gelegenheit besuchte ich das neueröffnete geräumige jüdische Museum über den Holocaust. Dort finden die Verbrechen der Ustascha und das Martyrium der Juden, Serben und Zigeuner im Unabhängigen

Staat Kroatien keinerlei Erwähnung. Auf die Frage des Direktors des Museums für die Völkermord-Opfer in Jugoslawien, gerichtet an den Direktor des jüdischen Museums, warum der Völkermord in Jugoslawien und dem Unabhängigen Staat Kroatien verschwiegen wird, antwortete dieser: »Was habt ihr uns denn geschickt?«

Mit diesem Buch verfolge ich die Absicht, die Wahrheit der Öffentlichkeit zugänglich zu machen und die Täter zu brandmarken. Die Wahrheit über Jasenovac und die ungeheuren Verbrechen, die im Unabhängigen Staat Kroatien begangen wurden, wurden lange Zeit verschwiegen und mit der törichten Parole »Brüderlichkeit und Einheit« im ehemaligen Jugoslawien unter den Teppich gekehrt.

Es ist eine Tatsache, daß Marschall Tito Jasenovac nie besuchte und den unschuldigen Opfern nie sein feierliches Gedenken erwiesen hat.

Die Erinnerungen an die Tage im Lager haben mich in den vergangenen sechzig Jahren verfolgt, besonders in den Nächten. Oft setzte ich mich dann hin, um darüber zu schreiben, ließ jedoch immer wieder davon ab, denn es bedeutete, all das Grauen nochmals zu durchleben.

Die Furcht, daß die Wahrheit mit mir zu Grabe geht, verlieh mir die Kraft, dieses Buch nun im Alter zu schreiben. Ich hoffe inständig, es möge dazu beitragen, daß etwas Vergleichbares nie wieder geschieht.

Interview mit Prof. Srboljub Živanović

Vorsitzender der »Jasenovac and Holocaust Memorial Foundation«

Das Gespräch fand am 25. Februar 2017 in London statt und wurde von *Peter Priskil* geführt.

Prof. Živanović und Peter Priskil.

Herr Prof. Živanović, Sie haben Herrn Braco Danon, den Überlebenden des Konzentrationslagers Jasenovac, persönlich kennengelernt. Können Sie uns etwas über seine Person mitteilen?

Ja, er war Architekt und lebte in Belgrad, in der Maxim-Gorki-Straße. Ich erinnere mich recht gut an ihn, denn er war einer der wenigen, die Jasenovac überlebten. Man hatte ihn zu Beginn des 2. Weltkriegs – im Jahr 1941, als Jugoslawien von der Wehrmacht Hitlers überfallen wurde – in der Stadt Tuzla in Bosnien-Herzegowina festgenommen, und er war der einzige unter den etwa 120 Inhaftierten, dem es gelang, zu überleben. Ich weiß ziemlich gut über ihn Bescheid. Zuvor hatte er mehrmals vergeblich versucht, sich der jugoslawischen Partisanenbewegung anzuschließen, bis man ihn schließlich nach Jasenovac deportierte. Nur ganz wenige Häftlinge waren so glücklich, aus diesem Vernichtungslager zu fliehen. Ich kannte einen anderen KZ-Insassen, der viermal floh und viermal wieder eingefangen und nach Jasenovac zurückgebracht wurde; trotzdem hatte er überlebt. Und einer von den ganz wenigen, die das von sich behaupten konnten, war eben Cadik Danon. Er hatte anschließend in Prag studiert, mußte die Stadt aber verlassen, als Stalin die Beziehungen zu Titos Jugoslawien im Jahr 1949 abbrach. Nach seinem tschechischen Intermezzo schloß Danon seine Ausbildung in Belgrad ab. Er war ein sehr ruhiger, sehr zurückhaltender und sympathischer Mensch. Während vieler Jahre hatte er kaum etwas erzählt, was ihm widerfahren war. Schließlich erkannte er eines Tages, daß er sprechen müsse, denn von seiner eigenen Familie waren rund 45 Angehörige in Jasenovac und anderen Konzentrationslagern umgekommen, sämtliche nahen Verwandten außer seiner Mutter und seinen beiden Schwestern. Auch sein Bruder war dort ermordet worden, und er selbst mußte unsagbar Schreckliches erleben und mitansehen, beispielsweise den Massenmord an kleinen Kindern, den er als Augenzeuge aus 30 Metern Entfernung beobachtete. Lebhaft blieb ihm auch der Geruch verbrannten Menschenfleisches in Erinnerung, denn in einer ehemaligen Ziegelei befanden sich Spezialöfen, in denen man die Leichen der KZ-Insassen, aber auch Häftlinge lebendigen Leibs verbrannte. So rang er sich schließlich durch, all seine Erlebnisse niederzuschreiben. Es gelang ihm auch, ein paar überlebende Mitglieder seiner Familie, die einige Jahre in Sarajevo lebten, wiederzusehen. Das ist in groben Zügen alles, was ich über ihn weiß.

Er hat über seine Erlebnisse einen ergreifenden und überaus wichtigen Bericht verfaßt, denn gerade die jüngere Generation hat heutzutage ja kaum mehr eine angemessene Vorstellung von den Greueln des Faschismus vermittelt bekommen. Insbesondere die Tatsache, daß die katholische Kirche in Kroatien mit Wissen und Billigung des Vatikans für die Verbrechen der Ustascha die Hauptverantwortung trug und die grausamsten Schlächter aus ihren Reihen stammten, muß als nahezu unbekannt gelten.

Wissen Sie, die Leute reden pauschal von faschistischen Verbrechen, aber im Unabhängigen Staat Kroatien gab es weder Italiener noch Deutsche, weder Mussolini- noch Hitler-Faschisten. Die Täter waren Kroaten, katholische Kroaten, und gerade diese behaupten gerne, daß Deutschland für alle Verbrechen während des 2. Weltkriegs verantwortlich sei. Aber im Falle Jugoslawiens stimmt das nicht uneingeschränkt: Die Deutschen hielten Serbien besetzt, hatten aber keine Truppen in Kroatien stationiert und infolgedessen keinen aktiven Anteil an den Greueln, die dort geschahen. Es stimmt: Die römisch-katholische Kirche trägt die Hauptverantwortung für die Verbrechen. Nicht nur während des 2. Weltkriegs, sondern jahrhundertelang hatte sie den Kroaten eingebleut, jeden zu hassen, der kein Katholik war. So kam es, daß kroatische Bauern ihre serbischen Nachbarn töteten, um sich deren Häuser, deren gesamten Besitz anzueignen. Gleiches geschah im 1. Weltkrieg. Häufig ist davon die Rede, die österreichisch-ungarische Armee sei für die Greuel verantwortlich gewesen, aber man verkennt die Tatsache, daß Kroaten in dieser Armee dienten und sie es waren, die all diese Verbrechen begingen. So wurde beispielsweise in Belgrad während des 1. Weltkriegs ein Konzentrationslager eigens für kleine Kinder eingerichtet…

… auf wessen Initiative?

Es ging zwar von der österreichisch-ungarischen Armee aus, aber der befehlshabende Offizier war ein Kroate namens

Slavko Kvaternik – derselbe, der den Unabhängigen Staat Kroatien ausrief.[1] Mein Vater war ein Knabe von sieben Jahren, als sie ihn in dieses Konzentrationslager steckten. Das ist mir alles wohlbekannt. Die meisten Leute wissen heute nicht mehr, daß es bereits damals ein KZ gab, in dem Kroaten zahlreiche Verbrechen verübten. Der Oberbefehlshaber im besetzten Belgrad im Jahr 1915 war ja auch ein kroatischer Offizier, zwar in österreichisch-ungarischen Diensten, aber eben ein kroatischer Nationalist. Archibald Reiss, ein Schweizer Gerichtsmediziner, hat diese Verbrechen untersucht und die Namen der Täter in seinem Buch aufgelistet.[2] Es waren ausschließlich Kroaten. Die katholische Kirche organisierte zu Anfang des 20. Jahr-

1 Slavko Kvaternik (1878–1947) war während des 1. Weltkriegs Offizier der k. u. k.-Armee und Mitbegründer der Ustascha. Nach dem Überfall der Wehrmacht auf Jugoslawien proklamierte er am 10. April 1941 den Unabhängigen Staat Kroatien. Er war Marschall der Ustascha-Armee, Stellvertreter des »Führers« (Poglavnik) Ante Pavelić und Kriegsminister 1941/42; sein Sohn Eugen »Dido« amtierte als Geheimdienstchef der Ustascha. Nach einem Zerwürfnis mit Pavelić siedelte S. Kvaternik nach Österreich über und wurde aus US-amerikanischer Kriegsgefangenschaft nach Jugoslawien ausgeliefert. Er wurde vor Gericht gestellt und am 7. Juni 1947 mit sechs weiteren Angeklagten durch Erschießen hingerichtet; seinem Sohn indessen gelang die Flucht auf der vom Vatikan eingerichteten »Rattenlinie«. [P. P.]

2 Rudolf Archibald Reiss (1875–1929), Sohn eines Gutsbesitzers im Großherzogtum Baden, studierte Naturwissenschaften in der Schweiz und absolvierte nach seiner Promotion eine Ausbildung in Polizeiphotographie. Er verfaßte ein Handbuch über Polizeiwissenschaft und hatte 1906–1919 ein außerordentliches Lehramt für Polizeiphotographie an der Universität Lausanne inne. 1915 dokumentierte er auf Einladung der serbischen Regierung die Verbrechen der österreichisch-ungarischen Armee in Serbien, schloß sich der serbischen Armee an und war Mitglied der jugoslawischen Delegation auf der Pariser Friedenskonferenz 1919. In den 20er Jahren zog er sich aus der Politik zurück und lebte bis zu seinem Tod als Ehrenbürger im Königreich Jugoslawien. Ein Jahr vor seinem Tod verfaßte er den Aufruf »Hört, ihr Serben!« (Ecoutez, Serbes!). An seiner Grabstätte in Belgrad wurde ihm ein Denkmal errichtet. [P. P.]

hunderts die Verbrechen, die gegen die orthodoxen Serben begangen wurden; in Zagreb war dies namentlich der damalige Erzbischof Bauer.

Wie gelang es Ihrem Vater, der damals ja noch ein Kind war, aus dem KZ zu entkommen?

Er wurde befreit, aber da er seine Familie nicht mehr fand, brachte man ihn für fast zwei Jahre in einer britischen Mission unter, bis seine Eltern ausfindig gemacht werden konnten.

An der Hauptverantwortung der katholischen Kirche für die Kriegsverbrechen und den Völkermord 1941–1945 in Kroatien kann kein Zweifel bestehen. Sie hatte hierfür Rückendeckung durch den deutschen Faschismus erhalten. Es waren nicht zuletzt deutsche Botschafter und sogar hohe Offiziere der Wehrmacht, die angesichts der selbst für sie ungewohnten Ustascha-Greuel ihren Abscheu zum Ausdruck brachten und mehrfach bezeugten, daß die Zahl der Opfer in die Hunderttausende ging.

Natürlich. Hochrangige deutsche und italienische Offiziere verfaßten Berichte an ihre Vorgesetzten, in denen sie ihr Unverständnis bekundeten, warum der Haß gegen die Serben – oder auch gegen die Juden, wenn es italienische Offiziere waren – solche Ausmaße annahm. Es kam auch zu Spannungen zwischen der kroatischen und der italienischen Armee, weil Mussolini Anspruch auf die dalmatische Küste erhob, was der Ustascha überhaupt nicht paßte. *(lacht)* So konnte es vorkommen, daß die Ustaschen italienische Soldaten töteten, was diese wiederum überhaupt nicht verstanden, weil die Kroaten doch angeblich ihre Verbündeten waren. Es trat die paradoxe Situation ein, daß die Serben faktisch bessere Verbündete Italiens waren als die Kroaten. *(lacht)* Als die italienischen Truppen Dalmatien schließlich besetzt hatten, mußten die Ustaschen ihre dortigen Konzentrationslager räumen; das ist überhaupt der Grund, warum das Vernichtungslager Jasenovac weiter im Landesinneren eingerichtet wurde. Es war für die italienischen Soldaten nicht nachvollziehbar, warum römisch-katholische Priester so fanatisch waren, daß sie selbst kleine Kinder umbrachten.

Was mich an dem Bericht von Braco Danon besonders beeindruckte, war der Umstand, daß er nicht nur aus der Perspektive des Opfers erzählt, sondern als Rächer agierte, als Widerstandskämpfer mit einem angemessenen Haß auf die Besatzer und die Ustascha-Verbrecher. Damit bildet er eine bemerkenswerte Ausnahme, denn die wenigsten Überlebenden von Konzentrationslagern berichten über ihre Leiden, geschweige denn, daß sie sich am Befreiungskampf ihres Volkes beteiligen.

Ja, der gebürtige Jude Danon war zugleich Mitglied der kommunistischen Partei, und alle seine Äußerungen lassen den Kommunisten in ihm erahnen. *(lacht)* Selbst wenn er hier und da nicht ganz unvoreingenommen war, so treffen seine Beobachtungen doch zu. Was er sah und berichtete, stimmt ganz einfach.

Sie hielten die Begräbnisrede bei der Beisetzung von Braco Danon?

Ja, ich sprach im Namen der Internationalen Kommission zur Wahrheitsfindung über Jasenovac. Die Beisetzung fand auf dem Jüdischen Friedhof in Belgrad statt, ein sehr großer Friedhof im übrigen.

Erzählen Sie uns nun etwas über Ihre Arbeit in Jasenovac. Die dort begangenen Verbrechen sind heutzutage ja ganz offiziell Gegenstand der Völkermordleugnung bzw. -verharmlosung; das zählt gewissermaßen zum »guten Ton« der NATO-Staaten. Vor ein paar Jahren besuchte ich die sogenannte Erinnerungsstätte von Jasenovac, und dort ist die Rede von gerade einmal 80 000

Ermordeten. Man stelle sich dasselbe für die Nazi-Verbrechen beispielsweise in Auschwitz vor…

Ich kann Ihnen genau erzählen, was geschah. Als 1964 bekannt wurde, daß der jugoslawische Staat die Errichtung einer Gedenkstätte auf dem Areal von Jasenovac plante, befürchteten die Überlebenden, ihre Angehörigen und ein maßgeblicher Teil der Öffentlichkeit zu Recht, daß eine eingehende Untersuchung der Vernichtungsstätte nicht mehr stattfinden würde und die Wahrheit nie mehr ans Tageslicht käme. Deshalb bestanden sie darauf, daß eine Kommission aus Forensik-Experten das Gelände genau untersuchen solle. In jenen Tagen wollte sich allerdings keiner der in Ehren ergrauten Professoren und honorigen Akademiker an einer solchen Unternehmung beteiligen. Sie hatten selbstverständlich Angst, und auf kroatischer Seite weigerte man sich schlichtweg, in einer solchen Kommission mitzuarbeiten. So kam es, daß sie nach jüngeren Leuten Ausschau hielten, bis sie auf zwei Assistenten von Prof. Bozo Skerlj und mich aufmerksam wurden. Wir waren damals junge Menschen, denen nicht im geringsten klar war, auf welche Art von Arbeit wir uns da einließen und von welcher politischen Brisanz das Ganze war. Wir hatten ganz einfach den Ehrgeiz, die Arbeit so gut wie möglich zu erledigen und uns selbst zu beweisen, daß wir die richtigen Leute dafür waren. Es ist ja kaum bekannt, daß Prof. Skerlj ein entschiedener Hitler-Gegner war, den man 1941 sofort verhaftet und ins Konzentrationslager Dachau deportiert hatte. Dort teilte man ihn zu den Verbrennungsöfen für die Leichen der KZ-Insassen ein, und auf diese Weise gelang es ihm, zu überleben. Leider starb er viel zu früh. Ich war einer der letzten Studenten, die das Glück hatten, von ihm zu lernen. Die beiden anderen Assistenten hießen Vida Brodar [1925–2014] und Anton Pogačnik; letzterer starb recht bald nach unseren Grabungsarbeiten im Jahr 1964, ich glaube 1965 oder 1966. Es geschah bei einem Basketballspiel; er erlitt eine Herzattacke und verstarb. Als dies passierte, hielt ich mich bereits außerhalb Jugoslawiens auf, in Uganda, also sehr weit weg. Vida Brodar starb vor einigen Jahren; sie hatte ein hohes Alter erreicht. Auf den Schultern von uns dreien lastete also die Arbeit. Ein Professor der Gerichtsmedizin aus Zagreb bereitete mich auf meine Tätigkeit in Jasenovac vor. Er war Kommunist und einst selbst in Jasenovac interniert gewesen. Dort beobachtete er aufmerksam die gräßlichen Geschehnisse. Ich kenne seine Geschichte recht gut. So hatte man ihn beispielsweise gezwungen, die Leichen in Jasenovac auszugraben und zu verbrennen, ab Ende 1942 und das ganze Jahr 1943 über, denn sie wollten die Spuren ihrer Verbrechen verwischen.

Ich selbst sah noch zwei Eisenbahnwaggons voller Asche, die man bei der Befreiung von Jasenovac sichergestellt hatte. Aber Jasenovac war nicht befreit worden, indem sich die Ustaschen einfach zurückgezogen hätten und die Partisanen eine Woche später nachrückten. Nein, so war das nicht. Es hatte vielmehr ein Übereinkommen zwischen der Kommunistischen Partei Jugoslawiens – einschließlich der KP Kroatiens – und der Ustascha-Bewegung gegeben, bei der Zerstörung der serbischen Nation und der serbisch-orthodoxen Kirche arbeitsteilig vorzugehen. Die Komintern und eine internationale Konferenz kommunistischer Parteien hatten in den zwanziger Jahren des 20. Jahrhunderts einen entsprechenden Beschluß gefällt. Die Prämisse lautete: Wer Europa beherrschen will, muß den Balkan beherrschen, und wer den Balkan beherrschen will, muß die Eigenständigkeit der Serben und der serbisch-orthodoxen Kirche zerstören.[3] Diese Übereinkunft wurde von Moše Pijade

3 Die durch einen Putsch 1929 installierte Monarchie (»Königreich Jugoslawien«) unter dem serbischen Regenten Alexander I. versuchte tatsächlich, die serbische Hegemonie gegenüber den anderen Völkern Jugoslawiens festzuschreiben. Faktisch eine Militärdiktatur, die von Frankreich und England Unterstützung erhielt, wurden sämtliche Parteien verboten, die Arbeiterorganisationen zerschlagen und Massenverhaftungen vorgenommen. Die Komintern bezeichnete das Königreich zunächst durchaus zutreffend als »das Produkt großserbischer,

seitens der Kommunistischen Partei Jugoslawiens und von Mile Budak, der Nummer zwei in der Befehlshierarchie der kroatischen Ustascha-Bewegung, im Jahr 1935 unterzeichnet[4].

---

hegemonistischer Bourgeoisie« und als »Satellit der kapitalistischen Bourgeoisie Frankreichs« und forderte dessen Auflösung. Die KP Jugoslawiens teilte diese Auffassung und trat der Komintern bei. Anders als von Prof. Živanović dargestellt, hat hierfür der Klassencharakter der Monarchie und nicht etwa antiserbische Vorurteile bis zu Lenins Tod 1924 den Ausschlag gegeben; folgerichtig kämpften die kommunistischen Partisanen ab 1941 nicht nur gegen die deutschen Besatzer, sondern auch gegen die bewaffneten Verbände der serbischen Monarchisten (»Tschetniks«). [P. P.]

4 Moše Pijade (1890–1957), gebürtiger sephardischer Jude, studierte Kunst, war während des 1. Weltkriegs als Kriegsberichterstatter tätig und schloß sich danach der KP Jugoslawien an. Die Jahre zwischen 1925 und 1939 verbrachte er im Gefängnis; die 1935 angeblich getroffene Übereinkunft zwischen ihm als Repräsentanten der KP und der Ustascha – die auch anderweitig behauptet wird, z. B. von Grey Carter, Jews among Nazi Ustashas in the Independent State of Croatia – ist also mehr als obskur. Richtig ist, daß Moše Pijade in der Haft Josip Tito kennenlernte und während der Partisanenkämpfe zu dessen Stellvertreter avancierte; richtig ist ferner, daß ab Ende der 20er und während der 30er Jahre im Zuge der Stalinisierung eine Kehrtwende auch in der Balkanpolitik der Komintern stattfand: Nun war nicht mehr, wie unter Lenin und Trotzki, eine sozialistische Föderation aller Südslawen (»Jugoslawen«) unter der Führung der KPJ das erstrebte Ziel, sondern sogenannte Bündnisse der regionalen (slowenischen, kroatischen etc.) KPs mit den jeweiligen nationalen Bauern- und kleinbürgerlichen Parteien. Dieser Kurswechsel, der weltweit – zu jener Zeit auch in Spanien und China – die Selbständigkeit der KPs liquidierte und sie der jeweiligen nationalen Bourgeoisie unterordnete, wurde mit Gewalt – Massenhinrichtungen innerhalb der KPs und Parteiausschlüsse – auch auf dem Balkan durchgesetzt. Auch Tito und Pijade sind zu dieser Zeit auf Stalins Kurs eingeschwenkt und haben erst mit der faschistischen Aggression und dem bewaffneten Kampf gegen sie ihre an Stalin abgetretene Selbständigkeit wiedererlangt. Die pauschal gegen »die Kommunisten« gerichteten Vorwürfe beziehen sich also auch hier auf die Stalinsche Konterrevolution, die einen blutigen Schlußstrich unter den Oktoberumsturz setzte, deren Ziele in ihr Gegenteil verkehrte (»Sozialismus in einem Land«) und die Mitkämpfer Lenins umbrachte. Bis zum heutigen Tag hält sich

Sie kooperierten während des Krieges und danach, so daß schließlich fast alle Spuren des Vernichtungslagers Jasenovac getilgt worden waren. Ich selbst habe die Überbleibsel einzelner Mauern, von Gebäudeteilen und Wachtürmen zwei Jahre nach Kriegsende noch gesehen, aber bis 1964 waren sie beseitigt. Als wir in jenem Jahr auf dem Gelände eintrafen, war vom Lager nichts mehr zu sehen, nur hier und da Maisfelder, landwirtschaftliche Nutzflächen und Brachland. Aber ein erfahrener Gerichtsmediziner aus Ljubljana hatte in jenen Tagen einen Spezialbohrer mitgebracht, mit dessen Hilfe er Knochenreste im Boden ausfindig machen konnte. Das war uns von größtem Nutzen, um Massengräber aufzuspüren und zu untersuchen – selbstverständlich längst nicht alle, denn dies hätte unsere Kapazitäten bei weitem überschritten. Wir legten jeweils eine Fläche von ungefähr zwei auf drei Meter frei und zählten dann die darin enthaltenen Skelette und Gegenstände, auf die wir stießen. Dabei gibt es einen grundlegenden Unterschied in der Fundsituation des Vernichtungslagers: Auf der kroatischen Seite der Save hatte man Menschen aus insgesamt 1100 Orten in Kroatien inhaftiert; man hatte sie vor ihrer Ermordung ausgeraubt, so daß wir keinerlei Gegenstände in den

---

die unzulässige Gleichsetzung Kommunismus/Stalinismus zäh in den Köpfen, auch in den besten. Zur Klarstellung siehe u. a. die Broschüre: Marxismus, Opportunismus und die Balkankrise. Erklärung des Internationalen Komitees der Vierten Internationale, Essen 1994 (trotz einiger Mängel lesenswert). –

Mile Budak (1889–1945) war gewissermaßen der Goebbels der Ustascha: seit 1934 ihr stellvertretender Führer, Chefideologe und Apologet der Serben- und Judenvernichtung (ihm wird der Ausspruch zugeschrieben, ein Drittel der Serben müsse zwangsgetauft, ein Drittel vertrieben und ein Drittel umgebracht werden). Im Unabhängigen Staat Kroatien fungierte er als Gesandter im faschistischen Deutschland, als Minister für Religion und Unterricht sowie als Außenminister. Gegen Kriegsende floh er nach Klagenfurt und geriet in britische Gefangenschaft. Nach seiner Auslieferung an die Partisanen wurde er in einem Schnellverfahren zum Tode verurteilt und am 7. Juni 1945 gehängt. [P. P.]

Gräbern fanden. Auf der bosnischen Seite, in Donja Gradina – einem Dorf in der Nähe von Jasenovac, in dem Massenexekutionen stattfanden und sich zahlreiche Massengräber befinden[5] – bot sich hingegen ein ganz anderes Bild: Hierher hatte man die Arbeitsunfähigen deportiert – Kinder mit ihren Müttern, Behinderte, alte Leute, deren Weg von ihrem Dorf oder ihrer Kleinstadt direkt ins Massengrab führte, mitsamt ihrem persönlichen Besitz und ihren Habseligkeiten. Dort stießen wir zum Beispiel auf sorgfältig versteckte Goldmünzen, Kreuze oder Davidsterne, sofern die Ermordeten Juden waren. In Bosnien gestaltet sich die Situation völlig anders als in Kroatien: Viele Ortschaften kennen wir nur noch dem Namen nach, etwa wenn wir eine Landkarte der österreichisch-ungarischen Doppelmonarchie zur Hand nehmen. Alle diese Dörfer wurden während und nach dem Krieg ausradiert, die Gebäude zerstört, die Kirchenbücher verbrannt, und die Überreste ließ man vom Grün überwuchern. Heute weiß niemand mehr, daß sich dort einst ein Dorf oder eine Kleinstadt befunden hatte, und auch dieser Umstand erschwert die exakte zahlenmäßige Erfassung der Opfer erheblich.

Wie lange waren Sie als Ausgräber in Jasenovac tätig?

Das ist wieder eine andere Geschichte. Als wir unsere Arbeit aufnahmen, weil wir auf jede Menge Beweismaterial gestoßen waren, hieß es wie aus heiterem Himmel, unsere Tätigkeit sei beendet, aber wir könnten noch ein paar Tage weitermachen. Auf diese Weise verbrachten wir eine Woche auf dem anderen, dem bosnischen Ufer der Save in Donja Gradina. Das war es dann auch schon. Anschließend gab ich ein Interview in einer

5 Donja Gradina, das ehemalige Hinrichtungsgebiet von Jasenovac, ist die nördlichste Siedlung von Bosnien-Herzegowina. Sie liegt an der Mündung der Una in die Save, in der heutigen Republika Srpska, unmittelbar an der Grenze zu Kroatien. [P. P.]

der jugoslawischen Wochenzeitungen und berichtete, was wir gesehen hatten. Als das Interview nicht erschien, fragte ich nach, was los sei, und man teilte mir mit, es sei in meinem eigenen Interesse, diese Frage kein zweites Mal zu stellen. Da wurde mir klar, daß das Interview nie veröffentlicht werden würde, weil die Regierung offenkundig beschlossen hatte, daß diese Tatsachen nicht bekannt werden sollten.

Die Regierung unter Tito behauptete, dies geschehe, um die »Brüderlichkeit und Einheit« der Jugoslawen nicht zu gefährden. Es war töricht und kurzsichtig, die historische Wahrheit der Chimäre einer Harmonie zu opfern, und es schadete außerdem der Reputation Titos, der beim serbischen Bevölkerungsteil nun weniger als Befreier Jugoslawiens – der er tatsächlich war – vielmehr als mit antiserbischen Vorurteilen behafteter Kroate wahrgenommen wurde. Und traurigerweise stimmt es ja, daß damit der Völkermord tabuisiert wurde und die Täter sich nachträglich als gerechtfertigt ansehen konnten. Dieses explosive Gemisch ging nach dem Untergang der Sowjetunion mit kräftiger Zündelhilfe der NATO hoch…

In jenen Tagen riefen mich meine Freunde aus Ljubljana, Zagreb und Sarajevo – alles Städte mit medizinischen Fakultäten – an und sagten: »Was ist los mir dir? Alle naselang kommen sie hier an und fragen, ob jemand dich in Novi Sad ersetzen könnte!« Natürlich wollte niemand meine Stelle in Novi Sad antreten, weil sie mich alle recht gut kannten. Aber ich erkannte, daß es für mich an der Zeit war, das Land zu verlassen.

Wie lauten nun die Ergebnisse Ihrer Grabungstätigkeit? Einige Akademiker in Deutschland sagen, nur weil Sie zwei Wochen in Jasenovac und Umgebung gegraben hätten, könnten Sie noch längst nicht behaupten, daß dort Hunderttausende von Serben, Juden und Kommunisten umgebracht worden wären.

In jener Zeit gingen wir davon aus, daß das Gräberfeld von Jasenovac 12,5 km lang und 4,5 km breit war. Heute wissen wir, daß es wesentlich länger ist, nämlich 36 km, was wir damals noch nicht wissen konnten. Wir rechneten hoch, daß sich auf zwei Quadratmetern in einem Massengrab durchschnittlich 27 Skelette befanden, was durch unsere Grabungen erhärtet wurde. Das bedeutet, daß ungefähr 730 000 Menschen in Jasenovac ermordet wurden. Das war unser damaliger Kenntnisstand. Nun hat eine internationale Kommission von Gerichtsmedizinern herausgefunden, daß sich die tatsächlichen Opferzahlen wie folgt aufgliedern: 700 000 ermordete Serben, 23 000 – nicht 33 000, wie wir ursprünglich dachten – umgebrachte Juden sowie 80 000 Sinti und Roma. Diese Zahlen beziehen sich auf das System von Vernichtungslagern in und um Jasenovac; sie betreffen Serben, Juden sowie Sinti und Roma. Aber Kroatien war zugleich das einzige Land, das Todeslager für kleine Kinder betrieb. Auch die Art des Mordens in Jasenovac unterschied sich beträchtlich von Konzentrationslagern in Auschwitz und anderswo. Die deutschen Faschisten perfektionierten den industriellen Massenmord, um die anfallenden Materialien wie Haare, Haut, Goldzähne usw. zu verwerten. In Jasenovac dagegen mordete man von Hand und mißhandelte die Leute fürchterlich, bevor man sie umbrachte. Man kann es sich nicht übel genug vorstellen. Damals entdeckten wir viele Bäume mit eingeritzten Namen. Man hatte dort Häftlinge lebendigen Leibes an diese Bäume genagelt und unter elenden Qualen langsam verenden lassen. Einer dieser Bäume ist heute noch in Donja Gradina zu sehen. Damals waren es noch viel mehr.

Es dürfte sehr schwierig gewesen sein, nach einer Zeitspanne von 20 Jahren die exakte Zahl der Ermordeten zu ermitteln. Unzählige Leichen sind ja in die Save geworfen oder zu Asche verbrannt worden.

Die genaue Zahl werden wir nie herausfinden, denn wir wissen nicht, wie viele Menschen in den Öfen verbrannt worden sind.

Das ist das eine. Wir wissen aber zweitens nicht, wie viele Leichen von ihren Mithäftlingen verzehrt wurden, als Suppe zum Beispiel. Bis zum heutigen Tag hat sich das Gerät erhalten, mit dem die Leichen zubereitet wurden. Wir kennen die kleinen Gleise und die Loren, mit denen die Leichname zu den Plätzen transportiert wurden, wo man sie kochte.[6] Wir werden auch nie erfahren, wie viele ungeborene Kinder man aus den Bäuchen ihrer Mütter gerissen hat.

Als ich ein Kind war, sah ich Monate über Monate Leichen die Save und die Donau hinuntertreiben, Gott weiß wohin, wahrscheinlich bis zum Schwarzen Meer. Etliche dieser Leichname hat man herausgezogen und auf dem nächsten Friedhof beigesetzt; kein Mensch kann sagen, wie viele Leichen auf diesem Wege ihre letzte Ruhe fanden. Auch in Belgrad gibt es ein riesiges Massengrab mit ungefähr 2000 Bestatteten, nahe einem Turm der Festung Kalemegdan am Flußufer (Kula Nebojsa); kaum jemand weiß von seiner Existenz. Auf der gegenüberliegenden Seite der Donauinsel Ratno ostrvo hat man ebenfalls zahlreiche Leichen begraben. Und so könnte man fortfahren. Schließlich sollte man das Gestapo-Konzentrationslager Staro sajmište an der Peripherie Belgrads, das größte von den Nazis errichtete KZ auf serbischem Territorium, nicht vergessen. Dort waren ungefähr 40 000 Widerstandskämpfer und Juden ermordet worden. Heute befindet sich auf dem Gelände eine leider verwahrloste Gedenkstätte, und in den Steinbaracken des ehemaligen Todeslagers hausen jetzt die Ärmsten der Armen.

---

6 Ein weiterer Überlebender von Jasenovac, Eduard Šajer, berichtet: »Kannibalismus wurde zu einem Teil des Alltagslebens in Jasenovac. Die Leute aßen Menschenfleisch. Es gab dort eine Art Tümpel, einen Teich, in dem viele Leichen schwammen. Die Leute wuschen ihre Kleidung dort, und sie aßen Menschenfleisch. Es war wie ein Alptraum. Der menschliche Verstand kann kaum fassen, daß es so etwas geben kann: Menschen, die gezwungen sind, sich wie wilde Tiere aufzuführen. Aber genau das geschah in Jasenovac.« – Zit. in: Barry M. Lituchy (ed.), Jasenovac and the Holocaust in Yugoslavia. Analyses and Survivor Testimonies, New York 2006, p. 220. [P. P.]

Ehemalige Baracke des Konzentrationslagers Staro sajmište, heute von den Ärmsten in Belgrad bewohnt.

Der Folter- und Verhörturm des KZs Staro sajmište in Belgrad (heutiger Zustand).

Es ist paradox: Wenn man in Deutschland bezweifelt oder abstreitet, daß in Auschwitz eineinhalb Millionen Menschen umgebracht worden sind, dann ist es ein Fall für den Staatsanwalt, und das Getöse in den Medien ist riesig. Heißt es aber, in Jasenovac seien »nur« 80 000 Menschen ermordet worden, dann passiert gar nichts. Diese Form der Völkermordleugnung ist NATO-kompatibel; höhere Opferzahlen werden zynisch als »serbische Kriegspropaganda« abgetan.

Als wir 1964 zu dem Schluß kamen, daß ungefähr 730 000 Menschen in Jasenovac ums Leben gekommen sein mußten, erschraken wir zunächst und drückten die Zahl auf 700 000 herunter, denn wir befürchteten, daß uns ein Fehler unterlaufen sei. Aber heute wissen wir, daß sogar noch wesentlich mehr Menschen dort umgebracht worden sind.

Als Franjo Tudjman während der Zerschlagung Jugoslawiens in den 90er Jahren des letzten Jahrhunderts als erster kroatischer Staatschef von NATOs Gnaden amtierte, ließ er alsbald verlauten, daß in Jasenovac »nur« 30 000 Menschen umgebracht worden seien. Das paßt zu jemandem, der sich rühmte, weder mit einer Serbin noch mit einer Jüdin verheiratet zu sein.

Und nicht nur das: In Deutschland wurde eine Doktorarbeit angenommen, in der davon die Rede ist, daß in Kroatien überhaupt kein Völkermord stattgefunden habe. Aber man kann die Deutschen nicht dafür verantwortlich machen, was in Kroatien geschehen ist.

Nun – immerhin hat Hitler Jugoslawien überfallen und dem Ustascha-Regime militärische Rückendeckung gegeben…

Ich möchte folgendes sagen: Man will heute, daß Deutschland zahlt – zahlt für diese Greuel und diese Kriegsverbrechen, die es diesmal nicht begangen hat. Und die Wahrheit über Jasenovac liegt nur 120 cm unter der Erdoberfläche. Wenn jemand der Ansicht ist, wir hätten nicht ordentlich gerechnet, dann soll er selber graben und unsere Angaben überprüfen. Dann wird man weitersehen.

Herr Prof. Živanović, Sie haben soeben erwähnt, daß Sie als Kind die Leichen Ermordeter auf der Save und der Donau treiben sahen. Können Sie uns etwas mehr über Ihre Person und Ihren Werdegang mitteilen?

Ich lebte an vielen Orten in Jugoslawien und auf der Welt. Meine ersten vier Volksschuljahre verbrachte ich in nicht weniger als acht Ortschaften, weil wir ständig auf der Flucht waren. Die Stadt, in der ich die vielen Leichen flußabwärts treiben sah, hieß Valjevo. Ich erinnere mich noch genau an den Leichnam einer Frau, die einen roten Pullover anhatte. Sie strandete am Ufer, als meine Schwester und ich gerade dort spielten, direkt neben uns. Solche Dinge vergißt man nicht. Und es waren ja nicht einzelne Tote, sondern richtige Inseln aus Leichnamen, die, von Jasenovac her, an uns vorübertrieben. Ich erinnere mich an eine Brücke in Belgrad, an deren Pfeiler so viele Leichen hängen blieben, daß sich der Fluß aufstaute. Die Deutschen haben diese Leichenklumpen dann mit Minen gesprengt, und der Verwesungsgeruch verbreitete sich über ganz Belgrad. Die Zahl der Leichen war enorm. Anfangs warfen sie sie einfach in den Fluß, aber dann dämmerte es ihnen, daß sie am Uferbewuchs oft hängen blieben. Also schlitzten sie sie auf, damit sie sich mit Wasser füllten und schneller untergingen. Braco Danon hat etwas Ähnliches erlebt, als er gemeinsam mit anderen Häftlingen an den Dämmen entlang der Flüsse arbeitete. Wenn jemand erschöpft war, begruben sie ihn bei lebendigem Leibe. Und nicht nur er, auch andere beschrieben diese Verbrechen.

So sind Sie als Kind und Jugendlicher in Serbien aufgewachsen?

Tja, das ist eine interessante Sache. Es war im Jahr 1940, als eines Tages ein Freund meines Vaters – ein Deutscher – zu uns kam und ihm sagte, wir müßten diese Ortschaft in Bosnien verlassen, weil der Überfall der Deutschen unmittelbar bevorstand. Mein Vater arbeitete bei der Eisenbahn, und sein deutscher Freund war bestens informiert. Aber mein Vater sagte: »Wohin kann ich gehen?«, worauf sein Freund erwiderte: »Geh nach Višegrad, direkt an die Grenze. Dort arbeitet unser gemeinsamer Schulfreund, Hermann Ehrenfried. Wir sollten ihm mitteilen, er solle deine Stelle übernehmen und du seine.« Und so geschah es. Als der Krieg 1941 ausbrach, befanden wir uns bereits in Višegrad und überquerten die Grenze nach Serbien. Dort wurde mein Vater von den Deutschen festgenommen und vor dem Hohen Militärgerichtshof in Šabac angeklagt. Man beschuldigte ihn unter anderem, er habe als Angestellter der Eisenbahn einen Teil der Gleise in die Luft gesprengt. Sein Pflichtverteidiger war ein deutscher Offizier, dem es tatsächlich gelang, einen Freigang von 24 Stunden für meinen Vater zu erwirken, um bei der serbischen Regierung vorzusprechen. Mein Vater nutzte diese Gelegenheit natürlich zur Flucht nach Smederevo, wo eine deutsche Sondereinheit zur Sabotagebekämpfung stationiert war. Ein Soldat dieser Einheit teilte meinem Vater mit, jemand habe ihn bei der Gestapo denunziert, die ihn noch diese Nacht verhaften wolle; deshalb müsse er sich so schnell wie möglich aus dem Staub machen. Also floh er wieder. Der Denunziant war im übrigen der Bruder meines Taufpaten, ein Serbe. Und so ging es meist: Die Deutschen halfen gewöhnlich meinem Vater, während die Serben ihm schaden wollten. Schrecklich, aber wahr. Unsere nächsten Fluchtstationen waren Kraljevo, ein serbisches Städtchen, dann Vršac in der Wojwodina, wo ihn diesmal die Kommunisten verhafteten. Mein Vater war kein Kommunist, aber ein politisch heller Kopf und bei den Leuten, die für ihn arbeiteten, sehr beliebt.

Herr Živanović, wie sehen Sie die zukünftigen Perspektiven für Ihre Arbeit?

Ja, was soll ich sagen … Ich bekam in den 60er Jahren eine Einladung nach England, um hier als Fachmann zu arbeiten, den das Land benötigte. Meine Einreise erfolgte ohne Probleme, und ich arbeitete hier als Anatom an der Medizinischen Fakultät, die im Jahr 1123 gegründet wurde und sich nach wie vor am selben Platz befindet. Bis zu meiner Pensionierung war ich als Mediziner in der ganzen Welt unterwegs, hauptsächlich in Entwicklungsländern: drei Jahre in Papua-Neuguinea, drei Jahre in Zimbabwe, in Uganda usw. Ich verfaßte Artikel für Fachzeitschriften und schrieb einige Bücher, so um die dreißig. *(lacht)* In der Zeit, die mir verbleibt, möchte ich mich mit all meinen Kräften für Donja Gradina einsetzen, jenen Ort auf der bosnischen Seite der Save. Hier befindet sich das größte Areal des Konzentrationslagers Jasenovac mit etwa 400 000 ermordeten Häftlingen. Hier wollen wir eine Gedenkstätte errichten, so wir es vermögen, denn bislang steht hier nur eine kleine Baracke, und das ist alles. Die Besucher bekommen hier gar nichts zu sehen, und doch kommen jedes Jahr Zehntausende, um die Stätte zu besichtigen, und es gibt nicht einmal eine einzige Toilette! Sie können sich vorstellen, mit welchen Schwierigkeiten wir zu kämpfen haben. Allein das Grasmähen auf diesem weitläufigen Areal ist ein großes Problem.

Von Zeit zu Zeit besuche ich die Stätte und unterhalte mich mit verschiedenen Leuten. Ein Freund von mir ist Architekt; er hat bereits Pläne für eine Kirche entworfen, aber wir wollen auch eine Synagoge bauen und eine Stätte der Besinnung für die Sinti und Roma. Wir sollten uns nicht zuviel Zeit dafür nehmen. Unser Hauptaugenmerk gilt natürlich der Erhaltung aller Massengräber bis zum Save-Ufer.

Herr Živanović, wir bedanken uns für das Gespräch.

Von lauten und leisen Völkermord-Leugnern

von *Peter Priskil*

> Die Geschichte ist nichts weiter als ein bemerkenswertes Beispiel für das Verschwinden der Wahrheit in der Zeit.
>
> *Jindrich Styřský*

»Auschwitz ist ein jüdischer Mythos.« Wer einen solchen Satz schreibt oder in der Öffentlichkeit äußert, landet per Expreß und unter allgemeinem Pressegeheul in der nächsten Gefängniszelle. Das weiß ein jeder und hat, abgesehen von einer Handvoll echter Altnazis mit Bekennerdrang, sein Oberstübchen fein säuberlich in die Rubriken »erlaubt« und »verboten« unterteilt. (Allerdings sollte es die helleren unter den Zeitgenossen doch in nicht gelindes Erstaunen versetzen, daß eine historische Frage, auch wenn sie zu Zwecken der Provokation aufgebracht wird, eine Angelegenheit der Strafparagraphen statt der Argumente sein soll; auch sollten sie sich zweitens wundern, warum die kompakte Mehrheit der »politisch Korrekten« dann wie eine kopflos und hysterisch gewordene Herde reagiert, anstatt die Apologeten faschistischer Megaverbrechen sachlich und souverän der Höchststrafe zu überantworten: der Lächerlichkeit und der allgemeinen Verachtung. Aber offensichtlich ist sie – die besagte »kompakte Masse« – dazu nicht in der Lage.)

Nehmen wir hingegen den Satz: »Jasenovac ist ein serbischer (wahlweise und seltener: kommunistischer) Mythos«, dann geht das; es geht nicht nur, sondern es flutscht, es sickert durch die präparierten Hirnrinden wie himmlisch Manna. Und das ist erklärungsbedürftig. Warum sollte es sich bei den in Auschwitz ermordeten Juden (freilich schon weniger bei den polnischen Widerstandskämpfern) um ein »inkommensurables« Verbrechen handeln, wie die Presse unablässig tönt, bei den in Jasenovac umgebrachten Juden (oder den orthodoxen Serben, die ein Vielfaches des jüdischen Blutzolls entrichten mußten, aber auch die serbischen Partisanen und kroatischen Kommunisten werden gerne unterschlagen) hingegen ein »Mythos« vorliegen? Nun war Braco Danon, der die Hölle von Jasenovac überlebte, nicht nur ein Jude von Geburt, sondern ein Kommunist aus Überzeugung. Will man sich nicht des ekelhaften Zynismus befleißigen, nur ein toter jüdischer Kommunist sei ein guter Jude, dann kommt man um diese Frage nicht herum: Warum ist das strukturell gleiche Verbrechen, begangen vom strukturell identischen Täterkreis, einmal der Gipfel menschlicher Niedertracht, ein andermal haltlose Legendenbildung angeblicher Opfer? Wie kommt dieses anstößige zweierlei Maß zustande? Dieser Frage wollen wir im folgenden etwas genauer nachspüren.

Dazu müssen wir den Blick ein wenig weiten, zunächst geographisch.

Zagreb, den 19. April 2017. An diesem Tag verleiht der Stadtrat der kroatischen Hauptstadt in Anwesenheit zahlreicher Regierungsmitglieder und der Presse des Landes einen mit 4000 Euro dotierten Kulturpreis. Die Entscheidung des Gremiums ist eindeutig: 27 Mandatsträger stimmen dafür, bei acht Gegenstimmen und vier Enthaltungen. Preisträger ist der Regisseur Jakov Sedlar, der diese Auszeichnung für seinen Film ›Jasenovac – Die Wahrheit‹ erhält. Doch diese prämierte »Wahrheit« ist eine faustdicke, kaltschnäuzig vorgebrachte Geschichtslüge, ein klarer Fall von Völkermord-Leugnung. Die Hauptaussage des Films lautet: Jasenovac ist ein »kommunistischer Mythos«. Die klerikalfaschistische Ustascha habe dort, im drittgrößten Konzentrationslager Europas, im »jugoslawischen Auschwitz« (Vladimir Dedijer), keineswegs Massenmorde an orthodoxen Serben, Juden und Zigeunern (»Sinti und Roma«) mit dem Ziel ihrer systematischen und vollständigen Vernichtung begangen. Einen Genozid habe es schlichtweg nicht gegeben. Jasenovac sei vielmehr ein »Arbeitslager« gewesen, hauptsächlich für linke Widerstandskämpfer, und ein paar tausend Häftlinge seien zwischen 1941 und 1945 ums Leben gekommen – gut, zugegeben. Aber **nach** 1945, als die Kommunisten unter dem Partisanenführer Josip Tito die Macht übernommen hatten, sei Jasenovac ein »kommunistisches Konzentrationslager« für kroatische Patrioten und gläubige Katholiken gewesen. Ihre Opferzahl habe diejenige des Ustascha-»Arbeitslagers« um ein Vielfaches übertroffen, und die Leichen der Ermordeten seien von der Save bis nach Zagreb gespült worden!

Diese letzte Aussage setzt freilich voraus, daß die Save nach 1945 urplötzlich in die entgegengesetzte Richtung geflossen wäre. Zwar ist dem HErrn nichts unmöglich, aber Sedlar muß sich zur Erhärtung dieser Abstrusität eines gefälschten Dokuments bedienen, einer nachträglich bearbeiteten Titelseite der Zeitung ›Vjesnik‹ mit der schreienden Schlagzeile: »Viele Leichen aus Jasenovac von der Save nach Zagreb gespült!« Bei dem »Belegphoto« handelt es sich leicht erkennbar um eine Photomontage, auch die Lettern sind einem anderen Schrifttypus entnommen. »Aber das ist kein zufälliger Fehler, das ist eine gut durchdachte Fälschung«, schreibt Lawrence Krnić im Internet-Portal ›Lupiga‹. »Sie wendet sich an ein Publikum, das an Tatsachen nicht interessiert ist, und fördert ihrerseits Mythen, die geglaubt werden sollen.« Ein Herr Vurušić macht seiner Empörung im Portal ›Jutarnji‹ mit den Worten Luft: »Demokratie bedeutet nicht, daß jeder heraustrompetet, was ihm gerade in den Sinn kommt. [...] Wenn Sedlar sagt, es habe keinen Völkermord [der Ustascha] gegeben, und ich behaupte das Gegenteil, sollen wir uns dann in der Mitte treffen? Einen Völkermord verhandelt man nicht wie auf dem Flohmarkt.« – Eine »Antifaschistische Liga« in Kroatien – doch, die gibt es – hat Strafanzeige gegen den Regisseur wegen grober Geschichtsfälschung, »schmutziger Tricks und Betrug« gestellt und die Auszeichnung als »Schande für die Stadt« bezeichnet. Der Anwalt Veljko Miljević, ein Spezialist für Strafrecht, sieht den Straftatbestand der Dokumentenfälschung erfüllt, für den das kroatische Strafrecht eine Gefängnisstrafe von bis zu drei Jahren vorsieht (Art. 278); desgleichen, so führt er aus, erfülle der Film die Straftatbestände der »Anstiftung zu Haß und Gewalt« sowie der »Leugnung des Völkermords«. Der israelische Botschafter in Kroatien, Zina Kalay Kleitman, beschuldigte den Regisseur des »Geschichtsrevisionismus« und stellte in seinem Protestschreiben fest, der Film beleidige die Gefühle all jener Menschen, deren Angehörige in Jasenovac umgebracht worden waren. Die jüdische Gemeinde von Zagreb erinnerte daran, daß die Ustascha die dortige Synagoge in der Prager Straße »Stein für Stein« abgerissen hatte und das Anwesen anschließend in einen Parkplatz umgestaltet wurde – was Herrn Sedlar freilich keine Erwähnung wert war. Auch der Serbische Nationalrat legte schriftlichen Protest gegen das Machwerk ein.

Aber was sind Worte gegen die NATO? Was vermögen die berechtigtsten Einwendungen gegen Drohnengeschwader und Atomraketen, gegen Tarnkappenbomber und DU-Geschosse, mit denen das US-geführte Angriffsbündnis 1999 in einem elfwöchigen Bombardement die Kriegsverbrechen Hitlers toppte? Was vermag die schwache Stimme der Vernunft gegen das weltweite Einheitsgedröhn der Lügenmedien? (Oder hast Du, werter Leser, etwas über diese Preisverleihung und ihre Hintergründe erfahren? Na also!) Der ehemalige kroatische Kultusminister Zlatko Hašanbegović zeigte sich von dem Film jedenfalls äußerst angetan und regte an, ihn in die Lehrpläne der Schulen aufzunehmen.

Aber diese Geschichtsfälschung fiel nicht vom Himmel, sie begann vielmehr spätestens mit der Zerschlagung Jugoslawiens. Der US-Imperialismus hatte mit dem Balkanstaat wegen dessen Neutralität im Kalten Krieg noch ein Hühnchen zu rupfen, und mit der würdelosen Kapitulation der Sowjetunion war die Zeit dafür gekommen. Die US-Regierungen hatten das Terrain hierfür Ende der achtziger Jahre sorgfältig hinter den Kulissen vorbereitet – durch ökonomische Blockaden, finanzielle Erpressung und gezielte Förderung separatistischer Kräfte,[1] die sich aus historischen Gründen aus den ehemals zwangsgetauften und zwangsbeschnittenen Teilen des Vielvölkerstaates, den Relikten der Habsburger- und Osmanenherrschaft, rekrutierten. Folgerichtig begann die Zerschlagung Jugoslawiens mit der Sezession der (mehrheitlich katholischen) Bundesstaaten Slowenien und Kroatien aus dem jugoslawischen Staatsverband, gefördert mit einem zinslosen Kredit des Vatikans in Höhe von vier Milliarden Dollar und beschleunigt durch eine diplomatische Praecox-Anerkennung der abtrünnigen Teilstaaten durch die deutsche Kohl/Genscher-Regierung. Damit war der imperialistische Sprengsatz gezündet. Der sogenannte jugoslawische »Bürgerkrieg« war – wie sein syrisches Pendant der vergangenen fünf Jahre – von der ersten Sekunde an von außen initiiert und geschürt, von der ersten Sekunde an eine US-orchestrierte NATO-Aggression mit verteilten Rollen. Da Serbien – wiederum aus historischen Gründen, denn es war der Motor der ersten, gemeinsam mit Kroatien und Slowenien vollzogenen monarchistischen Staatsgründung im Jahre 1918 (ab 1929 »Jugoslawien« = Staat der Südslawen) und trug auf deren Territorium im 2. Weltkrieg die Hauptlast des antifaschistischen Kampfes mit einem entsetzlichen Blutzoll – als wichtigster Teilstaat der Garant der jugoslawischen Einheit war, mußte die NATO-Kriegspropaganda notwendig **antiserbisch** sein. (Der zweite Grund dafür, eng mit diesem verwachsen,

1 Flounders 1996.

war, daß es seine Unabhängigkeit von der katholischen Kirche stets hatte bewahren können, und deren politische Bedeutung und Parteinahme sollte bekannt sein.) Das bedeutete in ideologischer Hinsicht nichts Geringeres, als das Opfer eines der drei großen Völkermorde des 20. Jahrhunderts – das waren neben den Armeniern und den europäischen Juden eben die Serben, Stichwort Jasenovac – zu einem quasi-»faschistischen« Tätervolk umzulügen; in praktischer Konsequenz bedeutete dies die NATO-Bombardierung der bosnischen Serben 1994/95, deren gewählter Repräsentant Radovan Karadžić vor kurzem von der NATO-Siegerjustiz in Uncle Sam's Den Haager mamertinischem Kerker vergraben wurde, sowie die bereits erwähnte Bombardierung Restjugoslawiens, die unter der irreführenden Bezeichnung »Kosovo-Krieg« in die Geschichte einging. »Historisch« aus deutscher Sicht war die erste aktive Beteiligung der Bundeswehr an diesem Angriffskrieg, ermöglicht durch den zweiten epochalen Verfassungsbruch einer sozialdemokratischen Regierung nach den Berufsverboten Willy Brandts. Nun war es Gerhard Schröder, der mit seinem Adlatus Josef »Joschka« Fischer von der grünen Kriegspartei den Verfassungsartikel 26 auf Klopapierstatus setzte. Dieser Artikel, seitdem hundertfach gebrochen, untersagt, als wichtigste Konsequenz aus den Verbrechen des Hitlerfaschismus, das Führen von Angriffskriegen von deutschem Boden aus. Seitdem befinden die deutschen Medien wundersamerweise, man könne den Begriff »Angriffskrieg« eigentlich gar nicht richtig definieren, was freilich auf eine nachträgliche Total-Entlegitimierung der Nürnberger Prozesse hinausliefe, egal ob inzwischen vergessen ist oder nicht, daß deren Anklage-Basis nicht anders als »Führung eines Angriffskrieges« lautete (siehe aber AVEnz *sub voce*).

Mit der Errichtung des NATO-Satellitenstaates Kroatien hielt nicht nur die Ustascha-Währung Kuna dort Einzug, sondern auch das alte Feindbild mit sämtlichen dazugehörigen Haßschwerpunkten, Klischees und Verdrehungen. Man störte sich nun nicht mehr daran, daß Franjo Tudjman, der erste kroatische Präsident von NATOs Gnaden, damit prahlte, er sei stolz, »weder mit einer Serbin noch mit einer Jüdin verheiratet zu sein«. Das gehörte jetzt wieder zum guten Ton. Tudjman war es auch, der in seiner Nebeneigenschaft als Historiker in seinem Buch über die »Umwege« der historischen Forschung behauptete, die Zahl der im »Arbeitslager« Jasenovac ums Leben gekommenen Häftlinge belaufe sich auf 30 000, maximal 40 000, »hauptsächlich kroatische Linke, dann Serben, Zigeuner und Juden«. Diese Geschichtslüge bildet den Gründungsmythos des »neuen« alten Kroatien, und der jüngst verliehene Filmpreis über die verlogene »Wahrheit« von Jasenovac ist bisher nur der letzte Exzeß, dem weitere folgen werden. Die lauten Völkermord-Leugner haben also Konjunktur, und die NATO macht's möglich, denn diese Lüge ist *ein* wichtiger Baustein ihrer Kriegsplanung, die über die Leiche Jugoslawiens an das zählebige Rußland heranführt. Diese Strategie hat nur einen, praktisch allerdings leider unbedeutenden, Nachteil: Sie steht auf Kriegsfuß mit den tatsächlichen Abläufen, der historischen Wahrheit. Und an diesem Punkt wird es interessant – ein Tusch für die leisen Völkermord-Leugner.

Stellen wir unsere zeitliche Rückschau nun etwas schärfer ein. Im Jahr 1991 erschien in Belgrad eine englischsprachige Broschüre, die im deutschen Sprachraum so gut wie niemand kennen dürfte – und falls doch, dürfte die Zahl der Kundigen signifikant unter Arno Schmidts »dritter Wurzel aus P« liegen, wobei »P« für Population steht. Dort konstatiert der Verfasser gegen Ende: »Der Akademiker Vladimir Dedijer präsentiert in seinem Buch ›Der Vatikan und Jasenovac‹ eine Fülle gut gesicherter Belege für die entscheidende Rolle, die der Vatikan bei der Verhängung, Durchführung und Aufrechterhaltung der jahrzehntelangen ›Verschwörung des Schweigens‹ bezüglich des Völkermords an den Serben im Unabhängigen Staat Kroatien gespielt hat. Und genau aus diesem Grund war das Buch Gegenstand einer noch nie dagewesenen Verleumdungskampagne, nicht allein in Jugoslawien. Der Würgegriff der Zensur gestattete es diesem Werk nicht, ein normales Leben in der Bundesrepublik Deutschland zu führen, wo es 1988 in deutscher Übersetzung erschien. Die ›Verschwörung des Schweigens‹ trägt ihre Früchte bis zum heutigen Tag.« (Kljakić 1991)

Das stimmt. Angeregt durch die mutige Pioniertat Karlheinz Deschners, der in seinem Buch ›Mit Gott und den Faschisten‹ [2] die Völkermord-Verbrechen der Ustascha erstmals dem deutschsprachigen Publikum zugänglich gemacht hatte, veröffentlichten wir 1988 das Standardwerk Vladimir Dedijers unter dem Titel ›Jasenovac – das jugoslawische Auschwitz und der Vatikan‹. Es ist das bislang erfolgreichste Buch unserer Verlagsgeschichte, mittlerweile in der 6. Auflage erschienen, mit einem Vorwort von Alexander Dorin, versehen mit einem erhellenden Vorwort von Fritz Erik Hoevels und einem kleinen Nachtrag aus meiner Feder, in dem ich die komplette Verhunzung der Gedenkstätte Jasenovac gemäß den Vorgaben von Franjo Tudjman in Wort und Bild schildere. Der Historiker Milan Bulajić hatte einfach recht, als er schrieb, Jasenovac in seiner heutigen Gestalt erinnere eher an einen Golfplatz als an die düstere Stätte bestialischer Folter und Massenexekutionen.

Der Erfolg von Dedijers Buch, das unter anderem auch in einer US-amerikanischen Ausgabe vorliegt, darf hingegen nicht darüber hinwegtäuschen, daß er *trotz* der Zensur und *gegen* die Zensur erzielt wurde. So war es für uns *von Anfang an* unmöglich, mittels bezahlter Inserate für das Buch zu werben. Wer sich unter der geneigten Leserschaft einmal bemüht hat, in einer auflagenstarken Tages- oder Wochenzeitung eine solche nur kleinformatige Anzeige unterzubringen, der weiß, was das kostet (und er begreift sofort, daß jene Großunternehmen, welche sich ganzseitige Anzeigen leisten können, im Durchschnitt bestimmen, welche Nachrichten in diesem Blatt stehen – das

2 Neu aufgelegt und mittlerweile in der 2. Auflage erschienen bei Ahriman.

sollte dem scheinlinken Gefasel von der Nachricht als »Ware« ein für allemal den Garaus machen). Genug: Bei dieser unserer Veröffentlichung galt wie bei den meisten unserer Folgepublikationen: Ideologischer Auftrag der Medien geht vor Geschäft, Lüge vor Profit. Die ›Süddeutsche Zeitung‹ begründete ihre Ablehnung mit dem Statement ihres Hausjuristen, die in Dedijers Buch enthaltenen »Tatsachenbehauptungen« könnten juristisch verfolgt werden. »Pluralistisch«, wa? Und dabei hatte der Krieg gegen die Sozialistische Volksrepublik Jugoslawien zumindest offiziell noch nicht einmal begonnen...

Wir hatten seinerzeit den Verfasser nach Deutschland eingeladen, damit er an verschiedenen Universitäten über sein Buch referiert. Das war damals gerade noch möglich, weil die Meinungsfreiheit noch nicht vollständig erwürgt war; der sogenannte »Ostblock« war zwar militärisch umzingelt und lag in seinen letzten Zuckungen, existierte aber noch. Der Publikumsandrang war seinerzeit beträchtlich, und die jeweilige Lokalpresse agierte gezwungenermaßen mit gebremstem Schaum, denn Vladimir Dedijer war nicht nur ein führender Mitkämpfer Titos, mithin ein Todfeind des Dritten Reichs gewesen (»I have a Hitler-bullet in my head«, vertraute er uns einmal an), sondern einer der letzten *opinion leaders* seiner Zeit. Als Inhaber verschiedener Lehrstühle im Westen stand er auf vertrautem Fuß mit Bertrand Russell, der mit seiner Ansicht über den Völkermord der Ustascha und deren Drahtzieher nicht hinter dem Berg hielt (»Der Vatikan ist verantwortlich für die Vertuschung der Wahrheit über die Geschehnisse in Jugoslawien während des 2. Weltkriegs« – war Russell demnach auch ein »Verschwörungstheoretiker«, wie man die illusionslosen Realisten heutigentags schimpft?). Gemeinsam mit Jean Paul Sartre hatte Vladimir Dedijer zehn Jahre vor Veröffentlichung der deutschen Fassung seines Buches durch uns das »Russell-Tribunal« gegen die Berufsverbote geleitet, unglücklicherweise ausgerechnet im Täterstaat Westdeutschland, der sich damit großtun konnte, »sogar« eine solche Konferenz auf seinem Territorium zu dulden (dann, so wurde der Schluß für die Schwachen im Geiste nahegelegt, konnte es mit den Berufsverboten »auch nicht so schlimm« sein). Aber gleichviel: Dedijer war einfach zu bekannt, als daß man ihn folgenlos hätte totschweigen können (die Glaubwürdigkeit der Presse, ihr »höchstes Gut«[3], hätte dann nämlich gelitten), und so erklärt sich unser zwar nicht sensationeller, aber ansehnlicher Erfolg *trotz* und *gegen* die Zensur. Wie er unter der Bedingung der *Gleichbehandlung* ausgesehen hätte, muß Spekulation bleiben, aber es ist erlaubt zu phantasieren.

Ebenfalls im Jahr 1988 hatte ich die Gelegenheit, als Gast an einer mehrtägigen Konferenz der Serbischen Akademie der Wissenschaften in Belgrad teilzunehmen. Thema der Tagung war die Frage, wie man die Zahl der in Jasenovac Ermordeten zuverlässig quantifizieren könnte. Neben zahlreichen Historikern war selbstverständlich auch Vladimir Dedijer zugegen, und es spricht für die Offenheit der Debatte, daß auch die sträflichen Versäumnisse bzw. aktiven Behinderungen ernsthafter Forschung bezüglich Jasenovac durch die Tito-Regierung zur Sprache kamen (der Leser dieses Buches weiß dank der Ausführungen von Prof. Živanović nun mehr). Ich selbst hatte die Gelegenheit erhalten, vor dem Plenum über die seinerzeit aktuelle Verfolgung von Atheisten in der BRD zu berichten. Da die westdeutschen Medien auch hierüber eine eiserne Zensur verhängt hatten, hatten wir die Zeitschrift ›Ketzerbriefe‹ als Forum für diese unterdrückten Nachrichten ins Leben gerufen mit dem praktischen Ziel, vor allem das Ausland über die geheimgehaltenen Machenschaften der deutschen Justiz aufzuklären und auf die Einhaltung des Grundrechts der Religionsfreiheit zu dringen. Allzugern hätte eben diese Justiz eine ganze Reihe von Angeklagten – insgesamt dreizehn – auf der Grundlage des »mittelalterlichen Diktaturparagraphen« 166 (Kurt Tucholsky) existenziell vernichtet, sogar mittels eines

3 Vgl. Hoevels 1989.

zweifelsfrei nachgewiesenen, aber unbestraft gebliebenen Meineids eines führenden Caritas-Funktionärs. Nach Tausenden von Protestschreiben aus aller Welt mußte die deutsche Justiz jedoch zähneknirschend darauf verzichten, Unschuldige wegen Religionskritik im Dunkeln zu meucheln. Man kann sich meine Überraschung vorstellen, als ich in den Tagen während und nach der Belgrader Konferenz gewahr wurde, daß nahezu alle großen jugoslawischen Tages- und Wochenzeitungen über die Atheistenverfolgung in der BRD berichteten – eine ungewohnt frische Brise der Meinungsfreiheit für einen Oppositionellen aus der Muffkammer des deutschen Kirchenstaats, der bis zum heutigen Tag am Hitler-Konkordat mit dem Vatikan festhält!

Zwei atmosphärische Splitter aus jenen Tagen sind mir besonders lebhaft in Erinnerung geblieben: Einerseits die angeregte Unterhaltung mit einem ehemaligen Partisanen, der mir voller Stolz erzählte, wie seine Einheit, von der Wehrmacht umzingelt, einen extrem harten Winter im Gebirge überstand und die Kämpfer lieber verhungerten oder erfroren als zu kapitulieren. Hitler soll seinerzeit gesagt haben, der Krieg gegen die Sowjetunion sei so lange nicht gewonnen, wie man den serbischen Widerstand gegen die deutsche Besatzung nicht gebrochen hätte. Und in der Tat hatten die jugoslawischen Partisanen einen maßgeblichen Anteil daran, daß deutsche Divisionen auf dem Balkan gebunden blieben und somit im Krieg gegen die Sowjetunion fehlten. Nur war uns beiden damals nicht gewärtig, daß die Endlösung der Sowjetunion diesmal unmittelbar bevorstand – und mit ihr auch die Endlösung der Serbenfrage, denn was sollte man von dem nun US-amerikanischen Nachfolger der Hitlerschen Eroberungszüge, der im Gegensatz zu diesem aber erfolgreich war, auch anderes erwarten, als daß er dieses kleine Volk, das in den Jahrhunderten seit der türkischen Invasion seine Unbeugsamkeit bewiesen hatte, endgültig in den Staub trat und demütigte? Die zweite Beobachtung steht damit in Zusammenhang: Es herrschte seinerzeit eine Atmosphäre knisternder Nervosität in Belgrad, die sich in spontanen Großdemonstrationen entlud. Deren Ziele waren mir damals nicht recht verständlich; heute begreife ich sie als intuitive Reaktion auf die Tatsache, daß die *undercover* vorgenommenen Destabilisierungsmaßnahmen der USA und ihrer willigen Vollstrecker bereits die Lunte an das Pulverfaß Jugoslawien gelegt hatten, das demnächst hochgehen sollte. Von diesem Zeitpunkt an schien es, als sei ein Schalter umgekippt worden: Der Mörder war immer der Serbe. Und mehr als das: Er war der Großchauvinist, der »ethnische Säuberungen« (ein Neologismus für Vertreibungen) im Großmaßstab betrieb, ein unprovozierter Islamhasser und Massenvergewaltiger – es gab keine Schandtat, die man ihm nicht anlastete oder die begangen zu haben man ihm jederzeit unterstellte. Kurzum: »Der Serbe« wurde als das hingestellt, was Hitler und Goebbels als »slawischen Untermenschen« ausgeschrien hatten. Was mich am meisten an dieser von den Medien entfesselten Kriegshysterie irritiert hatte, war: Sie funktionierte einwandfrei, flutschte nahezu reibungslos, ungeachtet jeglicher Empirie und Evidenz.

Empirie: Denn wie viele Hunderttausende von Deutschen hatten bis dahin Jahr für Jahr ihren Sommerurlaub an der Adria verbracht und die Gastfreundschaft dort genossen, ohne genauer angeben zu können, was Kroaten und Serben unterscheidet und was sie eint? (Hier rächt sich die vorsätzlich unterlassene Aufklärung im Geschichtsunterricht: Wäre Jasenovac und alles damit in Zusammenhang Stehende ein Begriff gewesen, dann wäre die propagandistische Bearbeitung schwieriger gewesen, und der Krieg gegen Jugoslawien hätte nicht so ohne weiteres vom Zaun gebrochen werden können.) So aber sollte man glauben, der serbische Dr. Jekyll habe sich über Nacht in den reißenden Werwolf Mr. Hyde verwandelt. Als Schüler hatte ich während der Sommerferien jugoslawische Gastarbeiter in der Fabrik kennengelernt. Sie waren harmlos und nett, etwas schlurihaft, arbeiteten eher im Bummelstreik-Modus und hatten nichts gegen ein *Pivo* oder ein Gläschen Slivovitz einzuwenden. Aber Massenmörder oder Massenvergewaltiger? Mir ist jedenfalls nicht bekannt, daß »die Jugos« je so etwas wie eine Kölner Silvesternacht verbrochen hätten.

Evidenz: Damit ist die Machtlosigkeit des Arguments gemeint. Was, es gibt gar kein serbisches KZ in Trnopolje, obwohl alle Zeitungen Photos davon veröffentlicht hatten (raffiniert gefälschte, wie sich schnell herausstellte)? Tut nichts, der Serbe wird verbrannt! Was, es hat gar keine 60 000 von Serben begangenen Vergewaltigungen in Bosnien gegeben, sondern ganze 119 nachgewiesene, bei kompletter Dunkelziffer auf kroatischer und moslemischer Seite? Tut nichts, der Serbe wird verbrannt! Was, General Mladić soll befohlen haben, beim Gefecht auf den Feind zu schießen? Aber welcher General, der auf sich hält, ein US-amerikanischer zumal, tut das nicht? Gleichviel, der Serbe wird verbrannt! – Es gab seinerzeit zwar massenhaft das Phänomen, aber leider nicht das treffende Wort dafür: Lügenpresse. Es ist hier nicht der Platz, alle diese gegen die Serben vorgebrachten Lügen, Unterstellungen, Verdrehungen und Verleumdungen im einzelnen aufzulisten; der Leser findet im Literaturverzeichnis entsprechende Hinweise zur Genüge. Aber die Dämonisierung der Serben konnte nur funktionieren, wenn man sie als geschichtslose Subjekte vorführte, ihre Rolle im antifaschistischen Kampf sowie den dabei erbrachten unerhörten Blutzoll unterschlug. Das ist die Aufgabe der leisen Völkermord-Leugner im Falle Jasenovac.

Im Jahr 2005 – die Gewaltlawine war über Restjugoslawien und über die Köpfe der Europäer hinweggerollt, und der Imperialismus beschäftigte sich, was Ex-Jugoslawien anging, mit den Aufräumarbeiten, wenn man die Prozeßfarcen von Den Haag so nennen will – schrieb Fritz Erik Hoevels: »Völkermorde 1. und 3. Klasse unterscheiden sich geradezu symmetrisch: während ein Auschwitzleugner schwere Strafen zu erwarten hat, muß ein Jasenovacleugner nicht nur gar keine befürchten, sondern kann zum Leitartikler aufsteigen, während jemand, der an den unter dem Schutz der Hitlertruppen begangenen Völkermord im pro-päpstlichen Ustascha-Kroatien **erinnert**, durchaus Probleme kriegen kann, auf jeden Fall schon deren Geruch in der Nase hat. (Insofern ist die Symmetrie nicht perfekt – aber was nicht ist, kann ja noch werden!)« (Hoevels 2005).

Auch das stimmt, wie das jüngste Beispiel des Regisseurs Sedlar zeigt, und wie wir gleich sehen werden, ist die Symmetrie, was die Probleme für die Kritiker von Geschichtslügen angeht, mittlerweile vollständig hergestellt.

Vom Trommelfeuer der Propaganda ganz benommen und meschugge geworden, wagt seitdem kaum einer, den nächstliegenden Fragen klaren Blicks und unvoreingenommen nachzugehen. Restjugoslawien, so hieß es, müsse bombardiert werden, weil es ein zweites Auschwitz – oder das schlimmste Verbrechen gegen die Menschheit seit Auschwitz – zu verhindern gelte. So plärrte es der damalige deutsche Außenminister von der grünen Kriegspartei in die Welt. Wo aber lag dieses Auschwitz? Garantiert nicht in Jasenovac. Zunächst verbreitete man die Lüge, das Stadion der kosovarischen Hauptstadt Priština sei von den Serben in ein Konzentrationslager umgewandelt worden. Aber die Anspielung auf die chilenischen Faschisten unter Pinochet und das von ihnen tatsächlich eingerichtete KZ im Stadion von Santiago de Chile war zu plump, die Falschaussage zu leicht widerlegbar, als daß man länger daran festgehalten hätte. Dann zog der deutsche »Verteidigungs«minister, der SPDler Scharping, einen ominösen »Hufeisenplan« wie ein falsches Pik-As aus dem Ärmel; auch diese Erfindung mutete so denrös an, daß man glauben konnte, ihr Urheber sei im Laufe seines Lebens zu oft vom Fahrrad gefallen. Während man diese beiden Propagandalügen zügig wieder in der Trickkiste verschwinden ließ, hält sich ein drittes Ideologem bis heute, und dies seit 20 Jahren, mit erstaunlicher Zähigkeit: der im Jahre 1995 von Serben angeblich begangene »Völkermord« an 8000 moslemischen Männern und Jugendlichen beim bosnischen Städtchen Srebrenica. Es ist von verschiedener Seite gesagt und geschrieben worden, was vom Tatsachengehalt dieser Aussage zu halten ist: er geht gegen null. So konstatierte der portugiesische General Carlos Martins Branco, seinerzeit Vorgesetzter aller UN-Militärbeobachter in Kroatien und Bosnien-Herzegowina, in seinem jüngst erschienenen Buch ›Der Krieg auf dem Balkan‹: »Es gab keinen Völkermord in Srebrenica«. Auch wenn seine Enthüllungen zu spät kommen – er schob sie bis zu seiner Pensionierung auf, und es mußten bis dahin Zigtausende Jugoslawen sterben und ihr Land atomar verseucht werden –, sei hier die wichtigste seiner Aussagen zitiert: »Die Massengräber [von Srebrenica] wurden mit einer bestimmten Anzahl von Leichen beider Seiten [der Serben und bosnischen Moslems] gefüllt, als Folge hitziger Kampfhandlungen und nicht als Ergebnis eines vorgefaßten Plans, Völkermord zu begehen. Ein solcher wurde an der serbischen Bevölkerung der Krajina im Sommer 1995 verübt, als die kroatische Armee Massenmord an allen Serben beging, die sie dort vorfand.« Siehe: https://southfront.org/no-genocide-srebrenica/. Es sollte mittlerweile bekannt sein, daß US-Präsident Clinton seiner Marionette, dem bosnischen Islamisten Izetbegović, bereits 1993 vorgeschlagen hatte, in Srebrenica ein solches »Massaker« zu inszenieren – also zwei Jahre vor den angeblichen Ereignissen. Es sollte ferner Allgemeingut sein, daß die moslemischen Kämpfer das Städtchen vor dem Angriff der Serben räumten, diese also kampflos den Ort übernahmen, und daß auch die dort stationierten holländischen UN-Soldaten von Kampfhandlungen oder gar Massakern an Zivilisten nicht das Geringste bemerkt hatten (dafür stellte man sie freilich ordentlich in den Senkel). Es sollte bekannt sein, daß die abziehenden moslemischen Truppen, die sich nach Tuzla durchschlagen wollten, ebenfalls nichts von einem Massaker wußten, dafür aber 17mal in Gefechte mit serbischen Verbänden mit Verlusten auf beiden Seiten verwickelt wurden. Die Zahl der moslemischen Gefallenen beläuft sich auf ungefähr 2000 Mann, und es sind wohlgemeint Gefechtstote; andere angeblich Ermordete sind zum Teil wieder auferstanden, haben sich in Wahllisten eintragen lassen oder sind emigriert und dergleichen Wunderlichkeiten mehr. Das alles könnte bekannt sein, und der portugiesische General ist nur der Letzte in der Reihe. Wichtig ist hier jedoch etwas anderes: Warum setzen bei den Propaganda-Behämmerten so zuverlässig die grundlegenden Hirnfunktionen aus, und dies, was »Srebrenica« anbelangt, seit nunmehr über 20 Jahren?

> Alle Hirne stehen still,
> wenn mein dreistes Maul es will!

So könnten die *spin doctors* und ihre medialen Lautsprecher in leichter Abwandlung des Herwegh-Verses von sich sagen. Die Macht der Pressesuggestion, deren Wirkweise Fritz Erik Hoevels entschlüsselt hat – das Stichwort der »kognitiven Dissonanzreduktion« muß hier genügen[4] –, versetzt immer wieder aufs neue in Erstaunen. Sie bewirkt, daß sich die Medien-Bedröhnten wie Pawlowsche Hunde verhalten: auf reiner Reflexbasis. Um beim Beispiel Srebrenica zu bleiben: Ist die Zahl von angeblich 8000 Ermordeten – verglichen mit den drei »echten« Völkermorden des 20. Jahrhunderts, deren Opferzahlen signifikant > 500 000 sind – nicht etwas dünn? Zwar sollte man das Unrecht nicht nach Litern oder Hektolitern von Blut messen, sondern nach der zugrundeliegenden Intention, aber grob unverhältnismäßig sind diese Dimensionen schon. Reicht die Zahl – setzen wir einmal voraus, sie stimmt – dann aus, um auf eine vorsätzliche und systematische Ausrottung aller in Bosnien lebenden Muslime zu schließen? (Denn erst dann wäre das Kriterium des Völkermords erfüllt; Massentötungen durch Kriegshandlungen fallen nicht darunter, denn sie verfolgen andere Ziele wie die Brechung des Widerstandswillens, die Vertreibung der Bewohner zur Besetzung des Landes usw. – alles äußerst häßlich, aber kein Völkermord, da die vorsätzliche vollständige Vernichtung der Betroffenen aufgrund ihrer tatsächlichen oder angenommenen Volkszugehörigkeit fehlt, sonst kämen die US-Regierungen

4 Siehe ders., Wie unrecht hatte Marx wirklich?, Bd. 1, S. 117–138.

spätestens seit den Atommassakern von Hiroshima und Nagasaki ja überhaupt nicht mehr vom Anklagestuhl herunter!) Und klärungswürdig ist schließlich die Frage: Kann man überhaupt von einem »Volk« bosnischer Moslems sprechen?

Das kommt ganz darauf an. Wenn es ein solches »Volk« bosnischer Moslems gibt, dann gibt es auch das »Volk« badischer Katholiken, das mit dem »Volk« protestantischer Schwaben höllisch über Kreuz liegt, wie jedes Fußballspiel des Karlsruher SC gegen den VfB Stuttgart zeigt. Dieser Vergleich ist weniger absurd, als es auf den ersten Blick scheint. Denn die Vorstellung unterschiedlicher südwestdeutscher »Völker« (tatsächlich sind es nur unterschiedliche Religionen) ist nicht strafbewehrt und infolgedessen nicht angstauslösend. Sollte es sich der US-amerikanische Weltherr aber einfallen lassen, mit Baden-Württemberg ein bißchen Bosnien-Herzegowina zu spielen, es also in drei Stücke zu zerreißen, dann würde dieser völkische Schwachsinn flutschen wie ein Tischgebet. Nach einem von außen angefachten Bürgerkrieg gegen die – sagen wir: – schwäbischen »Großchauvinisten« und nach 60 000 Toten hätten wir drei Zwergterritorien mit den schwäbischen Bayern oder bayrischen Schwaben als besonders schützenswerter Ethnie, und einem »Hohen Bevollmächtigten« der »Weltgemeinschaft« in Stuttgart, der die Abgeordneten der Scheinparlamente sowie die »Präsidenten« nach Belieben ein- und absetzen kann. Das ist nicht abwegig, sondern Realität – in Bosnien-Herzegowina.

Legt man als konstituierenden Faktor für die Zugehörigkeit zu einem Volk die gemeinsame Sprache und die räumlich geschlossene Siedlungsweise zugrunde – das gebieten Empirie und Logik –, dann wird schnell klar, daß die Kombination aus Regionalismus und Religionszugehörigkeit (die als Relikt aus Völkerwanderungszeiten bzw. des osmanischen Expansionsdrangs auf dem Balkan hier ohnehin nichts zu suchen hat) ein völlig untaugliches Kriterium ist. Ob Bosnier, Kroaten oder Serben – sie sprechen alle dieselbe Sprache mit leichter Dialektfärbung (Versuche von kroatischer und bosnischmoslemischer Seite, die Dialektabweichungen als Merkmale einer »eigenen« autochthonen Sprache auszugeben, wirken gezwungen und lächerlich; eine sprachliche Differenzierung mag nach Jahrhunderten eigenstaatlicher Entwicklung eintreten, wie in den Niederlanden seit dem ausgehenden 17. Jahrhundert oder – absehbar – in der deutschsprachigen Schweiz). Was die geschlossene Siedlungsweise angeht, so genügt ein Blick auf die Karte Bosniens mit der geographischen Verteilung der drei größten religiösen Bekenntnisse – sie befindet sich beispielsweise auf der hinteren Umschlagklappe des mittlerweile vergriffenen Buches von Arnold Sherman[5] –, um zu sehen, welch ein chaotisches Durcheinander hier herrscht. Der Flickenteppich deutscher Territorien nach dem Dreißigjährigen Krieg ist im Vergleich dazu ein Muster an Ordnung und Übersichtlichkeit. Eine »Entzerrung« nach griechisch-türkischem Vorbild in den 20er Jahren des letzten Jahrhunderts scheint hier ein Ding der Unmöglichkeit zu sein; damit sind aber weitere Konflikte, Pogrome und Massaker vorprogrammiert.

Der erste geeinte südslawische Staat, der nach dem 1. Weltkrieg aus der Taufe gehoben wurde, hatte ohne Zweifel zahlreiche Mängel, aber der auf Rousseau zurückgehende Grundgedanke der Gleichheit vor dem Gesetz ungeachtet aller sonstigen Unterschiede (Religion, Rasse, Geschlecht) sowie der nationalen Selbstbestimmung sind seine unverkennbaren Säulen. Sein Motto lautete: »Ein Volk mit drei Namen« (Slowenien, Kroatien, Serbien; Bosnien gehörte seinerzeit größtenteils zu Kroatien). Die treibende Kraft hinter dieser ersten Staatsgründung war das Städtebürgertum dieser drei Regionen, das zwar vergleichsweise schwach, aber nach der Kriegsniederlage der Mittelmächte stark genug war, um die habsburgische Fremdherrschaft abzuschütteln und die Eigenstaatlichkeit durchzusetzen – auch gegen feudale Zentrifugalkräfte und das bäuerliche Trägheitsmoment. Der Imperialismus setzt hingegen auf

5 Sherman 1994.

das Gegenteil, auf Ungleichheit und Trennung, um die Herrschaftsobjekte gegeneinander ausspielen zu können (*divide et impera* lautet die bewährte Losung seit Römerzeiten). Das geeignetste Mittel der Wahl ist für ihn die Religionszugehörigkeit, hierin ganz dem Mittelalter verpflichtet; willkürlich widmet er diese jedoch gleichzeitig in eine völkisch-»ethnische« Eigenheit um, wofür natürlich Hitler als Taufpate steht (die »Rasse« der Juden ist ebenso unsinnig wie das »Volk« der bosnischen Moslems). Das Gemeinsame an Mittelalter und Faschismus, den beiden wichtigsten Ideengebern des gegenwärtigen Monoimperialismus, ist das Un- und Antibürgerliche, oder anders ausgedrückt: ihre berserkerhafte Vernunftfeindlichkeit und ihre Indolenz bei Kritik. Ob man nun an die Allmacht eines Geistwesens glaubt oder sich in die Fetischisierung des »Hineingeborenseins« hineinsteigert (Rasse, Volk, Religion, Familie), ob man sich an den »Völkermord« von Srebrenica zu glauben zwingt und beim Völkermord von Jasenovac Ohren und Gehirngänge verschließt (was für eine Perversion – im wörtlichen Sinne: das Wissen um einen *realen* Völkermord soll dem Glauben an einen *fiktiven* weichen), stets ist dieselbe Anstrengung fällig: das *sacrificium intellectus.* Und wer dabei stört – durch Kritik, durch Aufklärung, durch das *Wort* –, der lebt gefährlich. Das gilt nicht nur für jene Serben, die als Zeugen der Verteidigung vor der Den Haager Siegerjustiz aussagen und anschließend »unter rätselhaften Umständen« sterben, wie es kryptisch heißt (unseren Autor Zoran Jovanović ereilte im Sommer 2013 dasselbe Schicksal als neunter oder zehnter dieser unheimlichen Reihe, und das kennzeichnenderweise, nachdem er brisantes Material in Empfang genommen hatte, das seitdem verschwunden ist). Was dies für das Lebensgefühl der *noch* Lebenden bedeutet, kann man dem Bericht von Alexander Dorin in diesem Buch entnehmen.

Die Meinungsfreiheit ist mittlerweile liquidiert und die Dissidenz zu einem unwägbaren Risiko geworden – der ideale Biotop für die leisen Völkermord-Leugner. Sie betreiben dasselbe schmutzige Geschäft wie die Krakeeler, gebärden sich aber als Saubermänner. Sie kommen auf Samtpfoten daher, geben sich abgeklärt, über den Dingen und Parteien stehend, »differenziert«, doch ihr Gift ist genauso wirksam. Sie haben für alles Verständnis und sind die eingeschworenen Feinde des Verstehens. Indem sie so tun, als verabscheuten sie Gewalt, öffnen sie ihr Tür und Tor. Sie beherrschen die Kunst des Bespeiens mit subtilen, genau abgewogenen Worten. Einem Exemplar dieser Gattung wollen wir uns nun stellvertretend für alle zuwenden.

Unser Mann ist emsig mit einem Hang zur Pedanterie, denn auf Seite 32 seines Buches [6] ist er, einem ätzenden Akademikerbrauch folgend, der vor allem Belesenheit anzeigen soll, bereits bei der Fußnote 77 angelangt. Beide Passagen sollen uns nachfolgend näher beschäftigen. Im Fließtext heißt es: »Wie schon während des Zweiten Weltkriegs war von nun an [seit den 80er Jahren in Jugoslawien] das wichtigste Ziel der Geschichtswissenschaften, den nationalen Gegner zu desavouieren.« Ganz klar: Kein Krieg ohne propagandistische Feindschmähung; Näheres im Alten Testament oder den frühesten schriftlichen Kriegsberichten der alten Ägypter und Mesopotamier bis hin zum »Schlächter vom Balkan«, womit die Westpresse keineswegs den Ustascha-Führer *(Poglavnik)* Ante Pavelić meinte, sondern den serbischen Präsidenten Milošević, oder die ewige Schandtat des ekelhaften Hans Magnus Enzensberger, der für den ›Spiegel‹ die süffige Propagandaformel »Saddam = Hitler« für den letzten rechtmäßigen Präsidenten des Irak, Saddam Hussein, erfand. (Und dieser Dreck ist zählebig: Allein die Erwähnung, daß ich mich Anfang der 90er Jahre gemeinsam mit Beate Mittmann im Irak zu Recherchen für unser Buch aufhielt, reicht mittlerweile aus, um die Verleumdungskeule des »Faschismus« gegen uns zu schwingen: diese Assoziationsschiene ist gebahnt!) Nur handelt es sich dabei eben um *Propaganda*, mithin um vorsätzliche, tendenziöse Falschdarstellung,

6 Korb 2013.

und nicht um »Geschichts*wissenschaft*«. Indem der Autor hier das unredliche Spielchen der Subreption betreibt – dem Wort»Wissenschaft« wird, ohne dies anzukündigen, die Bedeutung der »Propaganda« *untergeschoben* –, sagt er implizit aus, daß es überhaupt keine Wissenschaft, sondern nur Propaganda, also parteilich verzerrte Darstellung bis hin zu Lüge und Fälschung gäbe. Durchschaut man diese sprachlich-logische Unredlichkeit nicht, zieht der Autor den Leser wie am Nasenring durch seine nächsten Sätze.

Sie sind wie folgt beschaffen: »In Serbien« – nur in Serbien? – »führte dies zu Behauptungen, daß dem kroatischen Nationalismus ein eliminatorischer Charakter eigen sei.« – Elegant! Hat man je einen wolkigeren Euphemismus für das Wort »Völkermord« gehört? Genausogut könnte man sagen: »Immer wieder hört man die Behauptung, daß der Rassenideologie Hitlers ein eliminatorischer Charakter eigen sei.« Wie klingt das? Jedenfalls nicht nach sechs Millionen Ermordeten … Die sprachliche Crux liegt bei diesem Satz im Substantiv »Behauptung«, denn damit wird stillschweigend unterstellt, es gäbe nur Aussagen und Ansichten Einzelner, die gleichsam »naturgemäß« differieren, aber keine objektiv überprüfbare Realität. Von dieser schiefen Ebene des Empiriokritizismus – es gibt keine Wissenschaft – und des Subjektivismus, eigentlich des Solipsismus, erfolgt der freie Fall ins Propagandagedröhn: »Verschwörungstheoretische Mutmaßungen *[sic]* durften dabei nicht fehlen, die sowohl die Sehnsüchte orthodoxer Kommunisten wie orthodoxer Christen bedienten: die angeblich sinistre und antiserbische Politik des Vatikans, die in der klerikalfaschistischen Liaison zwischen Ustaša und kroatischer katholischer Kirche ihren Ausdruck gefunden habe.« Die ersten beiden Worte sind ein gezielter Schlag ins Gesicht jener Personengruppen, die die meisten Mordopfer von Jasenovac stellten: orthodoxe Serben und Kommunisten. Ich übersetze die emotionale Haltung, die diesem Satz zugrundeliegt, ins Kenntliche: »Mit eurer Täterbenennung habt ihr euch ja was Hübsches zusammenphantasiert, ihr emotionsgesteuerten [›Sehnsüchte‹] Paranoiker!« Man halte diese Aussage gegen den Bericht von Braco Danon und ermesse so die abgrundtiefe moralische Verkommenheit des Schreiberlings: Jasenovac – nichts als Wahn, Wunschdenken und Einbildung! Und viel zu feige ist er dazuhin, um konsequenterweise dann auch den Satz zu schreiben, Auschwitz bediene irgendwelche »jüdischen Sehnsüchte«.

Das denkbar tiefste Niveau ist erreicht, und nun folgt die Fußnote 77 – sage niemand, unser Schreiberling könne seine mentalen Schweinigeleien nicht »belegen«! Sie lautet wie folgt: »Dieses Narrativ« – das Modewort bezieht sich auf die angebliche Legendenbildung der orthodoxen Kommunisten und orthodoxen Christen (auch dies ein gehässiges Spiel mit zwei Bedeutungsebenen: orthodox zum einen als »rechtgläubig« im Wortsinne und »Brett vor dem Kopf« im übertragenen Sinne) – »Dieses Narrativ fand bei säkularen Antiklerikalen innerhalb wie außerhalb Jugoslawiens ebenso Anklang wie bei serbischen Nationalisten und ist deshalb weit verbreitet [...]. Das Paradigma [Narrativ oder Paradigma oder Jacke wie Hose?] erwies sich als anschlußfähig für deutsche Antiklerikale, die in der Geschichte der Ustaša eine Bestätigung ihrer Annahmen fanden, siehe Deschner, Mit Gott, sowie das Vorwort Fritz Erik Hoevels' zu Dedijer, Das jugoslawische Auschwitz...« – Das also ist des Pudels Kern, der dem Autor ein Ärgernis ist: der Schulterschluß deutscher Antiklerikaler und Kommunisten mit den Serben in deren Eigenschaft als Imperialismus-Opfer, erst des Hitlerschen (Partisanen), dann des US-amerikanischen (»Nationalisten«). So groß der Ärger auch ist, er darf nicht zu laut sein und wird deshalb in einer Anmerkung versteckt (das typische »Kleingedruckte«). – Das dem Lateinischen entlehnte Kunstwort »Narrativ« (*narrare* = erzählen) könnte man mit »Erzählelement« übersetzen (nicht mit »Erzählung«, da damit kein längerer mündlicher Vortrag gemeint ist, sondern der »feste Bestandteil eines beliebigen Diskurses«). Im akademischen Austausch wird der Begriff wertneutral gebraucht, in der politischen Polemik bedeutet er hingegen »etwas Dahergesagtes und stur Wiederholtes«. In seiner verächtlichsten Form habe ich das Modewort in dem Zeitungssatz kennengelernt: »Die Zerstörung jahrtausendealter Kulturgüter durch ›islamistische Terroristen‹ ist ein Narrativ der syrischen Regierung.« Nicht nur verdorbene Nahrungsmittel, auch Worte können Brechreiz erzeugen.

Würdigen wir aber nach Semantik und Psychologie auch den Inhalt des letztzitierten Satzes. Die nur »angeblich sinistre und antiserbische Politik des Vatikans« soll ihren Ausdruck in der »Liaison« mit der Ustascha gefunden haben; mit dem ersten Konjunktiv soll zum Ausdruck gebracht werden, daß diese Aussage als grundfalsch zu betrachten sei. Nun gibt es keine straffer und autoritärer geführte Organisation in der Weltgeschichte als die katholische Kirche. Selbst die kleinsten Abweichungen vom Dogma werden sofort und unerbittlich geahndet; Hubertus Mynarek hat mit seinem Buch ›Herren und Knechte der Kirche‹ eine wertvolle Innenansicht dieser Organisation geliefert mit ihrer degoutanten Mischung aus inquisitorischer Schnüffelei, Heuchelei und Intrigen mit dem Ziel der vollständigen Willensbrechung. Versagt diese, bedeutete dies jahrhundertelang den Feuertod, heute die Existenzvernichtung. Die katholische Kirche ist das Modell für jeglichen politischen Totalitarismus (*katholon* = allumfassend). Und die Führung dieser Organisation, die laut unserem Verfasser nicht »antiserbisch« gewesen sein soll – dies ist die erste faustdicke Lüge –, soll nicht in der Lage gewesen sein, die Ustascha-Sympathisanten in ihren Reihen auf Linie zu bringen? Die Absurdität und Lügenhaftigkeit dieser Konstruktion ist mit Händen zu greifen. In Wirklichkeit wurde das Vernichtungsprogramm gegen die orthodoxen Serben – deren Religion gab den Ausschlag, nicht ihre ethnische Zugehörigkeit! – vom Papst bis hinab zum letzten kroatischen Dorfpfaffen aktiv getragen und in die Tat umgesetzt. Diesbezügliche Dissidenten der Catholica sind mir keine bekannt; es wäre interessant, ob es auch nur einen einzigen kroatischen Maximilian Kolbe gegeben hat (dessen Bedeutung allerdings maßlos übertrieben wird: er soll der Beleg für den »katholischen Widerstand« gegen Hitler sein, wobei man freilich den gesamten Episkopat ignorieren müßte).

Werfen wir ein winzig kleines, aber repräsentatives Schlaglicht auf die dörfliche Szenerie in Ustascha-Kroatien, Juni 1941. Dort predigte etwa der Franziskanerpater Dr. Srećko Perić vom Kloster Livno den Bauern: »Macht euch auf, kroatische Brüder, und schlachtet alle Serben. Bringt zuerst meine Schwester um, weil sie mit einem Serben verheiratet ist, und verfahrt dann mit allen anderen Serben in der gleichen Weise. Wenn ihr mit eurer Arbeit fertig seid, dann kommt zu mir in meine Kirche. Ich werde euch die Beichte abnehmen und die Kommunion erteilen, dann werden alle eure Sünden vergeben sein.«[7] Wie man sieht, ist »antiserbisch« ein viel zu schwacher Ausdruck für diese – sagen wir mal: Haltung. Der Kardinal Dr. Viktor Gutić rief bei einer Ansprache vor Ustascha-Verbänden in Banja Luka, der heutigen Hauptstadt der Republik Srpska in Bosnien-Herzegowina, zugleich Sitz des »Hohen Bevollmächtigten« der NATO – zum gleichen Halali auf: »Aber morgen werde ich meine Lenden gürten. Ich werde allen Serben das Rückgrat brechen. Sagt das euren Freunden. Sagt ihnen, wir werden denen das Rückgrat brechen, und dann wird es eine große Säuberung geben … Kein Erbarmen … Das Staatsoberhaupt und die kroatischen Minister wollen ihre Zeit nicht mit Warten vergeuden, bis sie ein gesäubertes Banja Luka betreten, also ist jetzt höchste Eile geboten. Ich werde eine eiserne Zuchtrute sein, und so viel kann ich euch sagen: Es soll sich keiner einfallen lassen, zu mir zu kommen und um Nachsicht für unsere Feinde zu bitten.«[8] Ist das etwa auch ein Ausfluß kommunistischer und serbisch-orthodoxer »Sehnsüchte«? Ein letztes Beispiel. In den kreuzbraven und stockbiederen ›Tageblatt Lëtzebuerg‹, gewiß

---

7 Zit. in: PETROVIĆ 1991, S. 18.

8 Ebd., S. 16.

kein kommunistisches Agitprop-Blatt, lesen wir in einem Artikel mit der Überschrift: »Massenmörder hatte Wohlwollen des Papstes«: »Kroatien genoß dabei die Unterstützung durch die De-facto-Besatzungsmächte Italien und Deutschland und die katholische Kirche.«[9] Punkt. Mit dem »Massenmörder« ist übrigens der »Führer« Pavelić gemeint, der mit rund 200 weiteren Großverbrechern der Ustascha über die vom Vatikan eingerichtete »Rattenlinie« nach Südamerika entkam und 1959 in einem Kloster Franco-Spaniens sanft entschlummerte. Hunderte weiterer gleichartiger Belege findet der Leser in Dedijers Standardwerk. Aber ist es nicht erstaunlich, mit welcher Kaltschnäuzigkeit hier die offenkundigsten Tatsachen verdreht und geleugnet werden?

Daß die Kirche eine »Liaison« mit der Ustascha eingegangen sei, soll also unbestreitbar sein und ist dennoch weniger als die halbe Wahrheit. Richtig ist vielmehr, daß die katholische Kirche Kroatiens *das personelle Rückgrat der Ustascha* stellte. Der wegen terroristischer Anschläge gesuchte und deshalb nach Italien geflohene Ante Pavelić verfügte in seinem Exilland während der 30er Jahre weder über ausreichende finanzielle Mittel noch über die Möglichkeiten, um eine schlagkräftige Organisation in Kroatien auf die Beine zu stellen. Als die 14. Panzerdivision der deutschen Wehrmacht am 10. April 1941 in Belgrad einmarschierte, rief der führende Ustascha-Aktivist Slavko Kvaternik *am selben Tag* im Zagreber Radio auf Weisung von Pavelić die Gründung des »Unabhängigen Staates Kroatien« aus. Die Ustascha schien wie aus dem Nichts an die Macht gelangt zu sein. Der Grund: Pavelić fand sie in der katholischen Kirche seines Landes fertig ausgebildet vor, so, wie Khomeini sich bei seiner Rückkehr in den Iran auf den exzellent organisierten schiitischen Klerus bei der Durchführung der sofort einsetzenden Terrormaßnahmen stützen konnte.

9 http://www.tageblatt.lu/nachrichten/massenmorder-hatte-wohlwollen-des-papstes-17605840.

Die übelsten Folterknechte und Halsabschneider in Jasenovac waren Kirchenfunktionäre; vom Lagerkommandanten, dem Franziskanermönch Miroslav Filipović, hat der Leser im Bericht von Braco Danon ja bereits vernommen. Die Ustascha war der katholische IS jener Tage. Nicht Liaison, sondern weitgehende Personenidentität von Ustascha und Catholica ist daher der einzig zutreffende Sachverhalt.

Nachdem ausreichend ideologische Vorarbeit geleistet wurde, ist der Boden nun für die Hauptsache bereitet: die Völkermord-Leugnung, die über die Brücke der Relativierung mittels drastischer Senkung der Opferzahlen erfolgt. Im Orginallaut: »Die Begleitmusik [zu den ›verschwörungstheoretischen Mutmaßungen‹] bildet ein zynischer Kult [sagt der Zyniker] um die Opferzahlen mit der Tendenz zu deren absoluter Übertreibung. Dies geht, wie erwähnt, auf die Propagandaaktivitäten [sagt der Propagandist] serbischer Nationalisten während des Zweiten Weltkriegs zurück [sind die Partisanen Titos nun also ›Nationalisten‹ und keine ›Kommunisten‹ mehr?]. Noch im Jahr 2009 sendete der serbische Staatsfunk, daß im KZ Jasenovac mindestens 700 000 Menschen umgebracht worden seien, was einer Verzehnfachung der plausiblen Opferzahlen entspricht.« Dann muß das ›Tageblatt Lëtzebuerg‹ eine Zweigstelle des »serbischen Staatsfunks« sein, denn auch dort lesen wir: »Die Berichte deutscher Diplomaten in Agram (Zagreb) nach Berlin gehen von annähernd 750 000 wehrlos Abgeschlachteten aus.« Damit müßte das propagandistische Papierschiffchen, das vorgibt, ein Panzerkreuzer zu sein, eigentlich versenkt sein: Denn welches Motiv sollen die Diplomaten des Dritten Reichs dazu bewogen haben, die Mordziffern ihres kroatischen Verbündeten wahrheitswidrig in die Höhe zu treiben? Umgekehrt wird eher ein Schuh draus: Die Schätzungen des deutschen Botschaftspersonals waren wohl eher das, was man heute »vorsichtig« oder »konservativ« nennt – bei mutmaßlich wesentlich höherer Dunkelziffer. Wie diese wiederum zustande kommt, ist dem Interview mit Prof. Živanović in diesem Band zu entnehmen.

Den Aussagen deutscher Diplomaten und Militärs kommt umso mehr Beweiskraft zu, als sich die Zahlen ermordeter serbischer Zivilisten mit zunehmender Zeitdauer und fortlaufender Ustascha-Mordmaschinerie immer mehr in die Höhe schrauben und die Berichterstatter offenkundig unabhängig voneinander ihre Beobachtungen mitteilen. Am 2. Juli 1941, nicht lange nach Machtübernahme der Ustascha, kabelt der Nachrichtendienst des deutschen Auswärtigen Amtes eine Meldung nach Berlin, in der in allgemeinen Worten von einem maßlosen Terror der Ustascha gegen das serbische Volk die Rede ist. Am 3. September 1941 läßt der SS-Obergruppenführer Dr. Turner verlauten, daß aufgrund verschiedener Berichte allein in Kroatien 200 000 Serben umgebracht worden seien. Die Ustascha ist gerade einmal fünf Monate an der Macht. Am 17. Februar 1942 schreibt der Sicherheitschef der SS an seinen höchsten Vorgesetzten Himmler, daß die Ustascha abscheuliche Greuel vor allem an Älteren und Hilflosen, auch Frauen und Kindern, begehe. Die Zahl der sadistisch zu Tode gefolterten und massakrierten Serben gibt er mit »ungefähr 300 000« an. Reichsbotschafter Benzler berichtet am 16. September 1942, daß die Pogrome gegen die Serben seit der Staatsgründung der Ustascha ohne Unterbrechungen weiterliefen. »Sehr vorsichtigen Schätzungen zufolge« seien dabei »mehrere hunderttausend Serben« ums Leben gekommen. Solche Bestialitäten, meint der Botschafter, hätte man bislang eher von den völlig entarteten Bolschewisten erwartet. Ein General Löhr meldet am 27. März 1943, nach knapp zwei Jahren Ustascha-Terror, ungefähr 400 000 ermordete Serben. Der SS-Generalmajor Ernst Fick setzt Himmler davon in Kenntnis, daß die Ustascha-Truppen undiszipliniert, schlecht ausgebildet und im Kampf unzuverlässig seien, daß sie aber 600 000 bis 700 000 Andersgläubige »mit ihren balkanischen Methoden« umgebracht hätten. Der Sondergesandte für Südosteuropa Hermann Neubacher hält in seinem Bericht fest, daß ihn das Vorgehen von Ante Pavelić an die blutigen Religionskriege der europäischen

Neuzeit erinnerte. Zuerst habe er, Neubacher, an eine maßlose Übertreibung geglaubt, als Führer der Ustascha damit prahlten, über eine Million Serben umgebracht zu haben. Nach Einsichtnahme in verschiedene Berichte schätze er selbst die Zahl ermordeter Zivilisten jedoch auf »ungefähr 750 000«. General Bader, Oberkommandierender der Wehrmacht im besetzten Serbien, hält bereits am 5. Februar 1942 fest, seinem Eindruck nach verfolgten die Kroaten die Absicht, die gesamte serbische Bevölkerung auszurotten.[10] – Sind das immer noch »verschwörungstheoretische Mutmaßungen«? Bekanntlich hingen die Nazis dem Ideologem einer »jüdisch-bolschewistischen Weltverschwörung« an; hier aber verfaßten sie knappe und nüchterne interne Berichte über das Gebaren der verbündeten Ustascha, um der Zentrale in Berlin eine realistische Lageeinschätzung zu ermöglichen. Noch einmal: Welchen Vorteil hätte es geboten, den eigenen Verbündeten unzutreffenderweise, wie von unserem Schreiberling unterstellt, in ein dermaßen schlechtes Licht zu setzen?

Doch gerade den bewußten Vorsatz und das planmäßige Vorgehen der Ustascha bei der »Endlösung der Serbenfrage« auf ihrem Territorium stellt unser Schreiberling in Frage. Bei aller Unreinheit der Argumentation, bei allen Vergehen gegen die Logik – dumm ist er nicht, denn er weiß, daß damit das wichtigste Kriterium für das Verbrechen des Völkermords entfällt. Statt dessen plädiert er, unsauber und unredlich wie eh und je, auf S. 259 f. seines Buches für eine Art Massentotschlag im Affekt. In seinen Worten:

»Unter Historikern ist die Auffassung weit verbreitet, daß die Ustaša bei ihren Taten nach einem detaillierten und im Vorfeld ausgearbeiteten Plan vorgegangen sei. Obwohl es für die Existenz eines Vernichtungsplans keine dokumentierten Pläne gibt [wie bei den Nazis übrigens auch; P. P.], hält sich der Mythos hartnäckig. Nach dem vermeintlichen Plan sollte ein

10 Vgl. Umeljić 2006, S. 115 f.

Drittel der Serben aus Kroatien vertrieben, ein weiteres Drittel zum katholischen Glauben gezwungen und das letzte Drittel getötet werden. Diese mutmaßlichen Äußerungen des Kulturministers der Ustaša, Mile Budak, wurden während und vor allem nach dem Krieg vielfach kolportiert und schienen [!] die Realität treffend wiederzugeben, da alle drei Gewaltformen – Massenmord, Vertreibung und Assimilation [*recte:* Zwangskonversion, P. P.] – tatsächlich zur Anwendung gekommen waren. Für die Existenz solcher Pläne gibt es jedoch keine empirischen Hinweise, und auch die Praxis der Ustaša vermittelt nicht den Eindruck, daß die Handlungen einem Plan gefolgt wären.«

Wie gesagt, der Verfasser ist nicht dumm. Vergegenwärtigen wir uns nochmals die einzelnen Stationen der Reise: Von der prinzipiellen Unerkennbarkeit der Welt sind wir bei »plausiblen« 70 000 serbischen KZ-Toten gelandet, und nun wird der Ustascha-Völkermord zum »Mythos« deklariert – das ist das zentrale Stichwort für die Völkermord-Leugnung –, weil – es keinen schriftlich festgelegten Plan gegeben hat! Auch dies hat die Ustascha mit den Nazis gemeinsam, die keinerlei Protokolle der sogenannten Wannseekonferenz, dem Startschuß zum Genozid an den europäischen Juden, hinterlassen haben. Muß man das wirklich erläutern? Wer einen Mord, einen Völkermord zumal, plant, der wird keine Protokolle der wichtigsten Sitzungen anfertigen, auf denen die entsprechenden Beschlüsse gefällt wurden. Dieser Kreis ist klein und tagt im geheimen; sodann ergehen Weisungen an untergeordnete Behörden. Was für eine armselige, aber auch hinterhältige Beamtenlogik ist es doch, daß nicht passiert sein kann, was nicht mit Brief und Siegel im Aktenordner gelandet ist! Der beste »empirische Beleg« für einen Mord ist nicht der schriftlich festgehaltene Mordvorsatz – so blöd dürfte kaum ein Mörder sein –, sondern die Leiche mit Spuren der Gewalteinwirkung. Aber hier, angesichts ganzer Leichenberge in Jasenovac, spielt unser Schreiberling Vogel Strauß: »keine empirischen Hinweise«! Könnte man aber ein besserer Empiriker sein als Prof. Živanović, als er in jungen Jahren die Massengräber mit dem Spaten wieder ausgrub und seine auf diesen handfesten – empirischen, nicht wahr – Befunden beruhenden Berechnungen anstellte?

In Parenthese: »Assimilation«, also Angleichung, ist ein schäbiger Euphemismus für die Zwangsbekehrung, die ihrem Wesen nach die **Auslöschung der Identität** der ihr Unterworfenen bedeutet, die mit einem solchen Wort posthum ein weiteres Mal angespien werden. Ich halte es hier lieber mit dem Barockdichter Andreas Gryphius, der die Zwangskonversion treffend als »großen Seelenraub« bezeichnet hat. Gryphius kannte die Schrecken des Dreißigjährigen Krieges aus eigener Anschauung – »empirisch«, wenn man so will – und verschloß seine Augen nicht wie unser Schreibtischtäter.

Das mündlich vorgetragene Programm von Mile Budak – ein Drittel der Serben töten, ein Drittel vertreiben, ein Drittel zwangsbekehren – bringt die Völkermord-Intention der Ustascha so bündig auf den Punkt, daß sie von Völkermord-Leugnern gar nicht anders als bekrittelt und benörgelt werden kann. Hier häufen sich bei unserem Schreiberling wieder die sprachlichen Relativierungen »vermeintlich«, »mutmaßlich« und »es scheint«. Auch der Sondergesandte für Südosteuropa Hermann Neubacher zitiert diese Aussage und fügt hinzu, das Soll des Mordprogramms sei bereits erfüllt. Tatsächlich hat die Kriegsniederlage des deutschen und damit des kroatischen Faschismus die angestrebte »saubere« Drittelung des Völkermordprogramms vereitelt: Den ungefähr 700 000 serbischen Völkermord-Opfern stehen über 200 000 Vertriebene gegenüber, die sich auf serbisches Territorium retten konnten. Über die Zahl der Zwangsbekehrten sind mir keine genauen Angaben bekannt, sie dürfte aber ebenfalls im sechsstelligen Bereich liegen. Man müßte mal im Vatikan-Archiv nachschauen.

Was schließlich die Impulsivität und scheinbare Planlosigkeit der Ustascha anbelangt – man versuche doch einmal, ein Volk »spontan« auszurotten –, so gilt dies selbstverständlich nur für die untersten Chargen der Mordschergen, deren Treiben Braco Danon so eindrucksvoll beschrieben hat. Die Einrichtung der Vernichtungsstätten folgte natürlich einem Plan und hatte System – auch die Massendeportationen dorthin wollten organisiert sein –, dann erst ließ man der projektionsgetriebenen Mordlust freie Bahn. Ich hatte das zweifelhafte Vergnügen, einem Geistesverwandten von Herrn Korb begegnet zu sein – dem Verfasser des Buches ›Ustaša – Croatian Fascism and European Politics, 1929–1945‹, Srdja Trifković –, der mich mit gesetzten Worten und im Widerspruch zu seinem Buchtitel davon zu überzeugen suchte, daß die Ustaschen keine »echten« Faschisten gewesen seien, weil sie »von Hand« gemordet hätten. Die Deutschen dagegen: industrieller Massenmord – echte Faschisten! Motive und Haßschwerpunkte waren diesem recht selbstgefälligen und zum Dozieren neigenden Herrn gleichgültig. Er bekleidet im übrigen einen Lehrstuhl für Geschichte in Banja Luka.

Von der prinzipiellen Unerkennbarkeit der Realität sind wir in einem rasanten Sinkflug beim »Mythos« von Jasenovac und bei der »plausiblen« Zahl von 70 000 dort Ermordeten angelangt – jener Zahl, die der Besucher in der verhunzten Gedenkstätte von Jasenovac heute vorfindet. Zufall oder Notwendigkeit? Noch ein paar Jährchen »Forschung«, und dann wird sich die wirklich wirkliche Zahl bei den 30 000–40 000 Toten des »Arbeitslagers« von Franjo Tudjman einpendeln, und wenn man dann noch fleißig ist und ein paar Knochen unbekannter Provenienz im Osten von Bosnien-Herzegowina ausbuddelt, dann gleichen sich die Zahlen des realen und des am Schreibtisch kreierten Völkermordes von Srebrenica an. Endlich »Äquidistanz«! Endlich sind Täter und Opfer »in gleicher Weise verantwortlich«! Darauf soll die Chose doch hinauslaufen, und dafür alimentiert »man« – die Zerstörer Jugoslawiens – gern ein paar Lehrstuhlinhaber aus dem Steuertopf (der Verfasser ist, wie wir aus dem Klappentext erfahren, »Lecturer in Modern European History an der University of Leicester und stellvertretender Direktor des dortigen Stanley Burton Centre for Holocaust and Genocide Studies«. Der Bursche kann es noch weit bringen, vielleicht bis zum »Hohen Bevollmächtigten« der NATO in Banja Luka).

Aber noch ist der Kelch nicht zur Gänze geleert; ein paar wenige Sätze muß sich der Leser noch antun. Zum Beispiel diesen: »Die Litanei von der nationalen Leidensgeschichte [der Serben] wurde durch das Gerede von einem ›serbisch-jüdischen Holocaust‹ und einer angeblichen Opfergemeinschaft beider Gruppen verstärkt. Solche Verweise sollten in westlichen Foren die Glaubwürdigkeit der serbischen Sache erhöhen.« Nachdem die Opferzahlen drastisch heruntergelogen und der Völkermord an den Serben zum »Mythos« erklärt wurde, ist das Insistieren auf die Fakten also nur noch lästiges »Gerede« und »Litanei« (die zweite Bedeutungsebene des »Narrativs«, wie wir uns erinnern). Vor allem aber soll der Völkermord an den Serben von jenem an den Juden abgekoppelt und ersteren damit jedes moralische Recht abgesprochen werden, sich als Opfer eines der größten Menschheitsverbrechen im 20. Jahrhundert zu bezeichnen. Selbst die »Opfergemeinschaft beider Gruppen« in Jasenovac soll nur »angeblich« gewesen sein – jemanden wie Braco Danon, Jude und Kommunist in einer Person, darf es demnach aus der Sicht unseres Spezialisten für Genozid überhaupt nicht geben. Nach der Minimierung der Zahl nun also die Isolierung der Opfer; es wurde bereits darauf hingewiesen, daß die Verteidigung der Serben gegen imperialistische Aggressoren dem Autor ein echtes Ärgernis ist. Nun aber sind nicht »Antiklerikale« und »orthodoxe Kommunisten« die Beelzebuben, sondern »westliche Foren« sollen die Unschuldslämmer sein, welche die Serben für sich einzunehmen versuchen. Was ist damit gemeint?

Darüber gibt die Fußnote 80 Aufschluß: »So hatte das United States Holocaust Memorial Museum in den 1990er Jahren Mühe, Auftritte serbischer Nationalisten unter seinem Dach abzuwehren…« Wenn man diese Zeile liest, soll man natürlich denken, eine Gruppe serbischer Rüpel und Hooligans habe eine honorige Gesellschaft wahrheitsbeflissener Humanisten physisch bedroht. Wer die Lügenpresse kennt und zwischen den Zeilen zu lesen versteht, wird über die Formulierung »Auftritte abwehren« gestolpert sein; das könnte eine verlogene Beschönigung für »Auftritts- und Redeverbot« sein. Nun bin ich in der glücklichen Lage, durch die Unterredung mit Prof. Živanović die wirklichen Hintergründe zu kennen. Vorausgeschickt sei, daß dieses Holocaust-Museum von Präsident Clinton inauguriert wurde, der Mitte der 90er Jahre die Bombardierung der bosnischen Serben befahl und Ende der 90er Jahre die Bombardierung Restjugoslawiens anordnete. Außerdem figurierte bei der Eröffnung dieses Museums ausgerechnet der laute Jasenovac-Leugner Franjo Tudjman als Redner; all dies dürfte die festliche Stimmung der serbischen Delegation nicht gerade gehoben haben. Das eigentliche Skandalon kommt jedoch erst jetzt: Die serbischen Gäste mußten bei der Begehung des Museums zu ihrer Enttäuschung und Empörung feststellen, daß der Völkermord der Ustascha und das jugoslawische Auschwitz von Jasenovac nicht thematisiert wurden. Damit war die Löschung dieses dritten Völkermords, die ja auch unser Schreiberling so sehnlich wünscht, nicht etwa Teil der US-amerikanischen Historiographie, sondern der US-amerikanischen Lügenpropaganda. Als die serbischen Besucher den Museumsdirektor auf diese schändliche Unterlassung ansprachen und Zensur wohl Zensur nannten, antwortete dieser lapidar und wegwerfend: »Ihr habt uns ja auch nichts geschickt.« Was hätte der Herr denn gerne gehabt, einen Holzhammer vielleicht mit einem skelettierten zerborstenen Schädel für sein Gruselkabinett? Was sich weiter ereignet hat, ist mir nicht bekannt; daß die serbischen Anwesenden nach dieser verbalen Abwatschung ihrer Empörung Luft gemacht hatten, darf nicht nur angenommen werden, sondern versteht sich von selbst. Das also verbirgt sich hinter der Formulierung von »Auftritten serbischer Nationalisten«, die nur mit »Mühe abgewehrt« werden konnten. Pack. –

Im Mai 2017 sandte der Europarat eine diplomatische Note an das Parlament und den serbischen Präsidenten in Belgrad. Darin wird schulterklopfend anerkannt, daß sich die dortigen Quislinge der Gewalt und der Erpressung gebeugt und sich für die »Kriegsverbrechen« von Srebrenica entschuldigt hätten. Bemängelt wird allerdings, daß dabei das Wort »Genozid« nicht gefallen sei. Das aber sei »absolut notwendig« und in Zukunft dringend zu beachten, mahnte der – Achtung, es folgt ein monströser Titel – »Vorsitzende der Europaratskommission gegen Rassismus und Intoleranz«, Christian Åhlund, an. Unter Hitler hieß so jemand, ein wenig ehrlicher, noch »Sondergesandter für Südosteuropa«.

Es ist schlimm, daß zigtausende Bewohner des ehemaligen Jugoslawiens während der imperialistischen Aggression in den 90er Jahren ums Leben gekommen und weite Teile des Landes atomar verseucht sind. Schlimmer aber ist die Demütigung des überlebt habenden Restes.

Das Lügengewebe des leisen Völkermord-Leugners, das hier seziert wurde, umfaßt gerade einmal rund dreißig gedruckte Zeilen Fließtext. Die aber haben es in sich; ganze Leichenberge wurden darin gelöscht und Megaverbrechen weggeredet. Zugleich fügt sich dieser kleine Baustein wunderbar in die aktuelle Kriegsstrategie des Monoimperialismus, als Endresultat einer Memselektion, die nach einem Vergleich von Fritz Erik Hoevels so wunderbar ist wie die Gestaltung von Organismen durch die natürliche Selektion. Man kann nun lange darüber sinnieren, wer verachtenswerter ist; der laute oder der leise Völkermord-Leugner. Häßlich sind sie beide, Blut an den Händen haben sie beide, aber der laute hat *reale* Vorteile, da er sich bessere Ausgangsbedingungen für die Beherrschung der Welt verschafft oder als Duodezfürst eines Vasallenländchens zu relativem Reichtum gekommen ist. Der leise Leugner macht's hingegen für ein paar Silberlinge und ein Vergelt's Gott; er ist der größere Heuchler und Schleimer, die *brown nose*, wie der US-Weltherrscher sagt, der Kriecher in den Arsch der Macht.

Aber daß diese Bagage aus Angriffskriegern und Verfassungsbrechern mit ihrem Troß akademischer Mietlinge und Lügenschreiber sich anmaßt, anderen vorzuschreiben, was sie als Völkermord zu betrachten hätten und was nicht, daß sie zu diesem Zweck mit Strafparagraphen wedeln und mit ihren Drohnengeschwadern drohen, daß sie über Wohl und Wehe, Leib und Leben derer entscheiden, die nicht unter ihrem Propaganda-Gedröhn einknicken, das ist die eigentliche Obszönität. Jeder Besitzer funktionsfähiger grauer Zellen sollte sich nicht scheuen, seinen Ekel und seine Verachtung gegenüber solchen Machenschaften kundzutun.

Ausgewählte Literatur

DEDIJER, Vladimir: Jasenovac – das jugoslawische Auschwitz und der Vatikan, Freiburg [6]2011.

DESCHNER, Karlheinz: Mit Gott und den Faschisten. Der Vatikan im Bunde mit Mussolini, Franco, Hitler und Pavelić, Freiburg [2]2013.

DORIN, Alexander: In unseren Himmeln kreuzt der fremde Gott. Verheimlichte Fakten der Kriege in Ex-Jugoslawien (Kroatien, Bosnien und Kosovo), hg. und mit einem Vorwort von Peter PRISKIL, Freiburg [2]2002.

— : Srebrenica. Die Geschichte eines salonfähigen Rassismus, Berlin [2]2012

— : Die Propaganda-Lüge »Srebrenica« bröckelt weiter, in: Ketzerbriefe – Flaschenpost für unangepaßte Gedanken 179 (März/April 2013), S. 5–17.

— und JOVANOVIĆ, Zoran (†): Srebrenica – wie es wirklich war. Unterdrückte Tatsachen über die an Serben begangenen Massaker 1992–1995, hg. und mit einem Geleitwort von Peter PRISKIL, Freiburg [3]2017.

FLOUNDERS, Sara: Die bosnische Tragödie. Die unbekannte Rolle der USA, in: Ketzerbriefe 68 (Sept. 1996), S. 13–46.

HOEVELS, Fritz Erik: Editorial – Was bedeutet das späte Interesse westdeutscher Medien an unseren Fällen? in: Ketzerbriefe 14 (Juni 1989), S. 3–10.

—: Armenier, Juden und Serben – ein paar subjektive Gedanken zum Völkermord, in: Ketzerbriefe 124 (Jan./Feb. 2005), S. 5–32.

Ketzerbriefe 13 (Sonderausgabe): Hitlers Verbrechen standen nicht allein – Dedijers Ustascha-Buch überspringt die Grenzen Jugoslawiens, Freiburg Juni 1989.

Ketzerbriefe 29 (Sonderausgabe): Der jugoslawische Bürgerkrieg und die deutsche Einmischung in ihn, Freiburg Feb. 1992.

Ketzerbriefe 169 (Sonderausgabe): Viel Lärm um Srebrenica, Freiburg Sept./Okt. 2011.

Kljakić, Slobodan: A Conspiracy of Silence. Genocide in the Independent State of Croatia and Concentration Camp Jasenovac, Belgrade 1991.

Korb, Alexander: Im Schatten des Weltkriegs. Massengewalt der Ustaša gegen Serben, Juden und Roma in Kroatien 1941–1945, Hamburg 2013.

Lituchy, Barry M. (ed.): Jasenovac and the Holocaust in Yugoslavia: Analyses and Survivor Testimonies. Presented at the First International Conference and Exhibition on the Jasenovac Concentration Camps, Held at Kingsborough Community College, Brooklyn, New York, October 29–31, 1997, New York 2006.

Marxismus, Opportunismus und die Balkankrise. Erklärung des Internationalen Komitees der Vierten Internationale, Essen 1994.

Petrović, Rastislav V.: The Extermination of Serbs on the Territory of the Independent State of Croatia, Belgrade 1991.

— : Genozid mit dem Segen des Vatikans, Belgrad 1992.

Priskil, Peter: Muslim Leaks: Ein bislang geheimes bosnisch-moslemisches Dokument zu Srebrenica, in: Ketzerbriefe 173 (März/April 2012), S. 25–41.

Samary, Catherine: Die Zerstörung Jugoslawiens. Ein europäischer Krieg, Köln 1995.

Sherman, Arnold: Die Zerschlagung Jugoslawiens. Bürgerkrieg und ausländische Intervention, Freiburg 1994 [vergriffen].

Trifković, Srdja: Ustaša. Croatian Fascism and European Politics, 1929–1945, Chicago/Ottawa/London ²2011.

Trotzki, Leo: Die Dritte Internationale nach Lenin – Das Programm der internationalen Revolution und die Ideologie vom Sozialismus in einem Land, Essen 1993 [1928].

Umeljić, Vladimir: The Jasenovac Concentration Camp and Croatia Today: Distortion, Trivialization and Denial. The Balkan Version of the »Auschwitz Lie«, in: Lituchy 2006.

Zečević, Miodrag und Lekić, Bogdan: Frontiers and Internal Territorial Division in Yugoslavia, Belgrade 1991.

Existenzvernichtung – diesmal ohne KZ

von *Alexander Dorin*

Am 2. Februar 2005 erreichte meine zwischenzeitlich verstorbene Mutter ein Brief (sie starb am 25.6.2005), in dem sie von der ›International Organisation for Migration‹ (IOM) darüber informiert wurde, daß sie im Rahmen des ›German Forced Labour Compensation Programme‹ eine Entschädigung von insgesamt 7669,38 Euro erhalte (man beachte die 38 Cents am Schluß des Betrags).

Was war der Hintergrund für diese sogenannte Entschädigung? Im Zuge des Balkanfeldzuges der deutschen Nationalsozialisten, der im April 1941 u. a. die Besetzung Jugoslawiens zur Folge hatte, wurde auch der faschistische kroatische NDH-Staat (Nezavisna Država Hrvatska) gegründet, der, nebst Kroatien, auch ganz Bosnien und Teile Serbiens umfaßte. In diesem NDH-Staat wurden diverse Volksgruppen, nämlich Serben, Zigeuner und Juden, mit größter Brutalität verfolgt. Dabei hatte man es vor allem auf die zahlenmäßig am stärksten vertretene Volksgruppe der orthodoxen Serben abgesehen – unter Wohlwollen und Beteiligung des Vatikans, versteht sich.

Während dieser Massenmorde, die Hunderttausende von Serben das Leben kosteten, wurden während eines Angriffs auf das Dorf Devetaci in der Nähe der bosnischen Stadt Novi Grad (damals Bosanski Novi) in Bosnien auch die Eltern meiner Mutter, weitere Familienmitglieder und zahlreiche Nachbarn ermordet. Ein Teil der Menschen wurde an Ort und Stelle getötet, während weitere verschleppt und in die kroatischen

Todeslager gebracht wurden, von denen Jasenovac das berüchtigtste war.

Meine Mutter weilte während des Angriffs der Ustascha-Faschisten, in dessen Verlauf u.a. ihr Elternhaus vollständig zerstört wurde, außerhalb des Dorfes, was ihr Leben rettete. Es folgten Flucht, Verhaftung, Unterbringung in einem kroatischen Konzentrationslager, schließlich die Befreiung durch die Partisanen und weitere Kriegswirren, die hier im einzelnen nicht alle aufgezählt werden können. Aufgrund dieser an ihr und ihrer Familie verübten Verbrechen, die unter dem Schirm der deutschen Besatzer stattfanden, erhielt sie schließlich im Rahmen des bereits genannten ›German Forced Labour Compensation Programme‹ eine Entschädigung von insgesamt 7669,38 Euro zugesprochen. Ein Witz, gemessen an dem erlittenen Leid und Schaden! Der größte Teil der überlebenden Serben erhielt jedoch nicht einmal diesen Spottbetrag, denn die Auflagen der ›International Organisation for Migration‹ sind erstaunlich streng. So dürfen Entschädigungsgelder nur dann ausbezahlt werden, wenn das Opfer das erfahrene Leid beweisen kann, was für viele kaum zu leisten ist, da es auf dem Gebiet des ehemaligen Großkroatiens nahezu keine Institutionen gibt, die dafür zuständig sind. Anders als bei den während des Zweiten Weltkriegs verfolgten Juden scheint es für die meisten Serben kaum möglich zu sein, wenigstens in finanzieller Hinsicht so etwas wie Gerechtigkeit zu erfahren.

Mein Vater ist zeit seines Lebens nicht mehr dazu gekommen, ebenfalls Entschädigungsansprüche zu stellen, da er zum Vorteil des anderweitig gebeutelten deutschen Steuerzahlers bereits 1996 verstarb. 1941 wurde sein Geburtsdorf Kljevci, welches sich in unmittelbarer Nähe zur bosnischen Stadt Sanski Most befindet, überfallen. Dabei wurden während mehrerer Angriffe insgesamt ca. 500 serbische Bewohner ermordet, darunter sein Vater, vier seiner Brüder, weitere Familienmitglieder und zahlreiche Nachbarn. Lediglich er und seine Mutter überlebten, weil sie sich zur Zeit der Massaker nicht im Dorf aufhielten.

Auf die Massenmorde, die Hunderttausende von Serben während des Zweiten Weltkrieges das Leben kosteten, wollen wir an dieser Stelle nicht weiter eingehen, denn das haben zahlreiche Rechercheure, Publizisten, Insider und Zeitzeugen in ihren Publikationen und Zeugenaussagen bereits ausführlich geleistet – unter ihnen auch Braco Danon, einer der sehr wenigen Überlebenden der Hölle von Jasenovac.

Bleibt hinzuzufügen, daß die Gemeinde Novi Grad während des jüngsten Bosnienkrieges (1992–1996) erneute Angriffe kroatischer Verbände nur mit großer Mühe und zivilen sowie militärischen Opfern abwehren konnte, worüber die Regierung der bosnischen Serben eine ausführliche Dokumentation erstellt hat (*Agresija Republike Hrvtaske na Republiku Srpsku – posledice u opštinama Novi Grad, Kostajnica i Kozarska Dubica – septembar 1995. godine*, Banja Luka 2008). Überflüssig zu erwähnen, daß Kroatien für diese Aggression und Einmischung im bosnischen Bürgerkrieg nie zur Rechenschaft gezogen wurde. Zur Erinnerung: Bereits am 25. und 26. März 1992, knapp eine Woche vor Ausbruch des Bürgerkrieges in Bosnien, hatten Einheiten aus Kroatien wie selbstverständlich die Grenze nach Bosnien überschritten und in den Ortschaften Bosanski Brod und Sijekovac Dutzende serbischer Zivilisten massakriert (alleine in Sijekovac ca. 50 Personen). Der bosnisch-muslimische Söldner Sakib Balić, der während dieser Massaker anwesend war, legte später in der bosnischen Öffentlichkeit ausführliche Geständnisse über diese Verbrechen ab. Und trotzdem wird heute vor allem in zahlreichen westlichen Staaten ungeniert die Lüge verbreitet, die Serben hätten den Bosnienkrieg ausgelöst.

Auch das erwähnte Dorf meines Vaters (Kljevci) sah sich während des letzten Bosnienkrieges erneuten Angriffen ausgesetzt, hatte jedoch, im Vergleich zum Dorf meiner Mutter, weniger Glück. Während der Militäraktion *Operacija Sana 95*, ausgeführt von der bosnisch-muslimischen Armee im September und Oktober 1995, wurde das Dorf praktisch vollständig zerstört, ebenso die Gedenkplatte mit den Namen der serbischen Opfer des Dorfes aus dem Zweiten Weltkrieg.

Es ist allgemein bekannt, daß im ehemaligen Jugoslawien eine Aufarbeitung der während des Zweiten Weltkriegs an den Serben verübten Massenmorde nie ernsthaft stattfand. 1964 begann zwar ein Team unter Leitung von Dr. Srboljub Živanović, bei Jasenovac Ausgrabungen vorzunehmen, wurde jedoch von der jugoslawischen Regierung an weiteren Forschungsarbeiten gehindert, als das Ausmaß der Massenmorde absehbar wurde. Nach drei Monaten Feldforschung ergaben erste Hochrechnungen des Teams nämlich, daß mit weit über 700 000 exhumierten Leichen zu rechnen sei! Eine Horrorzahl, die für den Glauben an die »Brüderlichkeit und Einheit« der jugoslawischen Völker offensichtlich eine ernste Bedrohung darstellte, jedenfalls sah das die Regierung von Josip Broz »Tito« wohl so und kehrte das Thema kurzerhand wieder unter den Teppich.

Außerhalb Jugoslawiens sah es nicht viel besser aus. Zwar schrieben einige internationale Autoren und Experten über den Massenmord an den orthodoxen Serben im faschistischen kroatischen NDH-Staat (Avro Manhattan, Curzio Malaparte, Edmond Paris, Karlheinz Deschner u. a.), jedoch war an den Schulen, Universitäten und in den Massenmedien praktisch nichts darüber zu vernehmen.

Ähnlich verhielt es sich ab 1991, nach dem Ausbruch der jüngsten Kriege im ehemaligen Jugoslawien. Auch dieses Mal wurden serbische Opfer von den westlichen Massenmedien faktisch zum Tabuthema erklärt. In einer in der Nachkriegsgeschichte beispiellosen Hetzkampagne erklärten die westlichen Massenmedien vielmehr das gesamte serbische Volk zum Aggressor und alleinigen Verursacher der jugoslawischen Kriege, obwohl die Faktenlage etwas ganz anderes belegt. Ursachenforschung und »Differenzierung«, sonst in aller Munde, wurde von den verantwortlichen Redakteuren und Journalisten ganz einfach nicht betrieben, dafür Hetze, das Zurückhalten wichtiger Fakten, Desinformation, Suggestion und schamlose Lügen.

Gegenstimmen zum Einheitsbrei der Massenmedien im Zusammenhang mit den Kriegen im ehemaligen Jugoslawien gab es damals nur wenige. Zwar versuchte sich eine Handvoll internationaler Medienschaffender darin, gegenläufige Darstellungen zur monolithischen NATO-Propaganda und differenzierte Sichtweisen zu verbreiten, jedoch konnten sie dabei lediglich auf die Unterstützung einiger kleinerer und opferbereiter Zeitungen und Magazine zurückgreifen, während sie von den Massenmedien wasserdicht ignoriert wurden. Verschaffte sich einmal jemand mit unerwünschten Ansichten aufgrund seines Bekanntheitsgrades Gehör, wie z.B. Peter Handke, so wurde er von den Medien des gesamten NATO-Bereichs gleich mit übelsten Diffamierungen *en masse* überzogen.

Auch ich zähle mich zu jenen Autoren, die sich damals mittels eigener Recherchen und Publikationen aktiv gegen die rassistische, anti-serbische Propaganda unserer Monopolpresse zur Wehr setzten – ein Umstand, der mich seit Beginn meiner publizistischen Tätigkeit (1999) immer wieder in äußerst unangenehme Situationen brachte. Insbesondere meine Enthüllungen der verschwiegenen Aspekte der Ereignisse von Srebrenica brachten mir wiederholt massiven Ärger ein. Nachfolgend möchte ich auf die erwähnenswertesten Unannehmlichkeiten und Angriffe eingehen, die mir als Enthüllungsautor widerfahren sind. Es sind Erfahrungen, die meinen Familienangehörigen wie nahezu allen Serben seit mindestens fünf Generationen nur allzu vertraut sind.

Ich selbst lebe in Basel und las natürlich u.a. auch regelmäßig die ›Basler Zeitung‹, welche ebenfalls nichts als vorgefertigte Berichte über diese Kriege nach Vorbild des »großen Bruders« veröffentlichte. Damals verfaßte ein Journalist namens Stefan Israel kontinuierlich Berichte über die Jugoslawienkriege für die ›Basler Zeitung‹. Er verbreitete ausschließlich tendenziösen Unfug über diese Kriege, wobei fast immer die Serben und keine Volksgruppe sonst ihr Fett wegkriegten. Stefan Israels sogenannte Berichterstattung war eine Mixtur aus vorgefertigten

Meinungen, Schubladisierungen, einseitigen Darstellungen, Halbwahrheiten, verschwiegenen Fakten und auch schamlosen Lügen. Viele Serben regten sich damals tagtäglich über Stefan Israels Verbalergüsse auf, wie ich bei diversen Unterhaltungen regelmäßig feststellen konnte.

Ich schrieb Stefan Israel via E-Mail an und fragte ihn nach dem Grund für seine tendenziöse Berichterstattung. Bezeichnenderweise erhielt ich keine Antwort, was typisch für viele Mainstream-Schreiberlinge ist. Ich schickte ihm verschiedene Berichte, die eine andere Faktenlage im Zusammenhang mit diesen Kriegen aufzeigten, und forderte ihn auf, auch darüber zu berichten (die sprichwörtliche *altera pars*), erhielt jedoch abermals keine direkte Antwort. Dafür erreichte mich über Umwege eine völlig andere Art von Reaktion, welche die Handschrift eines üblen Intriganten trug. Ein Kamerateam des örtlichen Fernsehsenders ›Telebasel‹ marschierte zum Haus, in dem ich damals wohnte, und klingelte unangemeldet. Ich war gerade nicht da, doch meine Mutter, die damals im gleichen Haus wohnte, öffnete die Türe. Das Filmteam konfrontierte sie mit dem Vorwurf, ich sei ein Rassist, jedenfalls würde das der Journalist Stefan Israel behaupten. Meine Mutter, die nicht auf den Mund gefallen war, stellte die ganze Geschichte richtig und erläuterte den wahren Sachverhalt. ›Telebasel‹ schien sich dafür jedoch nicht weiter zu interessieren, denn kurz darauf erschien bei diesem Sender ein Bericht über mich, in dem über meinem eingeblendeten Namen die Überschrift »Rassismus?« stand. Folgendes war passiert: Stefan Israel hatte die Kritik an seiner Arbeit offensichtlich nicht verkraftet und zu intriganten Methoden gegriffen, die für die Mainstream-Journaille typisch sind. Er hatte seine Spezis von ›Telebasel‹ aufgehetzt und in die Spur geschickt, um mich öffentlich mit Rassismus in Zusammenhang zu bringen. Seine Logik: Wenn jemand mit dem Nachnamen Israel kritisiert wird, so kann der Kritiker ja nur ein Rassist sein (Stichwort Antisemitismus)! Diese »Logik« ist freilich keine, sondern ein auf gebahnten assoziativen Verknüpfungen beruhender Wahn (so wurde beispielsweise dem weltberühmten Circus Roncalli von André Heller Scientologennähe unterstellt, weil sein Name, rückwärts gelesen, die Botschaft »I call Ron [Hubbard]« enthalte; genauso funktionierte einst der Hexenwahn. Auch ist nicht jeder, der Müller oder Metzger heißt, von Beruf ein solcher). Ich konnte den Vorwurf des Rassismus mit suggestiver Unterstellung des Antisemitismus jedenfalls nicht auf mir sitzenlassen, da ich zeit meines Lebens keine juden- oder araberfeindliche Einstellung hatte und mich dementsprechend auch nie in diese Richtung äußerte.

Mittlerweile hatte sich die Basler Staatsanwaltschaft eingeschaltet, die den gegen mich gerichteten Vorwürfen nachging. Bereits nach kurzer Zeit wurde offiziell festgestellt, daß ich mich zu keinem Zeitpunkt und in keiner Weise rassistisch oder antisemitisch geäußert hatte. Ich rief bei ›Telebasel‹ an und verlangte, daß ich mich während einer Livesendung zu den Vorwürfen äußern dürfe, andernfalls würde ich eine Verleumdungsklage einreichen. Und so blieb dem Fernsehsender nichts anderes übrig, als mich zu einer Livesendung einzuladen. Bereits während des Vorgesprächs wurde klar, daß ›Telebasel‹ üble Tricks zum Einsatz bringen wollte. So erzählte man mir, man habe einen Hinweis aus der Bevölkerung erhalten, demzufolge ich mit rechtsextremen Organisationen in Verbindung stünde. Man hielt mir aus dem Internet ausgedruckte Auszüge einer in der Tat rechtsgerichteten Organisation entgegen. Ich schaute mir diese Propaganda an und fragte, was denn ich damit zu tun hätte, worauf der Mitarbeiter erneut sagte, laut einem Hinweis aus der Bevölkerung hätte ich mit dieser Organisation zu tun. Ich mußte lachen und fragte den Mitarbeiter, ob er denn noch mehr von solchen amateurhaften und lächerlichen »Indizien« auf Lager hätte, worauf er verunsichert irgendwelche Ausflüchte stammelte. Man stelle sich vor, ich als Moderator hätte jemanden zu einem Interview eingeladen, ihm Auszüge aus einer Kinderpornographie-Seite hingehalten und behauptet, ich besäße Hinweise, daß er damit in Verbindung stehe. Und auf seine Frage, wie denn die Verbindung zwischen ihm und dieser Seite beschaffen sei, würde ich anfangen herumzustottern. So ein amateurhaftes und plumpes Verhalten eines offiziellen Fernsehsenders kam mir damals wirklich unglaublich vor.

Das nachfolgende Interview mit mir, welches vielleicht zehn bis fünfzehn Minuten dauern sollte, wurde vom damaligen Telebasel-Chefredaktor Willy Surbeck höchstpersönlich geführt. Bereits von der ersten Minute an war offensichtlich, daß Surbeck mich vorführen wollte. Das Interview nahm jedoch eine jähe Wende zu seinen Ungunsten, weil ich mitnichten bereit war, mich vorführen zu lassen. Zuerst versuchte Surbeck, den Rassismus-Vorwurf wieder aufzuwärmen, was ihm jedoch nicht gelang. Danach brachte er eine Reihe gängiger Vorwürfe, die alle an die Adresse von Slobodan Milošević und an das serbische Volk im allgemeinen gerichtet waren. Ich fragte Surbeck, wann er denn jemals selbst in Serbien gewesen sei, wenn er schon solche angeblich gegen jede Kritik gefeiten Behauptungen aufstelle. Auf diese Frage war er offensichtlich nicht gefaßt gewesen, denn er hielt kurz inne und schaute mich verdutzt an. Nachdem er seine Fassung wiedererlangt hatte, antwortete er, daß er noch nie in Serbien gewesen sei, jedoch verschiedene Leute kenne, die schon dort gewesen waren. Ich antwortete sinngemäß darauf, daß es sehr gefährlich sein kann, wenn man anhand von Zweit- und Drittmeinungen Vorurteile über ein ganzes Volk ausstreut, weil das in der jüngeren Geschichte bereits einmal massiv in die Hose ging (was natürlich eine Anspielung auf die Judenverfolgung unter den deutschen Nationalsozialisten war). Das war für Surbeck offensichtlich zuviel; er drehte sich erstarrt zur Kamera hin und brach die Sendung sofort ab. Gleich nachdem die Kameras ausgeschaltet waren, ließ Willy Surbeck die Moderatorenmaske fallen. Ich würde das noch bereuen, er würde mir ab jetzt Steine in den Weg legen. Sein Gesicht war ziemlich rot angelaufen, er war offensichtlich sehr erzürnt darüber, daß es jemand wagte, ihm öffentlich zu widersprechen. Ich blieb ruhig, konterte jedoch und gab ihm den Ratschlag, er solle nicht Menschen bedrohen, die er überhaupt nicht kenne und über die er nichts wisse. Schließlich stürmte er wutentbrannt aus dem Studio.

Ich blieb sitzen, trank mein Wasser aus und prostete den reichlich verdutzten Mitarbeitern zu. Nach der Sendung rechnete ich damit, daß ich auf der Straße verbal und sogar körperlich angegriffen würde. Schließlich befanden wir uns im Jahr 2000 quasi auf dem Höhepunkt der jahrelangen anti-serbischen Hetze, für die die Massenmedien die unmittelbare Verantwortung trugen. Tatsächlich aber geschah das genaue Gegenteil: Zahlreiche Menschen sprachen mich auf der Straße an und gratulierten mir dazu, daß ich Willy Surbeck aus der Fassung gebracht hatte. Ich hörte mehrmals Sätze wie: »Toll, daß endlich jemand diesem arroganten Sack über das Maul gefahren ist« usw. Ein Mitarbeiter von ›Telebasel‹ erzählte mir später, auch diverse Angestellte dieses Senders seien über Surbecks verbale Niederlage ziemlich erfreut gewesen. Anscheinend war er nicht sehr beliebt.

Der Denunzierungsversuch des Intriganten Stefan Israel war für ihn jedenfalls gehörig in die Hose gegangen. Nicht nur hatte die Basler Staatsanwaltschaft festgestellt, daß die von ihm erhobenen Vorwürfe frei erfunden, also Lügen waren, sondern er mußte zudem miterleben, daß der von ihm angestiftete und aufgehetzte Willy Surbeck vor laufenden Kameras eine Niederlage einstecken mußte und dabei die Fassung verlor. Ich möchte noch erwähnen, daß seinerzeit Hunderte von aufgebrachten Basler Serben eine Protestpetition an die Redaktion der ›Basler Zeitung‹ schickten, in der sie gegen die anti-serbische Hetze von Stefan Israel protestierten. Die abgebrühte Verlogenheit von Stefan Israel, der u. a. auch für einige deutsche Zeitungen schrieb, fiel übrigens auch einigen deutschen Medien auf. So war z. B. in der Tageszeitung ›junge Welt‹ u. a. folgendes zu lesen (»Pressefreiheit selektiv: wenn BRD-Zeitungen über serbische Medien berichten«, ›junge Welt‹ vom 31.3.2000):

Doch auch ein Jahr nach den Bomben auf Jugoslawien läßt die Schreiberzunft nicht von ihrem Objekt der Begierde ab. Auch wenn schon zahlreiche schamlose Lügen der politischen Führungen zutage gefördert worden sind, kommen die Mediengeier nicht zur Besinnung. In atemberaubender Geschwindigkeit haben sie sich einem neuen Thema zugewandt, ironischerweise ausgerechnet dem der Medienfreiheit in Serbien. Stefan Israel von der ›Frankfurter Rundschau‹ zum Beispiel beschäftigt sich sehr gerne und freimütig mit dieser Materie, zuletzt nach der Schließung einiger Radio- und Fernsehstationen in Jugoslawien. Während sich der Journalist im vergangenen Jahr nicht einmal in Ansätzen über die »freie Presse« geäußert hat, als beispielsweise die RTS-Gebäude in Belgrad und Novi Sad, und damit die Medien als Ganzes, bombardiert wurden, ist er sehr schnell dabei, das »Regime Milošević« wegen repressiven Vorgehens gegen die Medien anzuklagen. Israel ist bekannt für seine notorische »Objektivität« in Sachen Jugoslawien.

Abschließend bleibt noch zu erwähnen, daß die Intrige gegen mich auch schlimmer hätte ausgehen können, denn es ist nicht gerade angenehm, Hunderttausenden von Medienkonsumenten als Antisemit vorgeführt zu werden. Zudem sagte mir der damalige Untersuchungsbeamte der Basler Staatsanwaltschaft, man könne mir zwar keinen Antisemitismus nachweisen, aber ich sollte mich künftig dennoch davor hüten, die Schweizer Massenmedien zu kritisieren, da das sonst »Konsequenzen« nach sich ziehen könnte! Früher nannte man das Majestätsbeleidigung…

Kurze Zeit nach diesen Zwischenfällen mit Stefan Israel startete ein weiterer Mainstream-Schreiberling eine Attacke gegen mich. Ich beteiligte mich damals online an einer Diskussion über die Jugoslawienkriege im Schweizer Magazin ›Facts‹, welches mittlerweile nicht mehr existiert. Während der Diskussion attackierte mich eine Beteiligte namens Margrit Berger. Frau Berger konnte es offenbar nicht ertragen, daß ich mich ihrer vehement rechthaberischen Rhetorik nicht beugte, die sie mit erhobenem Zeigefinger vorbrachte. Und so drohte sie mir via E-Mail, daß sie mir über die Medien ernsthafte Probleme machen könnte. Ihr Bruder Ralf habe gute Kontakte zu den Medien und wisse sie zu nutzen. Wenig später bewahrheiteten sich Frau Bergers Drohungen: Der Schweizer Journalist Christian Mensch, der früher u. a. für das Magazin ›Facts‹ schrieb, veröffentlichte in der Zeitung ›Weltwoche‹ einen Verleumdungsartikel gegen mich (Christian Mensch, »Seltsame Sumpfblüten«, ›Weltwoche‹ vom 24.8.2000).

In dem besagten Artikel bezeichnete er mich, ohne mich jemals um eine Stellungnahme gebeten oder auch nur ein Wort mit mir persönlich gewechselt zu haben, u. a. als »eifrigsten deutschsprachigen Propagandisten für die serbische Sache«, ohne auch nur ein einziges Zitat von mir angeführt zu haben, welches die Richtigkeit seiner Anschuldigungen hätte untermauern können. Weiter behauptete er, ich sei im Forum des Magazins ›Facts‹ »seit über einem Jahr mit persönlichen Angriffen gegenüber Andersdenkenden« aufgefallen, abermals ohne ein Zitat zum Beleg seiner Aussage anzuführen. (In Wirklichkeit war es ja gerade seine Anstifterin Margrit Berger, die eine Attacke gegen mich startete.) Weiter hieß es: »An Personen, Medien und Organisationen, die sich seinen Zorn zugezogen haben, rächt er sich, indem er sie mit propagandistischen Mails belästigt« – und abermals konnte der Journalist kein einziges Zitat und keine E-Mail anführen, welche ihm auch nur im Ansatz recht gegeben hätten. Ferner behauptete Christian Mensch, ich hätte den Journalisten Stefan Israel heftig attakkiert, als ob die Bitte um eine objektive Berichterstattung während der Jugoslawienkriege ein aggressiver Akt gewesen wäre. Die Verleumdungsattacke von Stefan Israel gegen mich, die die Basler Staatsanwaltschaft auch als solche bezeichnet hatte, erwähnte der Journalist natürlich mit keiner Silbe. Dann folgte als nächste Lüge, mein Internetanschluß beim Internet-Provider ›Balcab‹ sei wegen »regelmäßiger Gewaltdarstellungen« und »ehrverletzender Informationen« gekündigt worden, obwohl die Basler Staatsanwaltschaft eben erst festgestellt hatte, daß diese Beschuldigungen nicht der Wahrheit entsprachen. Den Abschluß bildete die Lüge, ich sei derzeit persönlich nicht zu sprechen, obwohl er mich nie um ein Interview oder eine Stellungnahme gebeten hatte. Im Gegenteil: Ich selbst hatte ihn in einer E-Mail um eine Stellungnahme im Zusammenhang mit seinem Hetzartikel gebeten, jedoch nie eine Antwort erhalten, was für Mainstream-Schreiberlinge bezeichnend ist: plumpe und freche Schuldumkehr.

Im Frühjahr 2005 wurde ich eines Morgens vor meinem Haus in Basel von mehreren Streifenwagen der Polizei umstellt, verhaftet und in das Untersuchungsgefängnis Waaghof gebracht, wo man mich in eine Art Verlies sperrte. Ich fragte einen der Wärter, um was es denn genau gehe und weshalb ich verhaftet worden sei. Die Antwort erfolgte prompt: Der Wärter, Marcello Conrad mit Namen, attackierte mich, warf mich zu Boden, riß mich an den Haaren, drehte mir den Arm um und schlug immer wieder meinen Kopf auf den Steinboden, bis ich mich schließlich nicht mehr bewegte.

Ich blieb in der Zelle liegen, bis mich am nächsten Morgen ein Polizeikommissar aus der Zelle holte und sagte, ich könne wieder gehen. Ich fragte ihn nach dem Grund für meine Verhaftung und Mißhandlung durch den Wärter, erhielt jedoch keine Antwort. Der Kommissar erwähnte jedoch noch, ich könne mir eine Anzeige ersparen, da ich gegen die gleichlautenden Aussagen mehrerer Beamter vor Gericht so oder so nicht durchkäme.

Kurze Zeit nach der Mißhandlung durch den Gefängniswärter erlitt ich auf dem Basler Münsterplatz einen Zusammenbruch und mußte mit massivem Drehschwindel in das Basler Kantonsspital eingeliefert werden, wo der Ausfall eines meiner beiden Gleichgewichtsorgane diagnostiziert wurde. Ich fragte den Arzt, ob Schläge und Stöße gegen den Kopf als Ursache für den Ausfall des Gleichgewichtsorgans in Frage kämen, was er eindeutig bejahte. Ich mußte ganze fünf Tage im Krankenhaus verbringen, bevor ich entlassen wurde – immer noch mit massivem

Drehschwindel. Es dauerte danach mehrere Monate, bis ich wieder einigermaßen normal gehen konnte. Eine Stellungnahme der Basler Justizbehörden zu dem Vorfall erhielt ich bis heute nicht.

Die nächste Attacke gegen mich starteten Mainstream-Journalisten im Jahr 2010. In der Schweizer Zeitung ›Tagesanzeiger‹ veröffentlichte der Journalist Daniel Foppa einen Bericht über mich unter dem Titel »Genozid-Leugner wirbt in der ›Weltwoche‹« (24.6.2011). Der Hintergrund: Dem Ahriman-Verlag war es gelungen (was alles andere als selbstverständlich ist), in der ›Weltwoche‹ ein Inserat unseres Buches ›Srebrenica – wie es wirklich war‹ zu plazieren, wahrscheinlich ohne daß die Zuständigen von der Inserateabteilung der ›Weltwoche‹ wußten, daß wir in dem Buch die offizielle Version der Ereignisse von Srebrenica anhand zahlreicher Fakten widerlegen. Für Daniel Foppa war dies Grund genug, einen reißerischen Artikel über mich und das Buch zu schreiben, in dem er eines klar beweist: daß er das Buch nie gelesen hat. So stellt Foppa bereits in der Schlagzeile des Artikels zwei unwahre Behauptungen auf. Erstens »leugne« ich nirgendwo explizit einen Genozid. Ich zeige allerdings auf, daß die Zahl von 8000 angeblichen Völkermordopfern mit der Realität nichts zu tun hat, und präsentiere die aufgrund der Faktenlage wirkliche Zahl der Toten und deren Todesumstände. Die Schlußfolgerung aus meinen Darlegungen überlasse ich den Lesern selbst. Und so konnte Daniel Foppa auch kein einziges Zitat von mir anführen, in dem ich einen Genozid leugne. Sogar das sogenannte Den Haager Jugoslawientribunal ließ 2012 in einer Pressemitteilung verlauten, es habe im Zusammenhang mit Srebrenica mindestens 4970 Tote gegeben, obwohl auch diese Zahl nicht stimmt (ICTY Press release MS/CS/1540e vom 12.12.2012). Immerhin reduzierte auch dieses selbsternannte Tribunal die Zahl der angeblichen Toten um mehrere tausend. Laut Foppas Logik hätte der ›Tagesanzeiger‹ demnach 2012 schreiben müssen, daß das sogenannte Den Haager Jugoslawientribunal den Genozid von Srebrenica leugnet. Zweitens hatte nicht ich das Inserat in der ›Weltwoche‹ aufgegeben, wie Foppas Bericht suggeriert, sondern mein Verlag.

Übrigens waren auch die Intriganten Stefan Israel und Christian Mensch bereits für den ›Tagesanzeiger‹ tätig gewesen. Ist das nun Zufall oder eher ein Beweis für die Vernetzungen des *Trio infernal* Stefan Israel – Christian Mensch – Daniel Foppa? Ich selbst glaube an keine Zufälle mehr, nachdem ich mich seit mittlerweile sechsundzwanzig Jahren intensiv und recht einschlägig mit den sogenannten Massenmedien auseinandergesetzt habe.

Daniel Foppa konnte im übrigen auch keine Zitate aus meinen Büchern anführen, aus denen hervorgeht, daß ich einen Genozid leugne, nachdem ich ihn in einer E-Mail darum gebeten hatte. Aber egal – der Jude wird verbrannt! Hauptsache, er hat seinen Auftrag ausgeführt und mich öffentlich nur deswegen zu diffamieren versucht, weil ich es wagte, eigene Recherchen zu betreiben und mich dem Mainstream nicht zu beugen.

Nicht verschwiegen seien schließlich die bösartigen Angriffe der deutschen Vereinigung GfbV (Gesellschaft für bedrohte Völker), die seit vielen Jahren die deutsche Medienlandschaft mit anti-serbischen Klischees verpestet. Diese Organisation, die von dem für seinen Serbenhaß bekannten Tilman Zülch angeführt wird, kultiviert so unermüdlich wie bösartig den Mythos vom quasi-faschistischen serbischen Tätervolk (was den Tatbestand des Rassismus erfüllt), während sie die serbischen Opfer zumeist verschweigt oder diese, falls sie überhaupt jemals erwähnt werden, herunterspielt und minimalisiert. Über die GfbV berichtete Ralf Fischer in dem Artikel ›Deutsche Opfer – Die Gesellschaft für bedrohte Völker setzt auf völkische Ideologie‹, ›Sopos‹ 1/2004, folgendes:

> 1995 wurde bekannt, daß im Beirat der GfbV unter einem Tarnnamen der ehemalige Verwalter des Ghettos in Kolomea (Polen) Peter Volkmann arbeitete. Er war für den Tod von 30 000 Juden verantwortlich.

Diese GfbV mit Altnazi-Hintergrund, gegen die in Deutschland bereits antifaschistische Kundgebungen abgehalten wurden und die 2013 wegen einer internen Veruntreuung von Geldern in die Schlagzeilen geriet (›Gesellschaft für bedrohte Völker – Veruntreuung bei einer NGO‹, ›Neue Zürcher Zeitung‹ vom 12.2.2013), wollte meine Lesung zum Thema Srebrenica auf der Leipziger Buchmesse 2011 verhindern, indem sie Ankündigungsplakate des Ahriman-Verlags zerstörte und ein Verbot der Veranstaltung zu erwirken versuchte. Im Vorfeld intervenierte Tilman Zülch beim Leipziger Messeleiter Oliver Zille und verlangte, meine Lesung dürfe nicht stattfinden, was dieser jedoch (zum Glück) in einem Antwortschreiben mit der Erklärung ablehnte, daß die Polizeibehörden keine Einwände gegen die geplante Veranstaltung hätten und die Leipziger Buchmesse zudem der Meinungs- und Pressefreiheit verpflichtet sei. Eine klatschende Ohrfeige für den selbstbeauftragten Zensurmeister Tilman Zülch, der sich anschließend in einer Pressemitteilung darüber aufregte, daß die Leipziger Buchmesse »Völkermordleugnern« ein Podium zur Verfügung gestellt habe.

Doch damit nicht genug. Tilman Zülch konnte es offensichtlich nicht ertragen, daß seine Einschüchterungsversuche und Zensurattacken nicht fruchteten, und so griff er zum nächsten Mittel: Er wies seine Mitarbeiter an, sie sollten die Ankündigungsplakate unseres Srebrenica-Vortrags mit Propaganda-Plakaten der GfbV überkleben, auf denen stand: »Nicht vergessen! Serbiens Völkermord in Bosnien.« Mir persönlich ist kein Urteil bekannt, nicht einmal eines des von der NATO gesteuerten Jugoslawientribunals in Den Haag, in welchem Serbien eines Völkermordes in Bosnien bezichtigt würde. Aber egal – der Jude wird verbrannt! Wenn man seinem Serbenhaß Ausdruck verleihen möchte, so kann man eben ungestraft auf schamlose Lügen zurückgreifen.

Der Ahriman-Verlag verständigte daraufhin die Polizei und erklärte, daß die GfbV unsere Plakate überklebt und teilweise auch abgerissen hat, worauf die Polizei Herrn Tilman Zülch aufsuchte. Dieser bekam zu hören, er würde eine

Anzeige wegen Sachbeschädigung erhalten, wenn er nicht sofort mit dem Vandalismus aufhöre und seine Plakate von den Ahriman-Postern wieder entferne. Und so mußte der Anführer der GfbV zähneknirschend seine Handlanger anweisen, von weiteren Zerstörungen abzusehen.

Während unseres anschließenden Srebrenica-Vortrags, der mit geschätzten 180–200 Anwesenden überdurchschnittlich gut besucht gewesen war, konnte es die GfbV nicht lassen und versuchte sich in neuen Provokationen. Ein GfbV-Mitarbeiter stand während der gesamten Lesung provokativ mit verschränkten Armen unmittelbar neben dem Rednerpult und starrte uns Redner an. Die Aktion sollte wohl einschüchtern, wirkte jedoch eher lächerlich. Nach dem Ende unserer Lesung verlangte der Provokateur nach einem Mikrofon, welches wir ihm bereitwillig überließen – Redefreiheit für die verhinderten Zensoren! Der Provokateur lamentierte des langen und breiten darüber, daß ausgerechnet in »seiner Stadt« ein Völkermord geleugnet würde, obwohl ich während meines Vortrags überhaupt nicht auf die Genozid-Frage eingegangen war. Er verließ dann demonstrativ die Veranstaltung, bekam jedoch auf dem Weg nach draußen von Besuchern berechtigterweise ein paar Worte mit auf den Weg.

Als nächstes nutzte eine weitere Mitarbeiterin der GfbV die gewährte Redefreiheit: Frau Jasna Čaušević, die wohl eifrigste Propagandistin der GfbV in Sachen Bosnien und Srebrenica. Sie zog während einiger Minuten sämtliche Register der Srebrenica-Propaganda und leierte gebetsmühlenartig die altbekannten Lügenphrasen herunter, mit denen die Massenmedien und politischen Interessengruppen seit Jahren die Köpfe der Medienkonsumenten vergiften. Ich hörte mir diesen Verbalmüll geduldig an, holte dann jedoch zu einer längeren Antwort aus, worauf Frau Čaušević und ihr Anhang, ohne weitere Argumente ins Feld zu führen, die sie offenkundig nicht besaßen, die Veranstaltung verließen. So kann es einem ergehen, der sich mit vorsätzlichen Lügen an einer kritischen

Diskussion beteiligen will, deren Grundlage kein Mainstream und somit keine Massenverblödung ist.

Vor einigen Jahren erhielt ich Post von einem gewissen Kenan Kovačević aus Deutschland. Recherchen ergaben, daß er u.a. als Sekretär für das bosnische Konsulat in Frankfurt arbeitete. Er drohte mir offen damit, daß der bosnische Nachrichten- und Sicherheitsdienst SIPA, der von den USA finanziell unterstützt wird, mich bei der nächsten Einreise nach Bosnien verhaften würde. Sein Schreiben garnierte er mit zahlreichen Beleidigungen, die ich anschließend im Internet veröffentlichte. Auch einige bosnische Muslime aus Basel drohten mir über einige Bekannte unverhohlen körperliche Gewalt an, von den vielen Drohungen via Facebook und E-Mail ganz zu schweigen. Was für ein Lebensgefühl diese jahrelangen Verleumdungen, Beschimpfungen und Drohungen zur Folge haben, bedarf keiner weiteren Erläuterung.

Daß das Thema generell nicht ungefährlich ist, zeigt auch der bisher ungeklärte Tod des Co-Autors meines Buches ›Srebrenica – wie es wirklich war‹, Zoran Jovanović. Das erste ungute Gefühl hatte ich bereits, als Jovanović vor einigen Jahren als Entlastungszeuge während des Prozesses gegen den ehemaligen Präsidenten der bosnischen Serben, Radovan Karadžić, in Den Haag auftrat und das sogenannte Jugoslawien-Tribunal verärgerte. Jovanović, der den gesamten Krieg in der Region von Srebrenica verbrachte, widersprach der offiziellen Version der dortigen Ereignisse entschieden und brachte stichhaltige Gegenargumente und -fakten vor, was den Anklägern überhaupt nicht ins Konzept paßte.

Jovanović, der im bosnischen Städtchen Vlasenica lebte, war im Sommer 2013 in Serbien unterwegs, weil er von einer Kontaktperson zwei wichtige Videos erwerben sollte, welche die offizielle Srebrenica-Version zusätzlich widerlegen. In einem der Videos – Ausschnitte davon hatte ich zuvor bereits gesehen – sieht man als Mudschaheddin-Kämpfer gekleidete bosnisch-muslimische Soldaten aus Srebrenica, die 1994 einen

Kameramann durch Srebrenica führten und erklärten, daß sich Tausende von Kämpfern hier, in der angeblich entmilitarisierten UN-Schutzzone, unter Waffen befinden. Die gleichen Kämpfer erklärten grinsend, daß man alle Serben wie Hunde abschlachten sollte. Das zweite Video beinhaltete Aussagen holländischer Blauhelmsoldaten, die vor laufenden Kameras bestätigten, daß die Serben in Srebrenica keine Verbrechen verübt hatten.

Am 12. Juli 2013 rief mich Jovanović an und teilte mir mit, er habe die Videos erhalten. Er würde noch kurz einen Verwandten besuchen, bevor er sich am nächsten Tag auf den Rückweg nach Vlasenica machen würde. Am 13. Juli wurde ich darüber informiert, daß Jovanović nicht mehr lebte. Er soll sich während des Besuches bei seinem Verwandten plötzlich nicht so gut gefühlt und sich hingelegt haben. Am nächsten Morgen versuchte ihn ein Freund des Hauses erfolglos zu wecken und konnte nur noch seinen Tod feststellen. Danach folgte eine Reihe seltsamer Begebenheiten. So wurde z. B. keine Autopsie vorgenommen, obwohl das in Serbien üblich ist. Man muß an dieser Stelle freilich erwähnen, daß Serbien als unabhängiger Staat schon seit Jahren nicht mehr existiert und vollständig unter der Kuratel der USA steht. Es sollte demnach nicht verwundern, wenn gewisse Interessengruppen eine Autopsie der Leiche verhinderten. Nachdem etwas Zeit vergangen war, fragte ich bei der Familie von Jovanović nach, ob die beiden Videos bei ihm gefunden worden seien, was jedoch verneint wurde … Einige Wochen später nahm eine Person anonym über einen falschen Facebook-Account Kontakt zu mir auf und wollte mir die Videos verkaufen, was ich jedoch ablehnte. Aus ehemaligen Geheimdienstler-Kreisen wurde ich darüber informiert, daß der Tod von Zoran Jovanović die Handschrift einer klassischen Vergiftung trägt. Jovanović hielt sich damals über mehrere Tage in Serbien auf und hatte viele Leute getroffen. An Gelegenheiten, ihm etwas ins Essen oder Trinken zu mischen, hatte es sicherlich nicht gemangelt.

Der bislang folgenschwerste Anschlag gegen mich und meine publizistische Tätigkeit ereignete sich im Juni 2015. Die Vorgeschichte: Zu Anfang jenes Jahres kontaktierte mich der ehemalige französische Geheimdienstler Jugoslav ›Dominique‹ Petrušić, der während des Bosnienkrieges als Beobachter für den französischen Geheimdienst vor Ort war, wo er u.a. in Verhandlungen die Freilassung französischer Piloten erwirkte, die über Bosnien abgeschossen und von der serbischen Armee gefangengenommen worden waren. Später hielt er sich während des NATO-Bombardements im Kosovo auf (1999). Viele weitere Informationen über seine Tätigkeiten findet man im Internet.

Der Erstkontakt fand auf Initiative von Darko Trifunović statt, einem in Serbien bekannten Experten für Terrorismusfragen. Und so traf ich Herrn Petrušić zum ersten Mal im Winter 2015 in einem Hotel in Zürich. Während des Treffens erzählte er mir, daß er Teile meiner publizistischen Tätigkeiten kenne und befürworte. Als ehemaliger französischer Geheimdienstler könne er bestätigen, daß zwischen der Berichterstattung der westlichen Massenmedien über die Kriege im ehemaligen Jugoslawien und den tatsächlichen Abläufen eine enorme Diskrepanz bestehe. Er bestätigte auch uneingeschränkt meine Enthüllungen im Zusammenhang mit den Ereignissen in Srebrenica, die aufzeigen, daß die offizielle Version der damaligen Ereignisse in eklatantem Widerspruch zur Faktenlage steht.

Petrušić erklärte mir weiter, daß er Zugriff auf Zehntausende geheimer Dokumente habe, welche die Hintergründe der jugoslawischen Kriege, speziell jedoch über Srebrenica, erhellen. Er bot an, mir diese Dokumente während eines zweiten Treffens von seinem Anwalt aushändigen zu lassen, warnte mich jedoch zugleich davor, daß mir die Entgegennahme der Dokumente künftig Probleme bereiten könnte. Auch er habe seit dem Ende seiner Zugehörigkeit zum französischen Geheimdienst, als er sich als eine Art Whistleblower betätigte und geheime Informationen der Öffentlichkeit zugänglich machte, massive

Probleme gehabt. So sei er massiv bedroht und mehrfach verhaftet worden, während gleichzeitig alle seine Konten blockiert wurden usw. Ich solle es mir also sehr gut überlegen, ob ich mich solchen Risiken aussetzen wolle. Meine Neugier obsiegte jedoch, und ich willigte ein, die Dokumente entgegenzunehmen, nicht zuletzt auch deswegen, weil mir der tschechische Regisseur Vaclav Dvoržak zwischenzeitlich angeboten hatte, einen Dokumentarfilm über Srebrenica zu drehen, wozu sich die Verwendung weiterer Dokumente bestens geeignet hätte.

Und so traf ich kurze Zeit später auf dem Stuttgarter Bahnhof Petrušićs Anwalt, der mir mehrere Disketten mit Abertausenden von Dokumenten übergab. Bei der anschließenden Auswertung der Disketten stellte ich fest, daß sie Dokumente der bosnisch-muslimischen Armee, des Jugoslawientribunals in Den Haag, der UNO, des US-amerikanischen Militärs und weitere Dokumente brisanten Ursprungs enthielten.

Ich informierte Vaclav Dvoržak, daß uns nun noch mehr Material für den Dokumentarfilm zur Verfügung stehe. Auch besuchte mich Jugoslav Petrušić mehrere Male in Basel, um mit mir das weitere Vorgehen zu besprechen. Er wies jedoch immer wieder darauf hin, daß ich ab jetzt mit Sicherheit von den Schweizer Behörden überwacht würde, weil auch er regelmäßig unter Beobachtung stand. Er wies auf die globale Vernetzung diverser Geheimdienste, politischer Institutionen und weiterer einflußreicher Interessengruppen hin, wobei er auch das sogenannte Jugoslawientribunal in Den Haag erwähnte.

Ich dachte zunächst, daß Petrušić womöglich ein wenig übertrieb, obwohl ja gerade meine eigene Vergangenheit aufzeigte, daß ich wegen meiner publizistischen Enthüllungen tatsächlich schon einige äußerst unangenehme Erfahrungen hatte machen müssen. Und plötzlich fiel meinen Freunden und Bekannten auf, daß sich in meinem Umfeld unversehens seltsame Gestalten tummelten. Ob in Cafés, Restaurants oder während anderer Anlässe und Gelegenheiten, schlagartig wurde fast mein gesamtes Umfeld das Gefühl nicht los, daß wir beobachtet wurden. Petrušić selber identifizierte während eines Abendessens in Basel einen Mann und eine Frau, die sich im Restaurant genau gegenüber von uns hingesetzt hatten und uns den gesamten Abend über beobachteten. »Unsere Freunde vom Geheimdienst«, meinte Petrušić lakonisch. Es wurde jedenfalls immer offensichtlicher, daß sich etwas zusammenbraute.

Und so kam es. Am 16. Juli 2015 stürmte eine vielköpfige maskierte Spezialeinheit der Basler Polizei mein Haus. Ich hielt mich zu diesem Zeitpunkt, es war ca. 11 Uhr vormittags, gerade im Garten meiner Liegenschaft auf, als ich die Hausglokke klingeln hörte. Ich ging zur Kellertüre und wollte durchs Kellergeschoß zur Eingangstüre gehen, als ich plötzlich einen enormen Lärm vernahm. Die Haustüre wurde unter großem Getöse mit irgendeinem Gerät aufgebrochen, was nicht einfach ist, da es sich um eine alte massive Türe aus dem Jahr 1903 handelt. Ich hörte, wie eine Horde laut schreiender Männer die Liegenschaft stürmte, ganz so, als ob es um eine Geiselbefreiungsaktion ginge. Ich trat reflexartig zurück, in den Garten, als plötzlich maskierte Mitglieder einer bewaffneten Spezialeinheit durch die Türe an der Hinterseite der Liegenschaft in den Garten stürmten. Einer schrie mich an *»Auf den Boden!«* und schlug mir auf den Hinterkopf, so daß ich tatsächlich zu Boden stürzte. Anschließend fesselte man mich an Händen und Füßen, stellte mich wieder auf die Füße und legte mir zusätzlich noch eine Augenbinde an. Dann drängte man mich ins Haus, da sich draußen offenbar bereits Schaulustige versammelten.

Man schleppte mich also in meine eigene Wohnung und setzte mich gefesselt auf ein Sofa, während zugleich die Hausdurchsuchung begann. Es wimmelte plötzlich von mir unbekannten Leuten, die sich durch die gesamte Wohnung wühlten und alles umkrempelten. Das gesamte Haus wurde durchsucht. Sie drangen auch in alle Wohnungen der anderen Hausbewohner, meiner Mieter, ein. Einen Stock über mir wurde auch ein 58jähriger Bewohner samt seiner Freundin verhaftet – zum

Glück waren die beiden anderen Hausbewohner nicht da. Während des Überfalls beschädigten die Eindringlinge nicht nur die alte Haustüre, sondern demolierten auch die zweite Türe im Gang, deren Scheibe sie ohne Not einschlugen. In meiner Wohnung beschädigten sie außerdem eine alte indische Kommode, an der mir sehr viel liegt – und das ohne jeden ersichtlichen Grund. Ich war erst kurz vor dem Überfall nach Hause gekommen. Die Polizei hätte mich ohne weiteres vor der Haustür anhalten können und mir einen Durchsuchungsbefehl präsentieren müssen, wie es in einem Rechtsstaat guter Brauch ist. Aber hat sich was mit Rechtsstaat. Das brutale Eindringen, die Beschädigungen der Türen und des Mobiliars erfolgten absichtlich zur Einschüchterung und Demütigung.

Sie beschlagnahmten meinen Arbeitscomputer, den ich ausschließlich für meine publizistische Tätigkeit verwende und auf dem zahlreiche Dokumente gespeichert sind. Zudem wurden zwei externe Festplatten konfisziert, auf denen sich Tausende von Dokumenten befinden, die im Zusammenhang mit den Kriegen in Ex-Jugoslawien stehen (es handelt sich um die erwähnten Dokumente, die ich von Jugoslav Petrušić erhalten hatte). Beschlagnahmt wurden auch Dokumente ohne jeden politischen Kontext (z. B. der Kaufvertrag meines Hauses). Schließlich wurde auch der gesamte Bargeldbestand beschlagnahmt, der sich in meiner Wohnung befand: insgesamt fast 20 000 Schweizer Franken, die aus den Mieteinnahmen vom Januar bis zum Juni 2015 stammten. Mit einem Teil des Geldes wollte ich die Hypotheken und Nebenkosten begleichen. Es wurde auch Geld geraubt, das von einer Kontoauflösung meiner verstorbenen Eltern und aus einem Hausverkauf in Serbien stammte, oder, besser gesagt, der Rest von dieser Summe, da ich während vieler Jahre die Recherchen zu meinen Büchern selbst bezahlt habe. Die Herkunft des Geldes läßt sich einwandfrei und lückenlos belegen.

Ich wurde gefesselt in einen Polizeibus verfrachtet und in einen engen Metallkäfig gesperrt. Nach einer vielleicht zehnminütigen Fahrt realisierte ich, daß wir im Basler Untersuchungsgefängnis Waaghof angekommen waren. Dort brachte man mich in einen Raum zur »erkennungsdienstlichen Behandlung«, wo ich mir zuerst die Fingerabdrücke abnehmen lassen mußte, gefolgt von einem Speichelabstrich zwecks Registrierung meiner DNA. Zum Schluß wurde ich photographiert und anschließend in die Zelle gebracht, wozu wir ein Labyrinth von Gängen durchquerten.

Die Zelle war etwa 12 Quadratmeter groß. Drinnen herrschte eine beträchtliche Hitze, da unlängst ein neues Fenstersystem eingebaut worden war, das eine ausreichende Luftzufuhr fast vollständig unterband. Ich erfuhr am nächsten Tag, daß ich auf der geschlossenen Station gelandet war, was bedeutet, daß man ungefähr 23 Stunden am Tag in der Zelle eingesperrt ist. Es gibt einen Hofgang von 60 Minuten täglich. Dieser Hof ist von Mauern umgeben und oben mit einem Metallgitter verschlossen. Es kam immer wieder vor, daß man während des Hofgangs zu den Verhören einbestellt wurde oder gerade ein Anwalt zu Besuch war, so daß der Hofgang teilweise auch entfiel. Ich fragte einen der Wärter nach einigen Kleidern zum Wechseln, erhielt jedoch zur Antwort, daß es keine gäbe. Zum Glück gab mir ein Mitgefangener nach einiger Zeit einen Teil seiner Kleider, sonst wäre ich komplett versifft.

Nach drei Tagen wurde ich aus der Zelle geholt und erneut an Händen und Füßen gefesselt. Man brachte mich wieder in einen Polizeibus und sperrte mich darin in den Käfig, als wäre ich ein wildes Tier oder ein gemeingefährlicher Gewaltverbrecher. Dann wurde ich zu einem anderen Gebäude in Basel gefahren, wo man mich dem Haftrichter vorführte. Kurz davor erhielt ich von der Staatsanwaltschaft einen Pflichtverteidiger zugeteilt. Man muß sich das vor Augen führen: Ausgerechnet die Staatsanwaltschaft entscheidet, wer einen Inhaftierten zu verteidigen hat, was in der Realität bedeutet, daß man einem solchen »Verteidiger« in keiner Weise vertrauen kann. Und tatsächlich bekam ich als erstes von der Anwältin zu hören: »*Hm, das schaut gar nicht gut aus, Sie werden wohl längere Zeit hierbleiben müssen.«* Der Hammer jedoch war, als mir die Anwältin folgenden Rat gab: *»Bringen Sie sich einfach nicht um.«* Das sind wahrlich tief humane Ratschläge von einer Rechtsperson, die vorgibt, die Interessen eines zu Unrecht Verhafteten zu vertreten.

Der Haftrichter – es handelte sich um einen gewissen Lucius Hagemann – erklärte mir sodann, ich sei wegen des Verdachts auf Verstoß gegen das Betäubungsmittelgesetz inhaftiert, und bestätigte die drei Monate Untersuchungshaft, welche der Staatsanwalt Dr. Thomas Homberger zuvor über mich verhängt hatte. Der Anklageschrift konnte ich entnehmen, daß mir vorgeworfen wurde, ich hätte innerhalb von etwa fünf Monaten mehrere Kilo Hanf entgegengenommen und weiterverkauft. Zudem sei ich der Chef einer organisierten Bande im Rauschgiftgeschäft. Danach brachte man mich wieder ins Untersuchungsgefängnis auf die geschlossene Station in meine Zelle.

Während der mehrmonatigen Untersuchungshaft, die schlußendlich noch um einen weiteren Monat verlängert wurde, griffen die Kommissare der Basler Staatsanwaltschaft – es handelt sich um die Kommissare Roppel, Wilhelm und Altenbach – meine publizistische Tätigkeit an, als ob diese ein Straftatbestand wäre. Ich wurde stundenlang über meinen Kontakt zu Jugoslav Petrušić verhört. Es wurden mir auch Dokumente vorgelegt, die ich von Petrušić erhalten hatte. Man wollte zudem wissen, wovon die Dokumente genau handelten und von wem Petrušić sie besorgt hatte. Man spielte mir ebenfalls ein Telefongespräch zwischen mir und Petrušić vor, das ich kommentieren sollte. Mir wurde rasch klar, daß ich ein politischer Gefangener war. Offenbar hatten die Basler Justizbehörden von irgendeiner Instanz den Auftrag erhalten, mich mundtot zu machen. Das sollte sich später bestätigen.

Parallel zu den Verhören über meine publizistische Tätigkeit und meine Kontakte zu Jugoslav Petrušić erhöhte die Basler Staatsanwaltschaft fast im wöchentlichen Rhythmus die

Menge an Hanf, die ich laut den Vorwürfen eben dieser Staatsanwaltschaft entgegengenommen haben soll. War in der ersten Woche noch von mehreren Kilo die Rede, so steigerte sich die Zahl kontinuierlich zu immer absurderen Mengen. Aus mehreren Kilo wurden zehn, aus zehn wurden fünfzig, aus fünfzig wurden hundert, aus hundert wurden zweihundert, aus zweihundert wurden zweihundertunddreißig…

Interessant ist auch, daß bei diesen Terror-Verhören, in deren Verlauf ich regelmäßig erpreßt, beleidigt und bedroht wurde, fast nie mein Anwalt zugegen war, angeblich aus »Zeitmangel«. Es handelt sich übrigens um Dr. Stefan Suter aus Basel, der von sich selbst behauptet, einer der renommiertesten Anwälte Basels zu sein, und den ich auf eine Empfehlung hin engagiert hatte.

Ich realisierte schnell, daß ich in der Untersuchungshaft nicht die geringste Chance besaß, daß ich mich faktisch in einem rechtsfreien Raum aufhielt und eine Sonderbehandlung »genoß«, deren Hintergrund nichts anderes als ein politischer Auftrag sein konnte. Die auch mir zustehenden Bürger- und Menschenrechte wurden auf alle möglichen Arten regelmäßig gebrochen. So mußte ich während der ersten zwei Monate auf der geschlossenen Abteilung ausharren, was völlig unüblich ist, da sogar Schwerkriminelle in der Regel nach ungefähr zwei Wochen in die offene Abteilung verlegt werden. Eine ärztliche Visite wurde mir vom Haftrichter Lucius Hagemann verwehrt. Briefe von mir und an mich wurden teilweise abgefangen und nicht weitergeleitet. Es wurde mir das Recht verweigert, meine finanziellen Angelegenheiten zu regeln, obwohl es im Gefängnis eigens einen Sozialdienst gab, der dafür zuständig ist. Kommissar Roppel log mir ins Gesicht, daß es keine Möglichkeit gäbe, diese Angelegenheiten zu regeln, bis ich erst nach etwa zwei Monaten von einem Mitgefangenen erfuhr, daß es den besagten Sozialdienst gibt.

Der gleiche Kommissar behauptete lügenhaft gegenüber verschiedenen meiner Bekannten, daß ich keinen Besuch wünschte, obwohl ich dergleichen nie gesagt hatte. Herr Roppel log per Fax auch eine deutsche Menschenrechtsaktivistin und eine deutsche Anwältin an, daß es mir in der Haft gut ginge, obwohl natürlich das Gegenteil der Fall war. Später übernahmen die Kommissare Wilhelm und Altenbach die gleichen Terrormethoden. Auch sie logen meine Bekannten an und verweigerten gar dem Schweizer Anwalt Edmund Schönenberger, der in den Medien von meinem Fall gehört hatte, einen Besuch bei mir, worauf dieser, ein grundbürgerlicher Jurist, dem verantwortlichen Staatsanwalt Thomas Homberger in einem Brief die Anwendung faschistischer Methoden vorwarf.

Später erfuhr ich von mehreren meiner Freunde und Bekannten, daß die Staatsanwaltschaft sie zum »Gespräch« vorgeladen hatte. Dabei versuchten Mitarbeiter der Staatsanwaltschaft, einige meiner Bekannten unter Androhung von Konsequenzen dazu zu zwingen, mich als Chef einer organisierten Bande darzustellen. Glücklicherweise ging niemand auf diese Drohungen und Erpressungen ein.

Eine leichte Veränderung in dem äußerst aggressiven Verhalten der Staatsanwaltschaft war erst festzustellen, nachdem der Ahriman-Verlag die Öffentlichkeit dazu aufrief, bei der Staatsanwaltschaft Basel-Stadt per Postkarte oder Brief gegen meine Mißhandlung zu protestieren. Infolgedessen erreichte eine Vielzahl von Protestbriefen aus insgesamt 45 Ländern weltweit die Staatsanwaltschaft Basel, die allesamt übersetzt, kopiert und mir ausgehändigt werden mußten, was bei den Ermittlern der Staatsanwaltschaft für eine nicht zu übersehende Nervosität sorgte. Wäre das nicht geschehen, so hätte man mich auch nach vier Monaten Untersuchungshaft mit Sicherheit nicht aus der Haft entlassen. Staatsanwalt Markus Hofer, der meinen Fall von Staatsanwalt Thomas Homberger übernommen hatte, beantragte zunächst sogar, daß ich noch weiter in Untersuchungshaft gehalten werden solle.

Nach meiner durch öffentliche Solidarität erzwungenen Entlassung aus der Untersuchungshaft, die ich ausschließlich der Initiative des Ahriman-Verlags und zahlreicher politischer Aktivisten weltweit verdanke, erfuhr ich schließlich, wer hinter der politischen Verfolgung meiner Person steht. Die Absicht dieses Strippenziehers hatte darin bestanden, mich existenziell zu vernichten und politisch mundtot zu machen. Eines Tages kontaktierte mich ein Basler Coiffeur, der mich um ein Gespräch bat. Er habe wichtige Informationen für mich, die er mir nicht länger vorenthalten könne.

Der Coiffeur zeigte mir ein Bild mit zwei Männern und fragte mich, ob ich die Herren kenne. Ich konnte darauf lediglich Staatsanwalt Thomas Homberger erkennen, der mir das Leben während meiner Untersuchungshaft so schwergemacht hatte; den anderen Mann kannte ich nicht. Er erklärte mir, daß es sich bei dem zweiten Herrn um Beat Voser handelte. Besagter Voser war nicht nur der Chef von Thomas Homberger, sondern auch Chef der Kriminalpolizei Basel-Stadt und leitender Staatsanwalt. Ob ich denn wüßte, so fragte mich der Coiffeur weiter, daß die Ehefrau von Beat Voser den Vornamen Mirsada trägt. Ich wußte zwar nicht, daß dessen Gattin Mirsada heißt, da ich davor ja nicht einmal ihn selbst kannte, jedoch wurde mir augenblicklich klar, daß es sich um einen bosnisch-muslimischen weiblichen Vornamen handelt. Bereits an dieser Stelle begann es mir zu dämmern, worauf die ganze Geschichte hinauslaufen würde.

Der Coiffeur forderte mich auf, den Namen Mirsada Voser bei Google einzutippen, was ich auch tat. Auf der Seite ›moneyhouse.ch‹ konnte ich in Erfahrung bringen, daß Mirsada Voser im Vorstand der »Islamischen Gemeinschaft Bosniens« (mit Sitz in Basel) tätig war. Weitere Recherchen ergaben Verbindungen dieser islamischen Gemeinschaft mit extremistischen islamischen Gruppierungen (siehe hierzu den Artikel von Rebecca Wyss, In Basel macht sich eine aktive Islamistenszene breit, deren Köpfe Schritt für Schritt ins Visier der Behörden gelangen. Ein Einblick, ›Basellandschaftliche Zeitung‹ vom 21.9.2016).

Interessant also, daß die Frau des Leitenden Basler Staatsanwalts und Chefs der Kriminalpolizei in der Islamistenszene tätig war, worüber in der Schweizer Presse bislang niemand berichtet hatte. Interessant auch, was mir der Coiffeur als nächstes zu erzählen hatte: Frau Voser besuchte den Coiffeur offensichtlich von Zeit zu Zeit in seinem Geschäft, um sich von ihm die Haare schneiden und die Frisur richten zu lassen. Dabei habe sie bei einer Gelegenheit, nachdem sie zum Coiffeur bereits Vertrauen gefaßt hatte, ihrer Abneigung gegenüber den Serben Ausdruck verliehen. Sie sei stolz darauf, daß sie über ihren Mann bereits Serben fertigmachen konnte, wobei sie auch einen gewissen Alexander Dorin erwähnte…

Die Geschichte wunderte mich nicht wirklich, da ich mir von Anfang an sicher war, daß jemand von der Basler Staatsanwaltschaft hinter meiner politischen Verfolgung steht. Das wurde mir nicht nur von Jugoslav Petrušić bestätigt, sondern darüber hinaus auch von Nenad Brezo, einem ehemaligen jugoslawischen Geheimdienstler. Laut Aussagen von Petrušić und Brezo sei die Basler Staatsanwaltschaft nicht das initiative, sondern lediglich ausführendes Organ gewesen; dahinter stünden andere Kreise, nicht zuletzt Personen aus dem Dunstkreis des sogenannten Jugoslawientribunals in Den Haag. Offensichtlich war ich mit meinen Enthüllungen einigen mächtigen und einflußreichen Kreisen auf die Füße getreten.

Bezeichnend ist ferner, daß die Schweizer Behörden während ihrer politischen Verfolgung meiner publizistischen Tätigkeit auch gegen andere Personen vorgingen. So wurde am 31. Mai 2016 vom kantonalen Strafrichter in Bellinzona der Politiker Donatello Poggi zu einer bedingten Geldstrafe von 5850 Franken und einer Buße von 1100 Franken verurteilt. Der Grund: Poggi hatte in der Tessiner Zeitung ›Corriere del Ticino‹ vom 23.11.2012 (›Srebrenica, come sono andate le cose‹) eine positive Rezension meines Buches ›Srebrenica – wie es wirklich war‹ veröffentlicht…

Was meine Verfolgung durch die Schweizer Behörden anbelangt, so herrscht momentan – ich schreibe diese Zeilen im August 2017 – noch Ruhe. Die von meiner Mutter geerbte Liegenschaft bleibt beschlagnahmt, ich kann also noch immer nicht darüber verfügen, während die von der Staatsanwaltschaft entwendeten Gelder noch immer nicht an mich zurückerstattet worden sind. Das steht noch aus – und zwar mit Zins, meine Herrschaften! Eine Anklageschrift wurde mir bisher ebenfalls noch nicht zugestellt, während auch sonst die Mühlen der Justiz nicht klappern, sondern klemmen. Die Kündigung der Hypothek meines Hauses konnte ich nur knapp abwenden, nachdem die Staatsanwaltschaft bei der Hypothekengeberin gestänkert und dreckige Wäsche gewaschen hatte. Es ist offensichtlich, daß die Staatsanwaltschaft längerfristig die völlige Zerstörung meiner materiellen Existenz anvisiert.

Abschließend bleiben folgende Fragen offen: Weshalb wird bis heute über das Ausmaß des an den Serben verübten katholischen Genozids weiterhin eisern geschwiegen? Weshalb werden in der »neutralen« Schweiz Publizisten dermaßen brutal verfolgt, die nichts weiteres getan haben, als brisante Informationen über die Kriege im ehemaligen Jugoslawien zu veröffentlichen, die von den Massenmedien unterdrückt werden? Ist es plötzlich wieder ein Verbrechen, vom Recht der Meinungs- und vor allem Informationsfreiheit Gebrauch zu machen?

Alojzije Stepinac – ein blutiger Heiliger

Das südbadische Freiburg ist ein sonniges Städtchen, und seine Bewohner haben, sofern sie das »offizielle« Freiburg repräsentieren, ein sonniges Gemüt. Man gibt sich kosmopolitisch und liberal, sitzt gerne auf Hocks, läßt den Erzbischof einen guten Mann sein und wählt die Staatsparteien mit einer Zustimmungsrate, wie man sie nur vom verblichenen »Ostblock« kennt. Als erste Großstadt Deutschlands wählte man ein grünes Stadtoberhaupt, und das Lokalblatt kokettiert mit dem Titel *Green City*. Die Einwohner bezahlen ihr Votum indessen mit Verelendung und Verwahrlosung. Die bei Touristen beliebte Innenstadt ist vermüllt, die Rattenplage grassiert, und die ums Münster gelegenen Gäßchen stinken nach Urin. Die Bettlerdichte übersteigt jene von Kairo – man überzeuge sich einfach selbst – und gestaltet den Stadtbummel zu einem ätzenden Hindernislauf. Die letzten Grünflächen werden zubetoniert und mit pappschachtelartigen Gebäuden, Zeugnissen eines architektonischen Kretinismus, vollgestellt. Das nennt sich »Nachverdichtung«, wahlweise »sozialer Wohnungsbau«, wobei das »Soziale« darin besteht, daß sich die Nachbarn in ihre Wohnungen und auf die Balkone schauen können. Wo vor kurzem noch Kinder spielten, führt die »grüne Stadt« nun einen Krieg gegen den letzten Grashalm. Vor allem aber ist die bei Touristen beliebte Stadt im Dreiländereck eine Hochburg der Kriminalität, insbesondere seit dem Zustrom falscher Flüchtlinge Ende 2015. Die Vergewaltigung und Ermordung der Studentin Maria Ladenburger durch einen solchen Scheinflüchtling aus Afghanistan, der zuvor bereits in Griechenland ein schweres Verbrechen begangen hatte und seit fünf Jahren vorgibt, siebzehn Jahre alt zu sein, ist nur die sprichwörtliche Spitze des Eisbergs.

Im Herzen der Stadt, gleich hinter dem Hauptbahnhof, liegt der Stadtteil Stühlinger, ein Spiegel im kleinen. Die Wohnlage ist begehrt; hier leben Studienräte und Studenten, Gewerbetreibende und Kleinhändler, Ärzte und Apotheker, und es gibt türkische Schneidereien neben orientalischen Lebensmittelgeschäften. Ein ehemals idyllischer Park trennt den Bezirk in zwei annähernd symmetrische Teile. Auf der Liegewiese sonnen sich bei schönem Wetter zwar immer noch Leute, aber seit einigen Jahren wird das Bild zunehmend von Arbeits- und Obdachlosen bestimmt. Seit der Schwemme falscher Flüchtlinge haben hier jedoch die sogenannten »unbegleiteten minderjährigen Flüchtlinge« die Regie übernommen, zuerst Maghrebiner aus den Ländern des arabischen Frühlings (Pollenallergiker?), dann aus Schwarzafrika als die dringend benötigten »Fachkräfte« für den lokalen Drogenhandel. Nachts ist aus dem Park eine *no go area* geworden, den selbst erwachsene kräftige Männer nicht mehr ohne weiteres zu durchqueren wagen. Hier häufen sich nun schon seit Jahren die sexuellen Übergriffe gegen Frauen, die Raubüberfälle und schweren Körperverletzungen, ohne daß die zuständigen Behörden – es gibt zwei Polizeistationen in unmittelbarer Nähe des Parks – etwas unternähmen. Während in der Bevölkerung Unzufriedenheit aufkommt und sich Unmut regt, warnt das örtliche Monopolblatt vor »Rassismus«. Die Stadtspitze, die diesen Zustand absichtlich herbeigeführt hat – so hält man »das Volk« auf Trab –, übt sich im Wegschauen und Beschwichtigen; schließlich ist man »liberal« in der Stadt der Mülltrenner und Radfahrer, insbesondere gegenüber Straftätern »mit Migrationshintergrund«. Und so stört es auch nicht weiter, daß in dem auf dem Stühlinger Kirchplatz gelegenen Gotteshaus, der Herz-Jesu-Kirche, einem der größten Verbrecher des 20. Jahrhunderts die Ehre erwiesen wird: dem kroatischen Kardinal Alojzije Stepinac. Ein Megakrimineller im kriminellen Umfeld – das ist doch ein stimmiges Ambiente. Er paßt in die Stadt der

»grünen Verelendung«, in welcher der Erzbischof bestimmen kann, ob und wie lange an hohen christlichen Feiertagen getanzt werden darf. Und er paßt in den Staat der »grün-roten« Kriegsverbrechen auf dem Balkan. Dem Initiator und Apologeten eines der drei großen Völkermordverbrechen des 20. Jahrhunderts – dem Genozid der klerikalfaschistischen kroatischen Ustascha an den Serben – wird hier mit einer Büste in seiner Eigenschaft als »Seliger« und »Märtyrer« gedacht.

Beruflich könnte sich der zum Kardinal beförderte Faschistenbischof posthum sogar noch verbessern, denn seine Heiligsprechung ist im Gang.

Im Juni 2016 wurde im Europaparlament (!) in Brüssel auf Initiative der Diözese Zagreb und der dortigen katholischen Universität eine Ausstellung zu Stepinac eröffnet, mit der die

Heiligsprechung des klerikalen Verbrechers auf die Ziellinie gebracht wird. Papst Franziskus ließ gegenüber kroatischen Staatsgästen in Rom bereits durchblicken, daß er »keinen Zweifel« an der Heiligkeit von Stepinac hege.

Als der 1898 geborene Bauernsohn, das fünfte von acht Kindern, im Alter von 37 Jahren, erst fünf Jahre nach seiner Priesterweihe, die Nachfolge des Zagreber Erzbischofs Antun Bauer antrat, war Stepinac der seinerzeit jüngste Erzbischof der Welt. In enger Absprache mit dem Vatikan fädelte er, seit 1937 Vorsitzender der kroatischen Bischofskonferenz, die Machtübernahme durch die Ustascha ein. Zweieinhalb Wochen nach der Ausrufung des »Unabhängigen Staates Kroatien« verkündete Stepinac in seinem Hirtenbrief am 28. April 1941:

> Das sind Ereignisse, die unser Volk dem lange erträumten und ersehnten Ideal näherbrachten. Das sind Augenblicke, in denen nicht mehr die Zunge spricht, sondern das Blut in seiner geheimnisvollen Verbundenheit mit der Erde […]. Und wer kann es uns verübeln, wenn auch wir unseren Teil als geistliche Hirten zur Freude und Begeisterung des Volkes beitragen, wenn wir uns voll tiefer Rührung und warmer Dankbarkeit an die göttliche Majestät wenden. Denn so verworren auch die heutigen schicksalhaften Ereignisse sein mögen, […] so kann man dennoch das Wirken der göttlichen Hand erkennen.

Man kennt solche Töne, insbesondere die »geheimnisvolle Verbundenheit des Blutes mit dem Boden« (oder vielmehr der »Erde«) aus den gleichlautenden Hirtenbriefen des deutschen Episkopats nach dem Machtantritt Hitlers. Stepinac, der 1942 vom Papst zum ranghöchsten Militärvikar der Ustascha erhoben wurde, fährt in seiner Jubelarie u. a. wie folgt fort:

> Wir müssen überall darauf aufmerksam machen und lehren, daß der heilige Enthusiasmus und die edle Begeisterung beim Aufbau der Fundamente des jungen Staates Kroatien von Gottesfurcht und Liebe für das Gesetz Gottes und seiner Gebote inspiriert sein müssen, weil nur auf dem Gesetz Gottes und nicht

auf den verlogenen Prinzipien dieser Welt der kroatische Staat auf festem Fundament wird aufgebaut werden können. Leistet deswegen meinem Aufruf bereitwillig Folge, am erhabenen Werk der Bewahrung und Beförderung des Unabhängigen Staates Kroatien teilzunehmen.

Und so geschah es – bis 1945, vom Erzbischof bis hinab zum Dorfpaffen und zu den Foltermönchen in den Konzentrationslagern. Ein deutscher Amtsbruder von Stepinac befand in einem ähnlichen Begeisterungsrausch, man müsse den Nationalsozialismus »positiv bejahen«, weil doppelt genäht nun einmal besser hält. Stepinac beschließt den Brief an seine »ehrwürdigen Brüder« mit den Worten:

> In diesem Zusammenhang bestimme ich, daß am Sonntag, dem 4. Mai dieses Jahres, in allen Pfarrkirchen ein heiliges Te Deum abgehalten wird.

Das Schlachten konnte beginnen.

Der Papst war über sämtliche von den Ustaschen begangenen Greuel an Juden und Serben genauestens im Bilde; ihm lagen unter anderem 8000 Photos von den verübten Massakern vor (man müßte wirklich mal im atombombensicheren Vatikanarchiv ein wenig stöbern...). Für den steten Informationsfluß an den Vatikan sorgten der Ustascha-Bevollmächtigte ebendort, ein gewisser Rušinović, und der päpstliche Sonderbeauftragte für Kroatien, der fette Legat Ramiro Marcone, der auf zahlreichen offiziellen Ereignissen mit dem *Poglavnik* Pavelić gemeinsam auftrat. Bei der Ankunft des päpstlichen Legaten vertraute Stepinac seinem Tagebuch an: »Damit hat der Heilige Stuhl den Unabhängigen Staat Kroatien de facto anerkannt.« Man schrieb den 3. August 1941. Die Schlachtfeste und Zwangsbekehrungen liefen bereits auf Hochtouren.

A propos Zwangsbekehrungen, die meist mit scheußlichen Mißhandlungen einhergingen: Der Vatikan war darüber natürlich ebenfalls im Bilde, und seine Kardinäle hatten ihnen in freudiger Erregung entgegengeblickt. Einer dieser hochgestimmten Kirchenfürsten im Vatikan war der Kardinal

Maglione, mit dem der Ustascha-Beauftragte Rušinović enge Kontakte unterhielt. Über eines dieser Gespräche verfaßte er einen Bericht für die Regierung in Zagreb, in dem er auch die diesbezüglichen Aktivitäten von Stepinac erwähnte:

> Wir kamen auf die Frage der Bekehrten zu sprechen, von welchen die feindliche Propaganda behauptet, daß sie nur unter schweren Pressionen der Regierung ihren Glauben aufgaben und zum katholischen übertraten, um ihr nacktes Überleben zu retten. Es schien, als ob ihn das von allem am meisten interessiere. Ich betonte sofort, daß es sich hier nicht eigentlich um Bekehrte handele, sondern um Rückkehrer [...]. Hinsichtlich der Rückkehrer betonte ich, daß die kroatische Regierung sie der Kirche überlasse und daß die Kirche darin völlig frei sei. Dies hatte mir auch seine Eminenz Stepinac vor meiner Abreise nach Rom bestätigt, indem er äußerte, daß er bis zu 400 000 Orthodoxe hätte bekehren können, aber erst 100 000 bekehrt habe, weil er sie nicht ohne gründliche Vorbereitung aufnehmen wolle. Das orthodoxe Element sei so zurückgeblieben, daß es nicht einmal um die wesentlichen Grundsätze des heiligen Glaubens wisse.

Stepinac – die wichtigste Stütze der Ustaschen; Stepinac – der Organisator der Zwangskonversionen; Stepinac – der Stichwortgeber der Pogrome; Stepinac – der Chef der priesterlichen Folterer und Mörder in Jasenovac und den anderen Konzentrationslagern. Selbstverständlich agierte Stepinac in enger Absprache mit dem Vatikan, wo er sich im Frühjahr 1942 zwölf Tage lang aufhielt. Dort habe er, wie Rušinović hervorhebt,

> wie ein Löwe gegen alle möglichen Feinde unseres Staates gekämpft.

Und weiter heißt es in dessen Schreiben an den Ustascha-Außenminister Mladen Lorković, der sich übrigens in Berlin zum Thema »Kroatisches Volk und Land« promoviert hatte:

> Er – Stepinac – überreichte dem Heiligen Vater einen Bericht von neun maschinengeschriebenen Seiten. Zum großen Teil

> hatte er ihn mir vorher gezeigt, und ich kann Dir versichern, daß er von unserem Standpunkt aus gesehen absolut positiv ist. Er hatte Material gefunden, von welchem ich gar nichts wußte [...].
>
> Er sagt, daß er bezüglich des Schicksals des kroatischen Volkes und seines Staates zuversichtlicher denn je sei, weil die Führung und das Volk den Willen und den Sinn zeigten, das zu bewahren, was wir erreicht haben. [...] Man könne und dürfe nicht zulassen, daß irgend jemand den NDH angreift und das kroatische Volk mit Schmutz bewirft.
>
> Deshalb sei er nach Rom gekommen, um die Lügen zu bekämpfen, die dem Heiligen Stuhl aufgetischt würden. Nachdem er Bericht erstattet hatte, wurde er vom Heiligen Vater empfangen und unterhielt sich eine Stunde lang mit ihm. Danach besuchte er Maglione sowie einige andere Kardinäle und vatikanische Würdenträger. Er besprach verschiedene – besonders die Orthodoxen betreffende – Fragen. Er wird den Poglavnik über alles informieren...

In Westdeutschland wurden bis vor kurzem wie zum Hohn – weil die biologische Uhr für die Täter wie die Opfer abgelaufen war – ein paar über Neunzigjährige vor den Kadi gezerrt, weil sie einst in der fünften Reihe der Nazis aktiv gewesen waren. Jahrzehntelang hatten hingegen Altnazis der ersten Stunde dieses Land mit dem Segen der USA regiert, ohne daß irgend etwas passiert wäre. Wie aber hätte man in einem demokratischen Staat, der diesen Namen verdient, mit einem hochrangigen Kollaborateur eines faschistischen Regimes wie Stepinac (und seinesgleichen) verfahren müssen, die ihrerseits an Megaverbrechen initiativ beteiligt waren und an deren Händen das Blut von Hunderttausenden klebte?

Diese Frage stellte sich auch für den jugoslawischen Staat nach dem Sieg von Titos Partisanen. Während führende Ustascha-Funktionäre, derer man habhaft werden konnte, zügig hingerichtet wurden, passierte im Fall von Stepinac zunächst einmal – gar nichts. Durch diese Laschheit ermutigt, nahm Stepinac Kontakt zu versprengten, im Untergrund tätigen Ustascha-Kämpfern auf und stellte ihnen sein bischöfliches Palais zur Verfügung. Es geschah – immer noch nichts. Da schwoll dem Kirchenmann und Faschistenfreund der Kamm, und frech wie Oskar forderte er den Westen auf, eine Atombombe auf Belgrad zu werfen. Da erst bequemte sich die jugoslawische Regierung, vom Vatikan die *Abberufung* dieses Kerls zu verlangen! Kann man sich eine törichtere, selbstschädigendere Großmut vorstellen? Da war Heinrich VIII. aber aus einem anderen Holz geschnitzt! Der Vatikan geruhte indessen nicht, diesem Anliegen zu willfahren. Erst dann, Ende 1946, wurde Stepinac verhaftet und vor Gericht gestellt. In einem Fairneßexzeß ohnegleichen lud man die Westpresse ein und ließ nur Katholiken als Richter zu. Man lese das Verhörprotokoll im Standardwerk von Dedijer, dem alle hier aufgeführten Zitate entnommen sind, selbst nach, um am originalen Wortlaut zu ermessen, wie kackfrech, selbstsicher und anmaßend dieser Bursche war und mit welcher sprichwörtlichen Eselsgeduld sich die Gerichtsvorsitzenden nasführen ließen, die mit einem Auge immer nach Westen schielten. Aber noch waren die Verbrennungsöfen der KZs kaum abgekühlt; es gab keine serbische Familie, die, falls sie nicht vollständig ausgerottet worden war, nicht einen oder mehrere Angehörige bei den Ustascha-Schlächtereien verloren hätte, und es gab Überlebende dieser Greuel wie Braco Danon. Einige von ihnen sagten auch vor Gericht in Anwesenheit von Stepinac gegen ihn aus, was diesen aber nicht weiter anfocht. Sein Gewissen sei rein, er habe sich nichts vorzuwerfen, lautete seine Standardfloskel.

Er wurde zu 16 Jahren Zwangsarbeit verurteilt, nach fünf Jahren wieder freigelassen und unter eine Art Hausarrest gestellt. Für seine Taten und seine »Standfestigkeit« wurde er vom Vatikan zum Kardinal gekürt. Er starb am 10. Februar 1960, ohne daß ihm, im Unterschied zu seinen zahllosen Opfern, auch nur ein Haar gekrümmt worden wäre. Am 3. Oktober 1998 sprach ihn der Polenpapst Wojtyla selig, und das Verfahren zur Heiligsprechung ist in der Endphase. So überlebt man 2000 Jahre als Organisation.

Werfen wir abschließend nochmals einen Blick auf das gar nicht so beschauliche Freiburg. Warum gedenkt man des Faschistenbischofs dort als »Märtyrer«? Weil Stepinac **der einzige hochrangige katholische Funktionär** war, der wegen Kollaboration mit einem faschistischen Regime überhaupt verurteilt wurde. Aber weder hat man ihn wie den hl. Sebastian mit Pfeilen durchbohrt noch wie den hl. Laurentius auf kleinem Feuer geröstet. Es ist einfach so: Für die Catholica ist Gleichbehandlung »Verfolgung« und Anwendung der Gesetze »Folter«. In der Stühlinger Kirche lag eine Zeitlang ein Faltblatt aus – ob es immer noch der Fall ist, weiß ich nicht –, in dem dieses »Märtyrers« im Stil der ›Legenda aurea‹ und mit demselben Wahrheitsgehalt gedacht wird. Reihen wir einfach ein paar Blüten dieses Florilegiums kommentarlos aneinander:

> 1941 begann der Krieg für Südosteuropa. Das jugoslawische Königreich zerfiel, der Unabhängige Staat Kroatien wurde gegründet. In diesen furchtbaren Kriegsjahren 1941 bis 1945 wurde Stepinac immer wieder mit Protestschreiben bei der kroatischen Regierung unter Pavelić vorstellig. Furchtlos tritt er vor den Machthabern ein für das Gesetz Gottes und das Recht für jeden.

†

> So wird Stepinac der Beschützer und Sprecher aller Verfolgten und Rechtlosen.

†

> Zum Beispiel setzte er sich ein für aus Deutschland vertriebene Juden, nahm verfolgte Orthodoxe (Serben) und Roma unter seinen Schutz…

†

> Deswegen wird Stepinac […] als großer Verfechter für die auf Gott gründenden Menschenrechte eingehen.

†

Da bleibt wirklich nur noch zu sagen: Amen. Und: Wer's glaubt, wird selig.

Tatsächlich hat Stepinac zweimal bei Massenmorden Einspruch erhoben: das eine Mal beim Massaker von Glina, als am 12./13. Mai 1941 rund 400 serbische Dorfbewohner erschossen wurden, und zum zweiten Mal, als der Lagerkommandant von Jasenovac, Vjekoslav Luburić, 1500 Häftlinge umbringen ließ. Aber das Besondere an beiden Massenmorden ist, daß keine Glaubenskumpane von Stepinac führend beteiligt waren. Außerdem waren die Nazis mit Luburić wegen dessen Unzuverlässigkeit dermaßen unzufrieden, daß sie auf seine Ablösung drangen, die prompt auch erfolgte. Da läßt sich natürlich leicht und folgenlos »protestieren«, ganz nach der Vorgabe des mythischen Organisationsgründers Jesus, die rechte Hand nicht wissen zu lassen, was die linke tut. Sobald der Franziskaner Filipović-Majstorović gemeinsam mit anderen Priestern das Kommando in Jasenovac übernommen hatte – »Du! – und Du! – und Du!…«, wir erinnern uns –, da spielte der »Märtyrer« wieder Mucksmäuschen. (Beide dieser durchsichtigen »Interventionen« von Stepinac finden sich auch in dem Buch des leisen Völkermord-Leugners Korb [S. 273 f., 425 f.], sonst aber ist ihm zu diesem Blutbischof nichts eingefallen. Tja, der »katholische Widerstand« …)

Der Philosoph und Mathematiker Gottfried Wilhelm Leibniz sagte mit Blick auf die in der ›Legenda aurea‹ versammelten Hagiographien, das 13. Jahrhundert sei das dümmste der Menschheitsgeschichte gewesen. Ganz ohne Einschränkungen mag man ihm nicht zustimmen, war es doch auch das Jahrhundert des Nominalismus, mithin der ersten europäischen Aufklärung, in der ein Ockham und ein Abaelard wirkten. Für die fünf Jahrhunderte davor trifft sein harsches Urteil dagegen uneingeschränkt zu. Wirklich schlimm ist jedoch, daß im 21. Jahrhundert, teils unter säkularer Camouflage, der Marsch wieder in diese Richtung geht.

Personenregister